Coordinamento editoriale e revisione
Francesca Paoli
www.edizioniextempora.it

impaginazione
Stefania Foderi
www.extempora.it

SECONDA RISTAMPA

ISBN 9788899873400

Finito di stampare del mese di febbraio 2021

ANDREA CHELLINI

RITMI DI MOVIMENTO

Prefazione di
Enzo Soresi

extempora
edizioni

PREFAZIONE

di Enzo Soresi
Primario em. di pneumologia Ospedale Ca' Granda - Niguarda (MI).
Specialista in anatomia patologica , pneumologia ed oncologia clinica.

Il libro di Andrea Chellini affronta il tema del movimento e dell'importanza che questo assume per il nostro benessere psicofisico.

Come medico con oltre cinquant'anni di laurea alle spalle, ricordo che negli anni Settanta il paziente colpito da infarto doveva rimanere immobile a letto per almeno 40 giorni, per non rischiare la morte da rottura cardiaca.

Da qualche anno, dopo un infarto, avvenuta la cura con stent o bypass coronarici, il paziente viene rapidamente mobilizzato ed avviato ad una riabilitazione cardiologica in ambiente specialistico.

Penso che ancora molti medici non abbiano capito il significato della riabilitazione che, a tutti gli effetti, consiste in una attivazione mitocondriale.

Il 40%, infatti, delle cellule muscolari cardiache è occupato da batteri mitocondriali che, durante l'attività fisica, aumentano di numero, si espandono felici e producono "mitochine", cioè citochine antinfiammatorie.

Il batterio mitocondriale è su questa terra da milioni di anni ed addirittura, quando si trovava nella biomassa terrestre, la sua energia derivava dal metano. Una volta emerso nell'atmosfera terrestre, si è legato all'ossigeno e, con un atto di grande generosità, è diventato un endosimbionte unendosi a tutte le cellule sia vegetali che animali.

Come pneumologo, mi occupo di malattie polmonari correlate al fumo, di cui la più significativa è definita BPCO (broncopneumopatia cronico ostruttiva).

Questa malattia induce danni respiratori che portano progressivamente il fumatore in una condizione di invalidità non solo respiratoria, ma sistemica, in quanto coinvolge tutta la muscolatura corporea. L'interpretazione di questo danno va sempre ricostruita attraverso la sofferenza del batterio mitocondriale, la riduzione, infatti, di ossigeno legato all'emoglobina, che la BPCO induce, si trasmette in un cattivo funzionamento del mitocondrio a cui l'ossigeno è necessario per produrre ATP. La riabilitazione in questo caso sottintende un lavoro sistemico su tutto l'organismo, non solo sui muscoli respiratori.

Personalmente, quando con un esame spirometrico vedo che il fumatore, anche giovane, ha ridotti volumi polmonari, lo invito a svolgere attività aerobica ed, in particolare, a giocare a tennis o a squash.

Questi sport, infatti, sono considerati attività fisiche che danno la maggior longevità e la miglior qualità di vita.

Se il paziente, invece, è anziano, lo invito ad allenarsi con lo Spirotiger, uno strumento geniale inventato da un medico di Zurigo e molto usato in ambito sportivo. L'alternativa allo Spirotiger è un'adeguata ginnastica respiratoria, attiva e passiva, associata a pedana o a cyclette.

Tengo a precisare, comunque, che anche una moderata attività fisica, quale una piacevole camminata di 30 minuti a passo svelto, comporta una serie di vantaggi clinici che si traducono in minor rischio di demenza, di diabete, di malattie infiammatorie quali artrite o artrosi.

Inoltre, mentre camminiamo, dal muscolo le cellule neuroendocrine disseminate in tutto l'organismo, liberano ormoni, fra i quali uno noto come Brain Nerve Growth Factor , nutre il cervello.

Quanto all'ottimismo di Andrea Chellini verso la classe medica, che inviti i malati a fare esercizi fisici e sport, o riabilitazione, citerò un recente episodio capitato ad una mia paziente.

Si trattava di una donna di 50 anni con grave insufficienza respiratoria e già in OLT (Ossigeno terapia a lungo termine); ricoverata in un ospedale milanese per una polmonite, alla sua dimissione chiese al primario pneumologo se poteva esserle utile la riabilitazione respiratoria. La risposta fu severa: essendo lei in OLT, non le potrà essere utile. In realtà, suggerii alla signora di prendersi una cyclette e di allenarsi utilizzando l'ossigeno che aveva in dotazione con flussi di tre litri al minuto.

In questo libro l'autore affronta tematiche molto complesse che sfiorano i principi della fisica quantistica.

Secondo Bruce Lipton infatti il nostro essere al mondo equivale ad una immagine televisiva , spenta la televisione tutto è finito .

Per chi volesse approfondire questi principi suggerisco la lettura del libro di Carlo Rovelli " Helgoland " che con grande competenza ed ironia affronta queste fondamentali leggi della fisica che a tutt'oggi non sono comprensibili neppure agli addetti ai lavori ma in realtà sono ampiamente applicate in ambito tecnologico.

Con l'autore , riferendoci alla teoria polivagale di Porges stiamo impostando una ricerca, finalizzata alla produzione di un software in grado di mettere l'individuo nella condizione di gestire al meglio l'equilibrio fra il tono simpatico e quello vagale.

Il nervo vago infatti , in questi ultimi anni, è stato al centro di interessanti ricerche sia in ambito delle malattie mentali che delle malattie autoimmuni.

Presso la Clinica psichiatrica dell'Università di Milano viene proposta la stimolazione del nervo vago periferico con finalità antidepressive , associata ai farmaci.

Da anni la stimolazione del vago è attuata nella epilessia ed in Olanda dal 2017 a pazienti affetti da artrite reumatoide o morbo di Crohn viene inserito un magnete sotto la clavicola , dove decorre il vago ed il paziente con un altro magnete procede alla stimolazione sei volte al giorno con finalità terapeutiche antinfiammatorie.

Il nostro obiettivo invece si colloca in un'area di prevenzione e stile di vita che fornisca ai nostri affiliati uno strumento pratico in grado di misurare al meglio l'equilibrio fra tono vagale e simpatico.

RITMI DI MOVIMENTO

Come ripeterò alla fine del libro, non è mia intenzione dotare lo stesso di un indice.

Perché?

Perché nessuna parte deve essere incasellata o sommarizzata dietro ad un'altra.

Viviamo da troppo immersi in un mondo di «separazione», sistemi, palizzate, recinti mentali e culturali.

Vorrei che il Movimento fosse il territorio comune dove tutti i professionisti della cura della salute e della malattia dell'individuo si trovassero, si incontrassero per offrire la loro conoscenza, la competenza e l'esperienza, per addivenire, una volta per tutte, ad un percorso terapeutico dove la persona è al centro.

Tutti gli argomenti nel libro sono collegati, correlati, legati, in un complesso di concetti, complicati, ma resi semplici, seppur non facili.

Ecco, vorrei che tu lo leggessi seguendo i tuoi ritmi, i tuoi tempi, i tuoi modi di assimilare e accomodare ciò che apprenderai e che poi vorrai approfondire, senza soluzione di continuità...

Ti renderai presto conto che la mia ferma volontà è stata quella di creare un libro che non ha finalità commerciali.

Non voglio l'attenzione del lettore con immagini accattivanti e disegni che emozionano.

Il valore del libro è in ogni parola scritta, soprattutto è nelle domande che ti farai, questo sarà il vero libro, quello che scriverai te...leggendo il mio.

Sarà un piacere a mia volta leggere ed entrare in sincronia e coerenza con la tua parte di «Ritmi di Movimento».

Start with WHY Il perché di un libro

Questo libro nasce da due emozioni, viscerali, profonde.
La gioia e il **desiderio** di comunicare compiutamente a te collega che lo stai leggendo, agli appassionati e ai nostri allievi, cosa è il movimento, come lo facciamo, a chi, e soprattutto perché.
L'ansia, quale coscienza corporea della **necessità** di fare movimento, vera e propria tecnologia e non tecnica, alla portata di tutti; ultima risorsa in un momento storico dove il genere umano sta soffrendo, ammalandosi sempre più a causa e vittima del «benessere» che lui stesso ha creato.
Perché Necessità di fare Movimento?

1. le neuroscienze attuali identificano nel movimento la soluzione allo sviluppo, crescita e mantenimento, del sistema cognitivo del cervello.
   In Italia abbiamo più del 47% dei soggetti capaci di intendere e volere «dotati» di analfabetismo funzionale: «il termine analfabetismo funzionale indica l'incapacità di un individuo di usare in modo efficiente le abilità di lettura, scrittura e calcolo nelle situazioni comuni della vita quotidiana. L'analfabetismo funzionale si concretizza quindi nell'incapacità di comprendere, valutare e usare le informazioni a disposizione nell'attuale società» fonte Wikipedia.Inoltre, la sempre più decadente qualità alimentare, ha dato il via all'infiammazione neuro-degenerativa, che ha un'azione multifattoriale al risultato di neurodemenza correlabile all'analfabetismo funzionale.
2. la mancanza di movimento si rivela ormai nel mondo occidentale «sviluppato» come primaria causa di morte, acclarata la sua implicazione in tutte le patologie croniche degenerative.

Se le persone iniziassero a muoversi, muoversi, non fare sport, la prima causa di morte nel mondo industrializzato sarebbe il «road injury», *ovvero il rischio di essere travolti da una macchina mentre attraversiamo la strada...(Global health estimates. Death by cause, Age, Sex, by country and by region. 200-2016 Geneva WHO 2018) L'OMS (linee guida 2016)* consiglia 150' di movimento al giorno per gli adulti e 60' per i giovani.

PROBLEMA DISTONICO

Il sistema nazionale sanitario è al collasso.
In ambito di OMS e governo centrale Europeo è stata recepita la necessità di consigliare l'attività fisica ogni giorno, quale metodo di aiuto nel risparmio delle ormai ingestibili spese socio-sanitarie.
Negli Stati Uniti questo è accaduto alla fine degli anni '80, quando, per limitare l'eccesso calorico e le conseguenti patologie, dato dal sempre più presente «junk food», venne introdotta la cultura del Jogging.
In Italia invece, in un futuro prossimo, tutto ciò che ruota intorno all'attività fisica, sarà gestito a livello centrale in una modalità che, se ciò che si sta intravedendo - dai precetti filo governativi - verrà attuato, verrà gestito dalla categoria dei professionisti medici.
L'attività fisica verrà prescritta dal medico, professionista della prevenzione, che scriverà anche che tipo di attività fare.
Il professionista delle scienze motorie, adeguatamente riconosciuto nella nuova e promettente laurea sanitaria, per la quale si sta battendo, diverrà il braccio operativo dei medici, in una futura «palestra della salute».

APPROFONDIMENTO

Provengo dallo sport agonistico, triathlon scolastico, salto in lungo, pattinaggio e poi kettlebell.
Dal 1991 mi occupo di Preparazione Atletica e Personal Training.
Nel 2008 ho iniziato a studiare i principi del Movimento.
Nel 2013 ho aperto con mia moglia Katia MOVING Studio, primo centro di Personal specializzato nel Movimento.
Ho creato, sulla base di metodi di oltreoceano, un metodo di valutazione cinematica del Movimento, integrandolo con un innovativo metodo di misurazione cinetica dello stesso, a conferma di eventuali errori operatore dipendente.
Dapprima, nel 2014, si chiamava PMS Pattern Movement Screen e veniva effettuato a tutti i clienti di studio. Nel 2016 ho messo il knowledge personale e il metodo, tutto scritto in un ormai - divenuto famoso - quaderno giallo, a disposizione dei componenti di Life Changer e dei colleghi Trainer di tutta Italia e di molti paesi esteri, tra cui Mexico, Paesi Bassi, Repubblica Ceca.
Il 2020 segna una finish line e una nuova partenza. L'embodied cognition, il superamento della divisione mente e corpo, la prospettiva di un cambio di paradigma nelle scienze mediche di riferimento alla mente e alla psiche umana e la relazione con le scienze del movimento.

BEHAVIOUR & MOVEMENT

Il comportamento, la sua analisi e la relazione con la psicologia cognitiva e il supporto delle neuroscienze, in merito al concetto: "non un cervello che pensa, ma un cervello che si aziona" attraverso il Movimento.

Dai tempi di Skinner, padre dell'analisi del comportamento, si sono via via distaccati e allontanati i ponti tra la psicologia cognitiva e il comportamentismo.

De Houwer, Hughes e Barnes hanno sostenuto che la psicologia funzionale (che include anche l'analisi del comportamento) e la psicologia cognitiva sono allo stesso tempo fondamentalmente diverse e si sostengono a vicenda.

Mentre la psicologia funzionale (analisi funzionale) tende a comprendere il comportamento in termini di relazioni di controllo, trovando le variabili ambientali ritenute responsabili della sua emissione, la psicologia cognitiva mira invece a comprendere i processi mentali che mediano gli effetti comportamentali di un fenomeno psicologico, facendo appello a meccanismi mentali e/o a precisi processi di elaborazione cognitiva, stimolo ambientale dipendente.

Viene preso ad esempio il condizionamento classico di Pavlov.

La spiegazione del comportamento ha una derivazione esternalistica intercettabile nella relazione di incessante interdipendenza che l'organismo stabilisce con il contesto e che fa da scenario alla manifestazione comportamentale osservata.

Invece i ricercatori cognitivi non saranno mai soddisfatti da un'analisi funzionale di un fenomeno comportamentale, poiché la considereranno una semplice descrizione di quanto osservato.

Ecco che nel passato prossimo si è cercato di addivenire ad un punto in comune ai due approcci.

Dato che i meccanismi mentali di cui si occupa la psicologia cognitiva non esistono nel vuoto, ma sono sempre modellati dall'ambiente passato, tramite modelli di comportamento, predittivi e attivati dall'ambiente attuale, ne consegue che una vera comprensione dei meccanismi mentali (obiettivo della psicologia cognitiva) può realizzarsi solo se si tiene conto dell'ambiente e degli effetti che esso esercita sul comportamento (obiettivo della psicologia funzionale e quindi dell'analisi del comportamento).

Viceversa l'effetto Stroop, l'effetto Priming sulla memoria a lungo termine e altra letteratura presente in psicologia cognitiva, puó e potrebbe contribuire allo sviluppo della psicologia funzionale.

Gli analisti del comportamento potrebbero a loro volta collegare le teorie della psicologia cognitiva ai loro test di analisi del comportamento, tipo lo Stimulus control con lo Stroop test.

Il tutto può essere ridimensionato e in parte banalizzato a un paradigma che delinea il nuovo approccio delle scienze che studiano la mente: spiegare come la mente, nel contesto osservabile di un ambiente, influenzi il comportamento.

Ma la mente è Embodied Cognition, è un tutt'uno con il corpo.

Citando il prof Galimberti, non dico:

"ho il corpo stanco", bensì affermo "sono stanco"...
Osservare come l'individuo, lo SKILLMAN© si comporta nell'ambiente vuol significare approcciare alle EMOZIONI.
L'emozione influenza la percezione, la percezione è per l'azione.
"Ti azioni per come ti emozioni" (A.C. 2019)
Ecco perché la scelta del nome BE-MOVE.
Il movimento migliora il cognitivo, attraverso il rilascio di neurotrasmettitori, ormoni, citochine messaggere, osteocrina, BDNF, brain derived neurotrophic factor.
In BE-MOVE ci siamo posti l'obiettivo pioneristico di valutare lo stato emotivo dell'individuo e regolarne lo stato di disfunzione, attraverso il Movimento, del quale misuriamo gli oscillatori cinestetici.
Il ritmo, la fluidità, la percezione dell'ambiente attraverso il diaframma toracico, la rivelazione degli adattamenti all'ambiente attraverso le linee fasciali denominate Life Fascial Line© e Earth Fascial Line©, ci consentono di intervenire con misurazioni, valutazioni e a seguire correzioni.
Questo è graficamente raffigurato nella Piramide di BE-MOVE e si attua nel SynchroLab™, laboratorio dove afferiscono i visionari di una fisica quantica che oggi più che mai non puó non essere considerata, medici pneumologi, gastroenterologi, neurologi, neurochirurghi, musicisti, psicologi, tecnici del suono e della rilevazione strumentale...
I CRF che abbiamo raccolto e quelli che raccoglieremo grazie all'impegno di tutti i colleghi che stanno lavorando al progetto e alle istituzioni che ci fanno da partner, sono incoraggianti e aprono spiragli nel poter sempre più impattare positivamente la vita di ognuno di noi, che è la nostra VISION.
Riferimenti bibliografici
De Houwer, J. (2011). Why the cognitive approach in psychology would profit from a functional approach and vice versa. Perspectives on Psychological Science, 6(2), 202-209.
Hayes, S. C., Barnes-Holmes, D., & Roche, B. (Eds.). (2001). Relational frame theory: A post-Skinnerian account of human language and cognition. Springer Science & Business Media.
Hayes, S. C., Hayes, L. J., & Reese, H. W. (1988). Finding the philosophical core: A review of Stephen C. Pepper's World Hypotheses: A Study in Evidence. Journal of the experimental analysis of behavior, 50(1), 97-111.
Hughes, S., & Barnes-Holmes, D. (2016). Relational frame theory. The Wiley handbook of contextual behavioral science, 129-178

La mia volontà è quella di ri-scrivere le regole in ambito di attività motoria, partendo dalla formazione, «l'investimento a più alto tasso di rendita che esista».

Ai tempi del dopoguerra nacque nel 1952 il primo Istituto di Educazione Fisica, con la finalità di dare seguito alla reale Accademia chiamata GIL, sciolta dopo la caduta del fascismo.
Lo scopo dell'istituto è sempre stato quello di formare i futuri insegnanti delle scuole.
Ben presto il corso di istruzione ha perso il prestigio iniziale, diventanto sede finale di persone in cerca di un lavoro sicuro e statale, con tutti i benefici del caso.
Si è creata una distonia temporale e fattuale; nel frattempo il CONI, con le federazioni sportive andava ad occupare saldamente tutti i posti lasciati liberi da quell'Istituto che doveva occuparsi di formare professionisti del movimento e dell'attività motoria, consentendo l'acquisizione di qualifiche professionali che abilitano al lavoro professionista in ogni ambito spotivo.
Se si pensa che, ancora oggi, per diventare allenatore di Calcio bisogna accedere e poi passare un corso CONI...anche se laureati..
La vera distonia è stata culturale. In Italia esiste una sostanziale frattura tra ciò che è adesso la facoltà di Scienze Motorie e l'attività motoria, sia sportiva che non.
Esistono poche Università di Scienze Motorie, quasi tutte sono Facoltà, sotto il rettorato di Università di Medicina o Economia o altro.
Di base è snaturata la forma mentis che dovrebbe indottrinare le nuove risorse dell'attività motoria in Italia.
È per questo che - opinione personale suffragata dai numeri - la facoltà di Scienze Motorie è sempre più presa d'assalto da coloro che falliscono l'accesso al corso di Laurea in Fisioterapia e soprattutto è anche a causa di questo il perché una elevata percentuale di neolaureati, finisca per dirigersi verso gli studi di Osteopatia.
Il mio intento con questo libro è con gli stimoli che ti darà, è quello di dare risalto alla figura del Bodyworker «Embodied Cognition» specializzato nel Coaching del Movimento e del «Focusing» (termine , professionista che si occupa della cura della salute delle persone e che oggi più che mai, con il suo supporto altamente specializzato, può portare incredibile beneficio, in un mondo dove è sconfinata la richiesta di cura della salute personale).
La formazione è la risposta. Fornire testi di anatomia funzionale agli studenti uscenti dal corso di Laurea in Scienze Motorie e insegnare loro come

eseguire delle valutazioni funzionali è il primo passo per ottenere un Bodyworker Professionista del Movimento, colui che ha e sente come impegno etico e successo personale da raggiungere, il migliorare in positivo la vita delle persone che gli si affidano; che siano sportivi, atleti, ex atleti o semplici individui.
Questo è il WHY di BE-MOVE: migliorare la qualità della vita delle persone, attraverso il movimento e diffondere per contagio il valore della salute.
La salute viene posta come prima necessità solo quando la si perde, ecco perché la parola prevenzione, perché nel mondo odierno, attraverso l'alimentazione di pessima qualità, l'aria inquinata, la mancanza di movimento, è praticamente certo che la perderemo. Acquisire come valore la parola promozione innesterebbe in ognuno di noi il significato profondo che contiene, indirizzando ogni nostra risorsa nella messa in atto di comportamenti e condotte primariamente rivolti alla salute.
E lo stiamo facendo in tutta Italia e all'estero, portando conoscenze e competenze, basandosi sulle recenti ricerche in ambito di neuroscienza, sulla bibliografia esistente e addirittura creandone di propria, attraverso la realizzazione di studi di ricerca effettuati in Academy.
Acquisire conoscenze è il primo obiettivo da raggiungere.
Il Movimento viene generato dal cervello; un detto famoso in Academy recita così: « il muscolo è stupido».
È quanto mai necessario approfondire come il Movimento e il cervello siano connessi operativamente.
Il neuroscienziato colombiano Rodolfo Llinas riporta l'esempio delle ascidie:
Le ascidie sono animali marini simili alle spugne. Il loro ciclo vitale è ben definito.
Le larve alla nascita sono dotate di un midollo spinale, un cervello e l'abilità di muoversi.
Tuttavia, trovato il luogo adatto dove una volta insediate non si muoveran-

no mai più, subiscono una metamorfosi: smettono di muoversi e iniziano ad ingerire il proprio cervello! In assenza di movimento, infatti, la percezione diventa un inutile dispendio energetico e si sa, la prima legge a cui risponde il nostro organismo è quella di risparmiare energia.
«Se non avessimo un sistema motorio, non solo sarebbe inutile percepire, ma non avrebbe senso neanche pensare» (Il cervello in azione, il Mulino upm, Fausto Caruana e Anna Borghi 2016).
Siamo l'unico mammifero a cui occorrono 11 mesi per andare dalla posizione a terra alla posizione eretta.
Come cita il neuroscienziato Giacomo Rizzolatti nel suo libro In te mi specchio (Rizzoli ed, 2016), tutto questo tempo è necessario proprio per lo sviluppo del cervello, che avviene attraverso il movimento ontogenico di sviluppo del bambino.
Adesso il lettore verrà accompagnato in un viaggio, la nascita del Movimento dal punto di vista neurofisiologico, ontogenico e filosofico.

PARTE PRIMA

NEUROFISIOLOGIA DEL MOVIMENTO

«Breathing feeds the brain» (A.C. 2020)

Il movimento, il primo movimento dell'uomo è la respirazione.
Respirare influenza, migliora e sviluppa l'attività cognitiva del cervello.
Il movimento base è l'atto respiratorio ed è cibo per il cervello.
George Lakoff, linguista dell'università di Berkeley, sostiene che la **cognizione sia basata dalla conoscenza che deriva dal corpo.**
Nella «embodied cognition theory» («conoscenza incarnata») Lakoff e i suoi collaboratori sostengono che tutto ciò che concerne la vita quotidiana, idee, pensieri, concetti, non può prescindere dal nostro corpo. La tesi di Lakoff è che la lingua e i concetti si sono sviluppati grazie alle metafore: «stamani la borsa di New york è andata giù», la metafora richiama il movimento del corpo verso il basso.
Da qui l'assunto della tesi: **tutto ciò che capiamo è perché possiamo immaginarlo in maniera corporea.**
Per arrivare a questa concezione di mente corpo come unicum, bisogna fare qualche passo indietro nella storia.
Cartesio, filosofo e matematico francese, fondatore della matematica e della filosofia moderna, nel «Discorso sul metodo» si interrogava su mente e corpo, il dualismo cartesiano.
Questa «impostazione» come modo di interpretare l'uomo, ha dato il via alla scienza dello studio del corpo umano, scindendola dallo studio dell'anima.
Parola **anima**, usata precedentemente alla parola **mente**; infatti, prima del punto di vista di Cartesio, la concezione, nata con Platone e ribadita dal Cristianesimo, era proprio quella di scindere corpo e anima e dare una precisa connotazione alla parola **anima**.
Inizialmente sia la cultura giudaico cristiana, che quella greca, credevano che la natura umana fosse determinata solo dal corpo; il corpo in relazione con il resto del mondo (definizione ancora attuale della «coscienza» cit. Umberto Galimberti ne «Il Cervello Anarchico» E.Soresi UTET edizioni 2013) .
Gli ebrei, che non avevano parole per descrivere la parola anima, invece usavano la parola «**nepesh**» che nella Bibbia ebraica si trovava con il significato di «vita». Nepesh venne poi tradotta in **psichè** dai greci, assumendone tutti i significati della cultura greca, che a quei tempi aveva già codificato la parola anima. Con il cristianesimo la parola anima perde i connotati greci di modello utile ad oggettivare la verità e la conoscenza, diventando invece sede della manifestazione di Dio.

Sorpassando il valore che le religioni attribuiscono all'anima, Cartesio e Platone approcciano allo studio del corpo partendo dai **principi della fisica**: nasce così il corpo medico che nel Seicento, con la nascita della scienza moderna, è un corpo fisico, un organismo. Fino ad arrivare al novecento, periodo in cui la medicina moderna, come Umberto Galimberti scrive, e che, come tutti i malati sanno, non conosce l'uomo, ma **solo** il suo organismo.
Questo dualismo è quello che accompagna ancora oggi gli studi della medicina moderna, permettendo a suo tempo la nascita della scienza dello studio della mente: **la psichiatria**, con tutte le sue branche.
Con l'avvento della chimica moderna vi è poi l'approccio medico - chimico - relativo all'organismo, fino a cedere il testimone al **corpo genetico**, nuova branca di interpretazione della parte corpo, da parte della scienza medica.
«...abbiamo due sistemi genetici differenti: quello **mitocondriale** per l'energia ed il **nucleare**. L'ultimo è importante per l'anatomia e la fisiologia..» Dr. Douglas C. Wallace.
Come riporta Eric Blechschmidt in «The Ontogenyc Basis of Human Anatomy» (Atlantic 2004), le ricerche nel campo dell'ontogenesi umana hanno dimostrato senza ombra di dubbio che il concetto di evoluzione è assolutamente inutile per comprendere l'anatomia e lo sviluppo individuale, se non contestualizzato in un processo di sviluppo cellulare che va ricondotto all'ontogenesi: ogni cellula inizia già a funzionare già durante lo sviluppo. Le funzioni di crescita, come vedremo più avanti nel libro, sono assolutamente funzionali alla successiva fase di sviluppo dell'individuo.
Le differenziazioni della cellula hanno origine all'esterno della cellula, dove iniziano a lavorare prima di penetrare gradualmente in direzione del nucleo: **principio di differenziazione dall'esterno verso l'interno**.
La cellula è molto di più dei suoi geni, essa può funzionare in maniera efficace solo come un sistema globale (formato dal nucleo, dal citoplasma, dagli organuli e dalla membrana plasmatica) e i geni hanno significato soltanto all'interno di questa struttura unitaria. I primi motori della fenogenesi (=differenziazione cellulare, da fenotipo: manifestazione del genotipo) non sono le sostanze formative, ma le **forze formative**.
La forma dell'organismo si differenzia direttamente sotto l'influsso di forze biodinamiche, epigenetiche, ambientali, non di informazioni chimico-genetiche.

I geni non contengono il modello per le informazioni successive. Il materiale genetico serve sicuramente a preservare l'individualità di un organismo e a trasmettere l'informazione al materiale extragenico, in particolare il citoplasma, cioè il luogo dove vengono attuati i processi metabolici, energia - mitocondrio.

APPROFONDIMENTO

Discendiamo dai pesci e lo abbiamo fatto trasformando l'energia ambientale, attraverso un tubo digerente e un sistema nervoso, consistente in un rudimentale midollo spinale, come nelle cione intestinalis, un tunicato che vive sui fondali marini.
L'animale è strettamente legato ai vertebrati dal punto di vista evolutivo, e il suo DNA fornirà nuove tracce sull'origine di strutture fondamentali come il sistema nervoso e immunitario degli esseri umani. Del consorzio di scienziati in questo periodo all'opera, fanno parte il Joint Genome Institute (JGI) del Dipartimento di Energia degli Stati Uniti, il Dipartimento di Biologia Molecolare e Cellulare dell'Università di California di Berkeley, il Dipartimento di Zoologia dell'Università di Kyoto, in Giappone, e diversi altri istituti di ricerca. Confrontando il genoma della Ciona con quello umano e di altri animali, i ricercatori saranno in futuro in grado di comprendere meglio lo sviluppo e l'evoluzione dei vertebrati. "Riusciremo - afferma il direttore del JGI Eddy Rubin - a capire come il rapporto fra le caratteristiche fisiche simili dell'ascidia e dei vertebrati si riflette a livello molecolare e come questi diversi sistemi si sono evoluti in modo differente partendo da un antenato comune."

BE-MOVE, "Movement Focusing Coach", l'essenza del Bodyworker Embodied Cognition. (nda: box direttamente estratto ed adattato al libro, dalla relazione tecnica di deposito invenzione - brevetto industriale - di PMT 2020)

Intanto che stiamo studiando la genesi dei nostri "cugini" marini, abbiamo ricostruito come l'evoluzione abbia portato il nostro progenitore ad acquisire una limitata capacità di movimento latero laterale, che gli ha permesso lo spostamento minimo nell'ambiente acqueo, finalizzato alla ricerca di cibo: le circostanze evolutive del pianeta terra avevano reso reso quell'ambiente insicuro, con acque sempre più basse e poco ricche di Ossigeno.
Ecco che una mutazione permette ad una parte dell'esofago di assorbire un poco di Ossigeno in più, al punto tale di diventare così prezioso per la sopravvivenza, che verrà vascolarizzato e da diverticolo primordiale diverrà uno e poi due polmoni, grazie all'acquisizione dapprima come ospite, poi come parte integrante del nostro organismo, di un batterio efficacissimo nel processare aerobicamente l'Ossigeno dall'aria: il mitocondrio!
Stessa sorte evolutiva, rimanendo nel concetto di crescita, per il primordiale sistema nervoso, che, nato per soddisfare esigenze di richiesta energetica da parte del sistema digerente primordiale, vedi Ascidia, si è trovato, vittima di pressioni selettive ambientali, prima su tute la respirazione appunto in coordinamento con la digestione

(il cervello è un "organizzatore") a doversi evolvere, modellare, strutturare, attraverso l'accumulazione di nuove strutture sulle vecchie, mantenendo compiti di sopravvivenza e acquisendo capacità evolute.
Questo perché, causa mancanza di cibo, la soluzione di attesa, strategia posta in essere fino a quel momento dall'ascidia, non portava più a successo.
Quindi nasce la richiesta di ricerca attiva del cibo nell'ambiente, nasce la richiesta di spostamento, di movimento.
L'evolversi del cervello è come se fosse stato richiesto dal sistema digerente, in visione di una sopravvivenza richiesta in un ambiente in forte mutazione e cambiamento.
Innanzitutto abbiamo un cervello selettivo e, come tale, parziale. Percepiamo soltanto una piccola parte dello spettro elettromagnetico. In quanto primati puntiamo tutto su visione e tatto, un po' meno sull'udito e lasciamo in subordine l'olfatto. (Pievani, Telmo. Imperfezione, edizione italiana p.70. Raffaello Cortina Editore. Edizione del Kindle.)
Cosa significa tutto questo?
Il cervello per poter esplorare l'ambiente circostante ha dovuto sviluppare il sistema scheletrico, muscolare e fasciale quali appendici e prolungamento di sé stesso!
E dotarle di recettori fini e diversificati.
I più importanti sono appunto l'occhio e il tatto.
L'occhio è un recettore che trasduce un segnale energetico - luce - in un segnale elettrico, che verrà interpretato dal SN Sistema Nervoso, che a sua volta demanderà le scelte di sopravvivenza.
A chi lo vedremo in seguito.
Prima è necessario specificare che il SN, dovendo processare molti dati ambientali provenienti dai più disparati recettori, percepirli prima e filtrarli poi, dati tra cui udito, gusto, recettori muscolari, fusi, golgi, pacini, Ruffini, articolari, fasciali, viscerali, si è ulteriormente dotato di un "ufficio" operativo delocalizzato, il sistema Nervoso Autonomo, che si occupa appunto di inviare dati attraverso vie preferenziali o canoniche, ma soprattutto preparare e preattivare il SNC alle sfide ambientali, anticipando, nel caso di situazioni emotive di sopravvivenza (disgusto, rabbia ecc) con il movimento la successiva elaborazione ed attivazione del SN; più avanti descriverò come Libet abbia sperimentato questo aspetto.
Questa centralina, in pieno automatismo, percependo gli stimoli ambientali, li "pensa" e prepara il sistema di movimento (prolungamento del SNC) ad adottare strategie di sopravvivenza base quali fuga o attacco.
E lo fa in due modi:
se ritiene vi sia necessità di fuga, preattiva la muscolatura striata, muscoli delle cervicali, psoas, pavimento pelvico, muscoli estrinseci del piede, aumenta la frequenza cardiaca, respiratoria e pressoria. Segue arrossamento del volto, togliendo sangue dal circolo digestivo e portandolo in superficie per l'azionamento previsto della muscolatura.
E metaforicamente parlando saremmo in "piena luce".
Se ritiene vi sia "buio", e quindi ristoro, riposo, predisposizione alla trasformazione

energetica del cibo incamerato, attiva salivazione, costrizione pupillare, riduzione della frequenza cardiaca, respiratoria e pressoria, rilassamento degli sfinteri, contrazioni pulsatili regolari, oscillatorie a tutta la muscolatura liscia per favorire appunto la peristalsi intestinale.

Fatto questo l'ufficio dislocato del cervello si è servito dell'altra branca del sistema nervoso periferico, il sistema Nervoso Somatico, che spesso immaginiamo sia relativo, come prima funzione, ad una componente di spostamento volontario, mentre è caratterizzato in prima battuta da un continuo compito di informatore al SNC, come prima descritto.

Infatti il sistema scheletrico-muscolare -fasciale, appendice del SNC è disseminato di recettori che hanno il compito di attivarsi - MOVIMENTO - ad ogni più piccola variazione esterna.

Libet (1981) ha dimostrato che in ogni stimolo ambientale, vi è un seguito di attivazione corporea di recettori, organi interni, occhi, orecchio, bocca e tatto, che tramite apposite trasduzioni in segnali elettrici, viene inviato secondo vie ascendenti alla corteccia tramite il talamo o al subcorticale tramite le vie spino bulbari ascendenti.

Proprio qui risiede il mismatch evolutivo che rende il sapiens indubbiamente il primo nella catena alimentare animale, ma anche il più fragile e proprio nella parte più evoluta, il cervello (alterazioni emotive, nevrosi, psicosi).

Questo cervello trino "Maclean" docet, deve far convivere pulsioni del cervello rettile, energia emotiva e moralità del cervello del mammifero e razionalità della moderna corteccia...

Come ben descrive Peter Levine, il cervello limbico nell'umano rappresenta un notevole salto evolutivo. Questa parte fornisce informazioni aggiuntive agli impulsi atavici del cervello rettile, matrice di partenza per poter rispondere all'ambiente. Così facendo pulsioni istintive, emozione e capacità di declinare emozioni base in una varietà di sentimenti più svariati, ci ha consentito nel tempo di creare la gamma più ampia di scelte possibili in ogni situazione.

Sopra a tutto abbiamo poi sviluppato la corteccia, sede di ragionamento e razionalità, che integra a sua volta il percorso degli altri due cervelli, dando la possibilità al Sapiens di essere un animale che "pensa in anticipo", che può rappresentarsi il futuro attraverso un predittivo passato, per vivere meglio il presente. Anche se la realtà ci dice che non sempre è così.

Spesso succede infatti che, a seguito di interpretazioni e rappresentazioni della realtà attraverso la processazione dei messaggi in arrivo, "arbitrarie" e non coerenti con il "pensato" dell'ufficio dislocato (fuggi, attacca è un cognitivo di movimento incarnato - embodied cognition), in SN decide di "sentire" diversamente e ordina al sistema "esploratore" di non portare a compimento l'attivazione.

Esempio di emozione di paura, preattivazione autonomica di Scappa o Fuggi, attivazione muscolo scheletrica, ma poi non vi è la necessità di scappare o fuggire, quindi il cervello ordina di non muoversi e non portare a realizzazione alcun movimento preazionato.

Cosa succede?
Succede che le preattivazioni sia della muscolatura (e chiaramente si intende coinvolta prioritariamente il sistema fasciale) striata che liscia, tali rimangono, non vengono sfogate, fatte fluire, fatte realizzare.
Questa energia rimane intrappolata in un moderno "freezing" che viene da Levine chiamato "trauma evolutivo" quando frutto di relazioni sociali o "trauma da shock" quando esito da incidenti, lutti, forti paure e ansie.
Questo intrappolamento influisce sul movimento immediato, limitandolo, ma, proprio perché lo frena, lo limita, può portare nel tempo a limitazioni funzionali strutturali, confermando l'assioma "la forma segue la funzione".
Il Movimento si cronicizza nel tempo con deficit che possono essere riconosciuti, misurati, valutati, regolati e migliorati fino ad azzerarli nel migliore dei casi, o a ottimizzarli quando profondi e remoti nel tempo.
Il Bodyworker del Movimento è quella figura professionale dotata delle competenze tecniche, conoscenze, esperienza e capacità personali, empatia e problem solving, in grado di poter attuare una relazione di aiuto, nell'ottica di migliorare la qualità della vita delle persone, creando un piano di educazione, formazione, facilitazione di accesso e implemento delle competenze e capacità trasversali, allenamento al movimento, reinterpretazione dei significati emotivi esperiti attraverso il "felt sense", - COACHING - finalizzato appunto al miglioramento del percorso di cura alla salute dell'individuo.
Il sistema PMT Pattern Movement Assessment, facente parte del percorso di formazione Movement Specialist, opera inedita depositata da Andrea Chellini nel febbraio - 13 - 2020, è il sistema di valutazione tramite Test oggettivi, ripetibili e non operatore dipendente, per individuare le disfunzioni nelle capacità di Movimento, attuato attraverso dispositivi elettronici e software appositamente generati, customizzati e assemblati.
Il sistema prevede una serie di principi psico fisiologici, biofisici, biomeccanici, biologici e neurologici di riferimento dai quali è stato estrapolato un percorso guida, che attraverso contributi tecnico teorici, provvede a instradare il Bodyworker "Embodied Cognition Coach" nella direzione corretta per applicare il metodo, che consta di esercizi regolativi (che saranno inseriti in una APP dedicata in uscita a marzo 2021).

APPROFONDIMENTO

L'imperativo biologico della sopravvivenza è riflesso nella spinta evoluzionistica, che si manifesta in una semplice condizione: **più consapevolezza del suo ambiente possiede un organismo, migliori saranno le possibilità di sopravvivenza.**
le molteplici cellule del nostro corpo, trilioni, si sono aggregate nella formazione di tessuti, organi, sistemi, contraddistinti dalla specializzazione in un lavoro specifico.
Già dell'embrione come accennato, inizia la differenziazione e l'acquisizione specializzazione citologica che permette poi la costruzione di organi e sistemi suddetti; quelli specializzati nella decodifica ambientale sono appunto le cellule appartenenti al sistema nervoso.
Come scrive Blazer, direttore dell' Human Microbiome Program della New York Uni-

versity, le moderne epidemie, non sono solo riconducibili ad un ambiente esterno, bensì sentinella d un epigenetico cambiamento interno, specificatamente, citando il Dr. Maurizio Miceli, nel tessuto dell'epitelio e della MEC, matrice extracellulare, luogo dove tutte le cellule si incontrano e comunicano, grazie alle integrine, (cfr FST© Fascial Science Training e Anatomy Trains, libro di Tom Myers).
Quindi come comunica il nostro organismo con l'ambiente? Che rapporto funzionale esiste tra la cellula e ciò che sta fuori dall'organismo?
Citando Bruce Lipton «la mem-Brain, attraverso il nostro corpo, traduce i segnali ambientali in comportamento (B. Lipton La biologia delle credenze, Macro editori Scienza e Conoscenza), aspetto chiave della composizione di BE-MOVE, Behaviour & Movement.
Lo studio della membrana, consentito dai microscopi elettronici, ha mostrato la composizione in tre strati in tutte le cellule viventi.
La membrana è il vero cervello della cellula, è un cervello che si aziona, nella somma di azioni che la stessa assolve: permette lo scambio di cellule con l'ambiente e il suo interno, per il suo nutrimento e accrescimento.
Questo continuo lavoro e movimento di membrana è concesso dalla funzione di proteine speciali, chiamate proteine di membrana.
Queste proteine si comportano come i recettori esocentrici occhi, naso, orecchi, che permettono all'uomo e alla sua neocorteccia mammaliana, di acquisire notizie dall'ambiente. Questi recettori di membrana sono come antenne che si sintonizzano su specifici segnali ambientali, che in un concetto di PNEI, vengono veicolati attraverso neurotrasmettitori e ormoni.
A causa della loro conformazione attiva e inattiva, quando si attivano/deattivano, oscillano, sotto frequenza.
Come riporta Tsong (1989) queste antenne, appartenenti ad ogni cellula, vibrano come diapason e sono suscettibili le una con l'altra, si influenzano, interferiscono, complice la matrice extracellulare, che per la maggior percentuale è composta da acqua.
Queste vibrazioni colloquiano con le proteine «effettori», che sono immaginabili come ingranaggi di un orologio: il rapporto proteine recettori e proteine di membrana costituiscono il meccanismo di stimolo-risposta paragonabile ad un riflesso miotatico passivo.
Si pensa che, basandosi sulle cellule procariote, dove le proteine di membrana regolavano tutte le funzioni fisiologiche, in un successivo stadio evolutivo, le stesse proteine di membrana si siano introdotte con il tempo all'interno della cellula, formando gli organelli citoplasmatici.
Liberando in questo modo un'ampia area della superficie della membrana triplasmatica.
Quindi maggior spazio di comunicazione con l'ambiente, maggiori possibilità di sopravvivenza.
Maggiori capacità di esplorare nuovi ambienti, maggiore recettività di stimoli con accrescimento delle conoscenze, che si strutturano grazie al susseguirsi dello sposta-

mento appunto, insomma il riassunto dello Skillman in un parallelismo con la cellula. Aumenti la recettività ambientale, aumenti la capacità di movimento e conoscenza. Più conosci più esplori e sopravvivi.
Un cervello e una cellula che si azionano, e che riescono a «pensare» grazie all'esposizione massimale nell'ambiente, una coscienza embodied, perché di tessuto, organi, sistemi a contatto dell'ambiente si tratta.
In un collegamento con la fisica dei sistemi complessi, Lipton identifica nella membrana triplasmatica un'attività di semiconduttore, dotato di porte e canali, come un moderno microchip della Silicon Valley, fino a immaginare il funzionamento in una metafora semplice con il computer, per spiegare ruoli e funzioni della genetica e dell'epigenetica.
Il nostro corpo è come un hard disk, e contiene il genoma, DNA, una memoria che contiene i i programmi che codificano la produzione di proteine, che lui chiama «Disco Doppia Elica».
Nell'immaginarci come una radio o una Tv, come rispettivamente spiegano il Dr. Spaggiari e Bruce Lipton, questi programmi vengono attivati in base all'interazione dell'ambiente con il DNA, che si comporta come un'antenna elettromagnetica.
Avvengono delle mutazioni, chiamate adattative (Cairns et al 1988) e tutto questo è possibile attraverso i recettori di membrana che possono essere paragonati ad una tastiera del computer collegato al televisore.
Le proteine di membrana si comportano da trasduttori di segnali ambientali, sottoforma di energia quali luce, suono, vibrazioni, frequenze, convertendo le informazioni in linguaggio biologico molecolare.
Le scoperte scientifiche più affascinanti hanno in parte svelato che la cellula può scegliere cosa e quando mutarla, attraverso meccanismi epigenetici
E risulta inutile gestire cambiamenti omeostatici perdendo di vista l'allostasi.
Se non possiedi una membrana cellulare «fluida» (cit dr. Pietro Pace giugno 2020 scuola epigenetica) («Fluidità»:concetto base del Movimento di PMT: quando il movimento è fluido significa che mobilità e stabilità sono in regolazione funzionale e vi è assenza di dolore, quindi benessere) non serve a niente che tu prescriva per esempio ricaptatori della serotonina. I recettori saranno presumibilmente disregolati in una cellula con la membrana disfunzionale.
Il rapporto dei grassi omega 3 e omega 6, desunto dal dispositivo di misurazione epigenetica Sdrive, è di basilare importanza per poter cominciare un processo di ottimizzazione delle condizioni psicofisiologiche.
Poche cose devono essere a posto nel complesso «macchina uomo»:
Matrice extracellulare M.E.C.
Endotelio
Membrana cellulare
DNA del mitocondrio
Presenza/Carenza Ossigeno.

Tutte condizioni dipendenti dallo stile di vita.
Basti pensare che la membrana interna del mitocondrio e dello spermatozoo è formata da acidi grassi omega 3 (fonte Dr. Pace) e che è un grasso essenziale, non producibile dal nostro organismo.
Purtroppo la mortalità odierna è dovuta alle malattie definite L.S.R. Disease, «lifestyle relate diseas», condizione per la quale non si muore di malattie infettive, velocemente, ma si muore lentamente di malattie croniche, degenerative, che hanno un impatto negativo sulla qualità di vita giornaliera.
Come preventivato dall'annuale rapporto OMS nel Progress Monitor del 2017, sono auspicabili 55 milioni di morti nel giro di 10 anni per patolgie NCD, non trasmissibili croniche, in specifico:
Malattie cardiache
Ictus
Cancro
Diabete
Malattie polmonari (BPCO in primis)
Tutte queste sarebbero ABBATTIBILI nella totalità assumendo i 4 pilastri del Life Style di cui il Bodyworker di BE-MOVE si fa portatore:
No droghe
No alcool
Movimento individualizzato
Nutrizione idonea

APPROFONDIMENTO

L'ACQUA

Se le molecole d'acqua vengono immesse in un Campo Elettromagnetico, i dipoli si orientano e le molecole possono orientarsi in un insieme di macromolecole complesse, fino a gruppi di 400-500.
Tale organizzazione viene denominata «Dominio di Coerenza» e le molecole d'acqua sono collegate attraverso ponti d'idrogeno.
Alla temperatura corporea il 40% dell'acqua è nel dominio della coerenza e assume la caratteristica oscillatoria, mentre il restante 60% non è organizzato in cluster (macromolecole complesse).
A questo proposito il prof Emilio Del Giudice spiega che, siamo sì costituiti dal 70% corporeo di acqua, ma considerando il numero delle molecole della stessa, in realtà la percentuale sale al 99%. La motivazione di tale affermazione risiede nel fatto che molti biologi non considerano l'acqua, in quanto non fa reazioni chimiche, studiate nel processo della biologia dinamica dalla maggior parte dei ricercatori, ma fa parte di quei meccanismi biofisici che regolano i sistemi viventi e che sono oggetto di approfonditi studi in questo periodo storico.
Anche Gerard Pollack, professore di bioingegneria presso l'Università di Washington, afferma che il contenuto reale di acqua può arrivare al 99% (intervista «in a bottle»

www.inabottle.it.
Sempre secondo il prof Del Giudice, l'acqua, dotata di attività collettiva nelle macromolecole, oscillando, dà luogo ad un campo elettromagnetico che attira e mette in comunicazione tutte le molecole corporee, dando cos' il via alle molteplici reazioni biologiche secondo una «oscillazione», «vibrazione» che avviene a frequenze uguali, condivise o anche molto simili.
Per avere un'idea di come l'acqua possa essere coinvolta nella «gestione delle frequenze» di tutte le molecole del corpo organizzate in organi e sistemi, andando a focalizzare l'attenzione sul paradigma biofisico rispetto a quello biochimico, guarda questo video: https://www.youtube.com/watch?v=Aaxw4zbULMs
Come fanno due molecole distanti tra loro a «cercarsi e trovarsi» e dare il via a reazioni dinamiche?
Qui deve assolutamente venirci in aiuto e supporto la conoscenza dei sistemi biofisici.
Come fa un farmaco ingerito oralmente a trovare il recettore giusto a distanze abissali se paragonate alla molecola del principio attivo?
Giorgio Lakhovsky, fisico e biologo russo, sostiene che la cellula sia come la sede di un circuito elettrico oscillante, che riceve ed emette radiazioni.
Vissuto a Parigi negli anni Venti, divulgò la propria teoria basata sul principio che tutti gli esseri viventi presentano una propria frequenza oscillatoria.
La cellula fu paragonata ad un minuscolo circuito oscillante, come se fosse un solenoide, il cui avvolgimento è costituito dai filamenti del DNA.
Le cellule, i tessuti, ecc. sarebbero in mutua relazione, ed in caso di salute, l'oscillazione di questi sistemi, dal cellulare al cosmico, si troverebbe in uno stato di armonica relazione.
Nel 1931 Lakhovsky costruì una speciale apparecchiatura denominata "oscillatore ad onde multiple", in grado di ristabilire il normale equilibrio oscillatorio in caso di squilibri, ovvero di malattie in corso.
La persona da trattare veniva posta nel campo elettromagnetico oscillante, affinché le cellule ed i tessuti venissero riportati al giusto regime oscillatorio.
Lo stesso Lakhovsky scriveva, a tal proposito: "Dal punto di vista pratico, avendo osservato che la malattia risulta dallo squilibrio oscillatorio cellulare, ho studiato di ristabilire attorno all'organismo il campo d'onde nel suo valore normale, creando generatori locali di oscillazioni. [...]
I metodi di terapia oscillatoria da me proposti consentono di realizzare nuovi progressi nel campo della medicina e dell'igiene ed aumentare la longevità, questo però non basta: bisogna vivere nella pace del cuore e nell'equilibrio morale che conferisce ad ogni uomo il sentimento della giustizia e della buona volontà. [...]
Il genere di vita che conduciamo, congiunto con le predisposizioni della nostra natura, vince lentamente, ma sicuramente, la resistenza del nostro organismo, logorando la parte più debole della macchina.
Centenari diventano coloro i quali riescono a conservare lungamente l'armonia necessaria tra tutte le facoltà fisiche ed intellettuali, cioè a mantenere intatto l'equilibrio

oscillatorio risultante da tutto il loro organismo. [...] L'emanazione dei corpi viventi può essere perfettamente identificata con la radiazione elettromagnetica dovuta all'oscillazione cellulare".
Tratto da "Enciclopedia delle Discipline Bio-naturali", Valerio Sanfo, ed A.E.ME.TRA.
Nozioni liberamente tratte dalla lezione del prof Massimo Fioranelli durante la FAD sincrona della scuola di epigenetica organizzata da Upainuc nel periodo aprile maggio 2020.
Referenze bibliografiche:

- N. Marchettini, E Del Giudice, V.L. Voeikov, E. Tiezzi Water: A medium where dissipative structures are produced by a coherent dynamics", J. Theo, Bio. 265, 511-516 (2010).
- Kurcz, A. Capolupo, A. Beige, E. Del Giudice, G. Vitiello, "Energy concentration in composite quantum systems", Phys. Rev. A 81, 063821 (2010).
- E. Del Giudice, G. Vitiello, "Role of the electromagnetic field in the formation of domains in the process of symmetry-breaking phase transitions", Phys. Rev. A 74, 22105 (2006).
- E. Del Giudice, R. M. Pulselli, E. Tiezzi, "Thermodynamics of irreversibile processes and Quantum Field Theory: An interplay for the understanding of ecosystem dynamics", Ecol. Model. 220, 1874-1879 (600)
- A. Tedeschi, 7s the living dynamics able to change the properties of water?", International Journal of Design & Nature and Ecodynamics, 5(1), 60-67 (2010).
- L. Montagnier, J. Alssa, S. Ferris, J. Montagnier, C. Lavallée, "Electromagnetic Signals Are Produced by Aqueous Nanostructures Derived from Bacterial DNA Sequences", Interdiscip. Sci. Comput. Life Sci., 1:81-90 (2009).
- L. Montagnier.J. Aissa, E Del Giudice. C. Lavallée, A. Tedeschi and G. Vitiello, "DNA, Waves and water Journal of Physics Conferences Senies The proceedings of DICE 2010: Space. Time, Matter - Current Issues in Quantum Mechanics and Beyond. 2011

Nella fisica e biofisica del Movimento abbiamo sempre a che fare con processi oscillanti e periodici, processi che seguoni dei ritmi (ritmi circadiani, circamensili, circannuali).
Un sistema oscillante può essere visto come un pendolo che oscilla. A questo punto non è possibile non accennare alla parte del modulo formativo di PREGAIT, quando al discente viene proposta la parte di biomeccanica della camminata. James Webber, nello studio pubblicato sul Journal of Experimental Biology del 2016 evidenzia:
La camminata sul tallone dà agli umani il vantaggio meccanico di un arto virtuale lungo. Quando l'uomo cammina, si muove come un pendolo oscillante inverso, con il corpo che funziona da pivot nel punto esatto in cui il

piede incontra il terreno.

Senza entrare nei particolari e anticipare la parte biomeccanica del modulo formativo, ciò che succede è proprio la realizzazione, grazie all'evoluzione del piede, di una gamba più lunga, questo ci permette di poter favorevolmente e con poco dispendio energetico convertire l'energia potenziale in cinetica e spostarci nell'ambiente.

come siamo arrivati ad avere destrezza nelle dita delle mani e dita più corte nei piedi proprio per permettere questo artifizio biomeccanico?

Un gene potenziatore, denominato HACNS1, ne è il responsabile.

Questo spezzone di DNA ha avuto nella nostra evoluzione , il ruolo di accensione di altri geni, che hanno permesso, appunto, il diverso sviluppo delle dita delle mani e dei piedi.

Intelligenza simbolica e spostamento nell'ambiente. Cognizione e percezione in circolarità con l'azione: lo Skillman© quale noi siamo.

APPROFONDIMENTO

EPIGENETICA

Cortesemente e integralmente concesso da Giorgio Terziani

L'epigenetica è definita come lo studio dei cambiamenti ereditabili nell'espressione genica che non sono causati da cambiamenti nella sequenza del DNA (Waterland & Michels, 2007). Difatti, un segnale epigenetico è un cambiamento ereditabile che non altera la sequenza nucleotidica di un gene, ma la sua attività.

"La differenza fra genetica ed epigenetica può essere paragonata alla differenza che passa fra leggere e scrivere un libro. Una volta scritto il libro, il testo (i geni o le informazioni memorizzate nel DNA) sarà identico in tutte le copie distribuite al pubblico. Ogni lettore potrà tuttavia interpretare la trama in modo leggermente diverso, provare emozioni diverse e attendersi sviluppi diversi man mano che affronta i vari capitoli. Analogamente, l'epigenetica permette interpretazioni diverse di un modello fisso (il codice genetico) e può dare luogo a diverse letture (fenotipi), a seconda delle condizioni variabili con cui il modello viene interrogato".

Thomas Jenuwein (Max-Planck-Institut für Immunbiologie, Freiburg, Germania).

Questo spiega perché le cellule differenziate in un organismo pluricellulare esprimono solo i geni necessari alla loro attività pur presentando stesso genoma. La sequenza del genoma è difati statica (con alcune notevoli eccezioni), ma le cellule si differenziano in molti tipi cellulari diversi, che svolgono funzioni diverse e rispondono in modo diverso all'ambiente ed ai segnali intercellulari.

I ricercatori hanno cercato di spiegare questi meccanismi grazie agli studi fatti su gemelli omozigoti: nascono con lo stesso patrimonio genetico, ma crescendo si possono differenziare a causa dell'ambiente, dello stile di vita, delle emozioni e delle sofferenze provate, che possono influire e cambiare l'espressione di alcuni geni, attivandoli o disattivandoli.

Epigenetica e Alimentazione

Dunque riassumendo, con il termine epigenetica indichiamo le modificazioni del DNA (e della cromatina) che influenzano il genoma e l'espressione genica SENZA ALTERARE il DNA stesso, in pratica determinando quale gene deve essere "ON" oppure "OFF" in una singola cellula determinandone l'espressione genica.

Tutto ciò può essere ereditato da generazioni di cellule "salvando" lo stesso "programma genico" oppure cambiando la configurazione "ON-OFF" (In periodi di siccità, alcune piante si adattano a sopravvivere per poi passare quei geni adattati alla generazione successiva. Se le successive due o tre generazioni, non sperimentano un'altra siccità, i cambiamenti epigenetici di solito non vengono più trasmessi).

L'epigenetica nutrizionale o "nutri-epigenetica", è la branchia che studia gli effetti che i diversi nutrienti possono avere nei confronti del DNA o della cromatina attraverso modifiche della loro espressione.

Ad esempio studiando come l'esposizione a particolari nutrienti durante lo sviluppo possa "programmare" a lungo termine la salute ed il benessere dell'individuo o ancora come la disponibilità di cibo durante la gravidanza possa avere effetti permanenti sull'espressione genica del bambino, così come alcuni studi hanno cercato di verificare come la regolazione epigenetica influisca sull'espressione dei geni che contribuiscono allo sviluppo dell'obesità.

Un primo esempio: uno studio congiunto statunitense ed europeo ha rilevato che l'esposizione prenatale alla fame può comportare cambiamenti epigenetici che possono incidere sulla salute futura di una persona. La ricerca indica che i bambini concepiti durante la carestia olandese nel 1944/45 hanno sofferto di persistente cattiva salute fino a sei decenni più tardi (predisposizione a malattie cardiache e polmonari, intolleranza al glucosio e altri disturbi).

In altre parole ciò che i nostri genitori e nonni mangiavano, quanto esercizio fisico hanno fatto, a quali sostanze chimiche sono stati esposti, sono tutti fattori che potrebbero influenzare l'aspetto e il funzionamento del nostro corpo.

LA METILAZIONE

Andiamo un po' più nel dettaglio. La metilazione del DNA è uno dei più importanti meccanismi epigenetici di controllo della trascrizione e gioca un ruolo essenziale nel mantenere la funzione cellulare.

Diverse componenti bioattivi contenuti negli alimenti possono modulare la metilazione del DNA (influenzano la disponibilità di gruppi metilici (-CH_3) e di conseguenza il processo biochimico di metilazione), componenti che includono ad esempio la vitamina B12, B6, la metionina, i folati (acido folico o vitamina B9).

Un largo numero di studi epidemiologici e clinici suggerisce come i folati della dieta sono inversamente associati con il rischio di cancro del colon retto e anomalie nella metilazione del DNA (ipermetilazioni riscontrate frequentemente nelle cellule tumorali associata a disattivazione dei geni attivi nella soppressione del processo neoplastico).

LA RESTRIZIONE CALORICA

Partiamo col dire che l'adozione di un corretto stile di vita rappresenta uno dei fattori più importanti per conseguire un invecchiamento di successo, libero da malattie e da condizioni di disabilità.

Un regime dietetico sano, lo svolgimento regolare di un'attività fisica e l'astensione dal fumo rappresentano, ad oggi, le più importanti misure di prevenzione per diversi disturbi come le cardiopatie. Studi recenti hanno portato ad una maggiore comprensione dei meccanismi con cui i nutrienti modulano i processi biologici del nostro organismo.

In quest'ambito, la restrizione calorica (RC), caratterizzata da una riduzione del 30-40% rispetto all'assunzione considerata "normale" per la specie in esame, è stato uno dei modelli maggiormente studiati e che sembrano essere strettamente legati a meccanismi "epigenetici".

Osservazioni in lieviti, elminti e mammiferi hanno mostrato come la RC sia efficace nel ridurre o rallentare l'insorgenza di patologie età-correlate, ad esempio inducendo perdita di peso corporeo ed esplicando una serie di effetti benefici sui livelli plasmatici di colesterolo, trigliceridi e sul controllo della pressione sanguigna, favorendo così una maggiore resistenza allo stress e rallentando il declino funzionale con un prolungamento significativo del "lifespan".

La restrizione calorica, inoltre, favorisce l'espressione di geni coinvolti nella riparazione cellulare, nel turnover e nella sintesi proteica e nella resistenza allo stress, e promuove la down-regolazione di numerosi geni implicati nei meccanismi di stress ossidativo ed infiammazione.

Un'altra via metabolica modulata dalla restrizione calorica è quella delle Sirtuine (una famiglia di enzimi deacetilasici), in particolare, il gene SIRT1 che codifica per la proteina Sirt1, sembra essere in grado di deacetilare proteine nucleari e citoplasmatiche che controllano processi cellulari critici come l'apoptosi.

Sirt1 sembra esplicare anche un'azione protettiva nei confronti della funzione endoteliale riducendo i livelli di colesterolo periferici e producendo down-regulation di diversi mediatori dell'infiammazione.

La ricerca a seguito di tale scoperte si è spostata sui fitochimici presenti in diversi cibi in grado di mimare gli effetti della RC, dando via a tutta una serie di studi volti alla ricerca di un modello dietetico sano, premessa indispensabile per il raggiungimento di un invecchiamento di successo.

IL "SEVEN COUNTRIES STUDY"

Uno studio su tutti è senz'altro il Seven Countries Study, basato sul confronto dei regimi alimentari di 12.000 soggetti di età compresa tra 40 e 59 anni, sparsi in sette Paesi (Finlandia, Giappone, Grecia, Italia, Olanda, Stati Uniti e Jugoslavia) in grado di dimostrare come la dieta Mediterranea (DM), ricca in fitochimici come l'Idrossitirosolo, il Resveratrolo e la Quercetina, sia in grado di indurre effetti benefici sulla salute

dell'individuo, stimolando le medesime vie metaboliche (controllo dello stress ossidativo e dell'infiammazione, attivazione della via delle Sirtuine) attivate dalla restrizione calorica.
Tra gli elementi distintivi di questo regime dietetico troviamo l'olio di oliva che è particolarmente ricco di acidi grassi monoinsaturi (MUFA) come l'acido oleico, un componente essenziale delle membrane biologiche che può progressivamente sostituire gli acidi grassi polinsaturi.
Le membrane cellulari ricche in acidi grassi monoinsaturi hanno un'ottima fluidità e subiscono meno la perossidazione lipidica. Altri componenti dell'olio di oliva sono l'alfa tocoferolo, i composti fenolici e il coenzima Q, che contribuiscono a contrastare gli effetti tossici dei prodotti residui del metabolismo dell'ossigeno e prevengono la formazione dei radicali liberi, proteggendo la cellula dal danno ossidativo.
Riprendendo i dati del Seven Countries si può notare come anche il Giappone sia caratterizzato da una minore mortalità cardio-vascolare. In questo caso il modello dietetico studiato è quello di Okinawa, caratterizzato da un'abbondante quota di frutta e vegetali e, quindi, ricca in fitochimici dalle proprietà anti-ossidanti ed anti-infiammatorie. In questo caso il the verde svolge un ruolo simile a quello dell'olio di oliva nella dieta mediterranea.
La dieta Mediterranea sembra in grado, quindi, di modulare l'espressione genica attraverso la regolazione di meccanismi epigenetici come la metilazione del DNA, la modificazione degli istoni e la regolazione dei micro-RNA.
Alcuni ricercatori nel campo dell'antiaging suggeriscono difatti che sia improbabile che la massima aspettativa di vita dell'uomo possa essere estesa da singoli interventi come la restrizione calorica o meglio, i benefici sulla salute e sulla longevità sarebbero numerosi, ma non senza altri potenziali effetti negativi.
Alternative al classico regime di CR sono in fase di valutazione. Dirks et al. hanno rilevato che una restrizione calorica dell'8% ha già effetti benefici su specifici biomarkers biochimici e infiammatori. Lo sviluppo di mimetici della CR potrebbe rappresentare una pratica strategia anti-aging. Un candidato è il resveratrolo, o ancor meglio una combinazione di sostanze ad attività mimetica, rispetto all'utilizzo di singole molecole, potrebbe rappresentare l'approccio più efficace, soprattutto in virtù del fatto che gli effetti antiaging della CR coinvolgono numerose vie metaboliche.
Nel frattempo, possiamo sicuramente affermare che qualche sacrificio alimentare e l'assunzione di cibi ricchi dal punto di vista nutrizionale ma poveri in calorie (frutta, verdura, legumi) ha sicuramente dei benefici provati scientificamente.

L'ATTIVITÀ FISICA - MOVIMENTO -

Una larga review ha dimostrato come l'attività fisica possa indurre "alterazioni epigenetiche" cruciali per l'attivazione di cascate di segnali associate ad espressione genica, regolazione di pathway metabolici e consumo energetico nel muscolo scheletrico così come numerosi meccanismi anti o pro infiammatori.
n tal senso l'attività fisica sembra avere un ruolo altrettanto importante all'alimenta-

zione per quanto riguarda il "lifespan" (invecchiamento) e utilizzabile come metodo preventivo delle malattie legate all'invecchiamento. (J. Ntanasis-Stathopoulos et al.: Epigenetic effects of exercise)

IN CONCLUSIONE

È possibile quindi immaginare di arrivare, in un prossimo futuro, ad una reale personalizzazione della dieta, individualizzata non solo sugli indici antropometrici e sui parametri biochimici e strumentali del paziente, ma anche e soprattutto sulla relazione genoma-risposta dietetica del singolo individuo, senza dimenticare l'importanza dell'attività fisica e dello sport.

Riferimenti

- Cohen HY, Miller C et al. Calorie restriction promotes mammalian cell survival by inducing the SIRT1 deacetylase. Science 2004, 305:390-2.
- learn.genetics.utah.edu/content/epigenetics/
- Keys A, Seven Countries: a multivariate analysis of death and coronary hearth disease. Cambridge, Massachusetts, Harvard University Press 1980.
- Vakili S, Caudill MA. Personalized nutrition: nutritional genomics as a potential tool for targeted medical nutrition therapy. Nutr Rev. 2007, 65:301- 15.
- López-Miranda J, Pérez-Jiménez F et al. Olive oil and health: summary of the II international conference on olive oil and health consensus report, Nutr Metab Cardiovasc Dis 2010, 20(4):284-94.
- Corella D, Ordovas JM, How does the Mediterranean diet promote cardiovascular health? Current progress toward molecular Mechanisms. Prospects & Overviews 2014: 526-37.
- J. Ntanasis-Stathopoulos et al.: Epigenetic effects of exercise.

APPROFONDIMENTO

PANCREAS e ACACIA della Savana Africana

Che rapporto potrebbe mai esserci?

La parola di riferimento è "REGOLAZIONE".

Sean Carroll nel libro "The serengeti rules" ci racconta, creando un'immagine affascinante, di come l'equilibrio della flora e della fauna nella savana della Tanzania, sia finemente e magicamente regolato.

Carroll scrive come Tony Sinclair, ricercatore e professore di zoologia, in Tanzania per studiare gli animali e la loro diffusione sull'immenso territorio africano, insieme a Norton-Griffith, scoprirono che la popolazione di gnu aveva raggiunto 1,4 milioni di animali, quasi il doppio rispetto a quattro anni prima e più di cinque volte di quello che era nel 1961.

Ora era il più grande branco selvatico di ungulati al mondo.

Altri scienziati avevano notato un ampio spettro di altri cambiamenti nel Serengeti durante questo periodo.

Ad esempio, il numero di leoni e iene era aumentato.

Questo aveva certamente senso, c'erano più prede disponibili.
Quei milioni in più di gnu costituivano circa 130.000 tonnellate di biomassa in più, che potevano alimentare molti carnivori.
Ma c'erano altri cambiamenti, più sconcertanti, le cui cause se considerate sngolarmente non erano così evidenti.
Ad esempio, anche il numero di giraffe era aumentato.
Gli studi di Mike Norton-Griffiths, rivelarono che la frequenza e l'intensità degli incendi nella stagione secca erano calate drammaticamente nel Serengeti dal 1963.
Il fuoco reprime la rigenerazione delle giovani piantine.
La riduzione degli incendi ha comportato la crescita di più giovani alberi di acacia, fornendo più cibo per le giraffe.
Ma perché gli incendi stavano diminuendo? Norton-Griffiths e Sinclair si sono resi conto che stavano trovando la spiegazione nei loro dati di censimento.
Il picco nelle popolazioni di gnu e bufali significava che molta più erba veniva consumata dagli erbivori, con conseguente riduzione del consumo di carburante durante la stagione secca.
Tutti i cambiamenti nel Serengeti erano collegati, erano tutte risposte alla stessa perturbazione: l'eliminazione del virus della peste bovina, che aveva scatenato cascate trofiche che colpivano popolazioni di erbivori.
La rivelazione più importante di questi studi a lungo termine è che, contrariamente a ogni rappresentazione televisiva, il vero "dramma" del Serengeti non è un ghepardo o un leone che insegue una gazzella: è uno gnu che mastica l'erba!
Perché quell'attività banale, moltiplicata per
1 milione o più, innesca una cascata di interazioni sulla savana che porta a più predatori, più alberi, più giraffe e anche altre specie.
E come collegare questo con il Pancreas?
Il Pancreas è un organo endocrino ed esocrino.
Fa parte di un complesso, sistema di "assi" ormonali, regolati dal sistema di risposta allo stress dell'asse HPA ipotalamo ipofisi surrene.
Così come la mancanza di alberi di acacia, gli incendi e la vita delle giraffe e dei predatori, puó dipendere da un virus che colpisce i ruminanti, che se eliminato consente alla vita di prosperare, cosi uno stress esterno, percepito come emozione embodied nel corpo e nella mente, puó influenzare a cascata tutta una serie di reazioni che si verificano, per esempio nel tempo, ... glicemia elevata, insulino resistenza, diabete di tipo 2.
La regolazione del nostro corpo è finemente articolata in una serie di azioni e reazioni proprio come flora e fauna della Tanzania.
Immaginare tutti i componenti della Savana, piante, insetti che mangiano le piante, erbivori, predatori di varie razze, come cellule del corpo è corretto, Carroll e Lipton ce lo dicono chiaramente.
Perchè permette di capire come, al pari della regolazione degli equilibri africani, il nostro corpo, a fronte di un azionamento omeostatico, di regolazione sistemica, tipo un

aumento dell'attività pancreatica volta a produrre più insulina, debba continuamente reagire e agire in virtù di un mantenimento della "stabilità globale attraverso il cambiamento" e si azioni in continui adattamenti allostatici riferiti agli assi centrali HPA.
Esempio:
Emozione da "tigre di carta"
(cit. A.C. corso formazione Buteyko Staff Moving 2014)
Attivazione centrale HPA, relativa alla produzione di energia attraverso cascata neuroendocrina, con messa a disposizione di zuccheri da fegato e muscoli.
Mancato utilizzo degli stessi per mancato Movimento.
Se ti telefona tua moglie - nessun riferimento alla tigre è voluto...- e si accende una discussione mentre tu sei serenamente seduto in ufficio, dov'è il Movimento?
Produzione Insulina dal Pancreas per regolare la glicemia che resta elevata.
Processo che si ripete più volte a causa del nostro ormai "life style" occidentale.
Il Pancreas si "stanca" iniziando la via della patologia specifica del Diabete di tipo 2.
Vengono prescritti farmaci al fine di contenere in un'omeostasi localizzata, il livello glicemico, intervenendo solo su uno degli assi.
Magari nella dieta viene pure consigliato il classico frutto al pranzo o alle merende, non considerando che il fruttosio fa generare insulina senza farla rilasciare dal pancreas, aggravando il quadro diabetico (anni fa andava di moda nei bar la bustina di fruttosio per i diabetici). Senza rendersi conto che in questo modo, al pari della Savana, posso interferire nell'allostasi globale, in primis nell'iperventilazione, da funzionale divenuta disfunzionale e cronica.
Il pancreas producendo più insulina, in un ambiente di stress, cambia la capacità recettoriale di tutte le membrane, di tutte le cellule, di tutti i tessuti, di tutti gli organi che necessitano di glucosio per produrre energia nei mitocondri.
Ecco che un input ambientale esterno, crea un output interno, sia omeostatico sistemico, che allostatico globale.
Interveniamo sul sistemico, specifico e non sul globale?
Scordandoci altresì che l'input oltre che a livello di interferenza emotiva limbica, mediata dall'attivazione rapida dell'amigdala, abbia un "passaggio" corticale con conseguente elaborazione e attivazione degli assi endocrini nella famosa via PNEI, ovvero: altra cascata neuroendocrina
Spengo il sintomo ma non la causa. E soprattutto mi perdo la fantastica opportunità di considerare il corpo un tutt'uno con la mente.
Inutile prescrivere un medicinale se non considero l'assetto psicoemotivo che mi puó bypassare il medicinale e ricreare le medesime condizioni preesistenti a causa del continuo stressor ambientale.
Entro nella ricorrente situazione da assuefazione da medicinali dove devo alzare la grammatura o cambiare medicina.
Per esperienza gli ipertesi che assumono farmaci contro l'ipertensione, a loop, si trovano sempre la pressione alta. E come mai?

Inutile prescrivere un ricaptatore della serotonina se la membrana della cellula non è stata valutata. È fluida? I rapporti omega 3/6 sono a posto? Regolati?
Inutile pensare di mettere a posto energie del cervello se non libero quelle corporee, perchè lì troveró le rielaborazioni e rimuginazioni dello stressor, in una coscienza incarnata in movimenti repressi come Jacques Lacan sostiene: "la coscienza è strutturata come un linguaggio e le parole sono intrappolate nel corpo".
Agiamo come se, mancando le giraffe a causa della mancanza di acacie, piantassi acacie.
Tutto è regolato, ogni evento racchiude in sè un perchè, persino un virus, eliminato o meno, possa portare più o meno benefici.
Interessante notare come nel caso del parco del Serengeti, forse la natura, con la presenza del virus, stava attuando un piano con un equilibrio superiore.
Le soluzioni ci sono.
E iniziano come sempre dal WHY, superiore, aspetto che non potremo mai sapere, a causa del nostro intervento umano, che ha sì ripopolato un ambiente, in modalità omeostatica, ma che ha comunque interferito.
Noi Bodyworker del Movimento abbiamo un "perchè" incarnato, per usare il termine più corretto e coerente, ma soprattutto siamo dotati di un HOW efficace e innovativo.
La capacità di misurare il Movimento, l'assetto emotivo, in particolare il Sistema Nervoso Autonomo e la composizione delle membrane cellulari, fanno sì di poterci mettere in un cerchio di professionisti della cura della salute con al centro il cliente, l'individuo.

Il mitocondrio, cellula procariota, ha una struttura più semplice di quella della cellula umana, eucariota.
La cellula procariota del mitocondrio, denominato batterio simbionte, ha «infettato» il nostro corpo (viveva in aerobia) milioni di anni fa, ma, processando in maniera efficiente un ossidante a noi pericoloso, l'Ossigeno e producendo energia, l'adattamento evolutivo ha optato per tenere con sé questo utilissimo batterio.
E, questa scelta di relazione tra cellula umana eucariote e procariote dei batteri, secondo il neuroscienziato Richard Dawkins, ha funzionato anche con altre cellule, tipo il macrofago, cellula immunitaria, la cui funzione è quella di eliminare i batteri nocivi.
Il DNA del mitocondrio è meno resistente rispetto al DNA genico, non ne possiede le stesse capacità riparative.
È più sensibile alle variazioni del mondo esterno, infatti, come cita Enzo Soresi in «Mitocondrio mon amour» UTET 2015, può essere azzardato definire il mitocondrio come «chiave epigenetica» di collegamento tra il corpo e il mondo esterno.
Evidenze scientifiche supportano la tesi che il dr. Douglas Wallace fa sua,

cioè di come tutte le patologie croniche, neurodegenerative soprattutto, siano riferibili ad uno stato infiammatorio di basso livello, persistente, cronico, dato da alimentazione e stress.
Steve Horvath, biogenetista informatico, autore di «The clock Watcher» ha scoperto la via di misurazione dell'età biologica umana attraverso marcatori epigenetici dell'età biologica, gli A.G.E.s, (advanced glycation end products).
Questi prodotti, risultato finale dell'incollamento dello zucchero in eccesso sui tessuti proteici e lipidici del corpo umano, attaccano anche i mitocondri: anche l'invecchiamento cellulare totale del corpo, sembra essere sempre più riferibile alla progressiva perdita di funzionalità dei mitocondri.
Come asserito precedentemente il mitocondrio è un ottimo «processatore» di Ossigeno; è importante che lo stesso sia introdotto in quantità sufficiente e necessaria alla più efficace utilizzazione (cfr. metodo di respirazione Buteyko BE-MOVE Academy).
L'Ossigeno in eccesso ci usura, il DNA mitocondriale per primo è suscettibile all'insulto ossidativo dato dall'eccedenza di Ossigeno.
Allo stesso tempo il mitocondrio usufruisce del lavoro muscolare; come riscontrato da ricerche recenti, in caso di inattività muscolare, diminuisce la sensibilità all'insulina, peggiorando rapidamente il metabolismo di lipidi, proteine, zuccheri, aumentando l'accumulo di lipidi intramuscolari. *AA.VV The effect of aging, physical training and a single bout of exercise on mitochondrial ptotein expression in human skeletal muscle. Experimental Gerontology, 2012, n.47*
Nelle moderne patologie cronico degenerative, possiamo immaginare un imbuto: infiammazione, fosforilazione ossidativa, minor Ossigeno nella cellula, livellamento verso il basso del regime minimo della cellula, in modo da limitare l'ossidazione aggressiva.
Questa condizione porta ad un rallentamento delle attività del mitocondrio stesso, il cui DNAm è in stretta relazione e simbiosi con il DNA genomico per la trascrizione finale del gene.
Fatto tesoro di questa importante distinzione funzionale tra i due sistemi genetici, bisogna arrivare ai nostri tempi per avere un concetto nuovo di come mente e corpo siano collegate.
Le neuroscienze sviluppano con parole nuove vecchie concezioni di divisione-unità mente corpo e, per farlo, basta un esempio: nessuno dice «ho il

corpo stanco», ma tutti dicono «sono stanco».
Mente e corpo sono strettamente uniti e influenzanti l'uno con l'altro, sia in positivo che in negativo.
Enzo Soresi descrive e spiega molto bene come questo sia possibile e ci racconta della nascita della nuova scienza medica, che sta sempre più affermandosi nella cura delle persone: la PNEI (psico-neuro-endocrino-immunologia), a differenza della medicina EMB (evidence medicine based) di Sackett e Cochrane, che, come lui stesso riferisce «è un metodo» (conversazione privata Milano 2018).
Ogni atto motorio che attuiamo è frutto di un atto decisionale che è supportato e determinato da un intervento emozionale. Il neurofisiologo Antonio Damasio affronta questo tema nel suo trattato «l'errore di Cartesio» (1995). Egli dimostra come non possa essere presa alcuna decisione da parte del lobo frontale sinistro, se non viene attivato adeguatamente il lobo frontale destro per la sua componente emozionale.
Famoso è l'esempio riportato dal dr. Soresi nel suo libro «Il cervello Anarchico» (ibidem), dove racconta l'aneddoto del giocatore di scacchi , che a seguito di lesione cerebrale, aveva perso ogni capacità decisionale a causa della non comunicazione tra i lobi frontali e l'incapacità quindi di far precedere la componente emozionale all'atto cognitivo di muovere, quindi doveva giocare con un assistente che muoveva per lui le pedine (Cazzaniga 1997).

APPROFONDIMENTO

L'Academy BE-MOVE, della quale sono formatore e docente, dal Membership al Groupship, passando attraverso il Mentorship
SCOPO E OBIETTIVO - tensione anagogica -
la differenza tra scopo e obiettivo è enorme.
Uno è funzionale all'altro e nel nostro modulo di MMA© Mental Management Assessment di BE-MOVE Academy affrontiamo compiutamente la questione.
La parola riposizionamento è poco conosciuta in ambiente educativo-formativo, ed è spesso usata nell'adulto proveniente da esperienze di vita lavorativa e sociofamiliare pregressa.
In Academy, e nel nostro lavoro in studio, ci troviamo a doverne usare i processi, a causa di un sistema formativo scolastico e accademico che purtroppo sono inefficaci in tal senso e sviano completamente e inconsciamente dallo scopo di vita professionale del futuro adulto.
"Riposizionamento significa possibilità che un individuo si ricollochi rispetto ad una mappa di percorso che ne permetta degli sviluppi diversi da quello che sembrava il

suo destino" (cit. Andrea Canevaro)
Identificare e riposizionare il proprio scopo di vita, è parte iniziale di un processo che porterà all'azionarsi attraverso l'aumento del proprio "sapere - volere - potere".
La motivazione ad elevarsi come individuo, a perfezionarsi, a migliorare, è denominata tensione anagogica.
Conoscere, identificare e sapere applicare questi aspetti relativi allo sviluppo dell'allievo e al potenziamento delle sue potenzialità, insite nel profondo nascosto della coscienza, è basilare per chi occupa un ruolo di formazione.
L'insegnamento dovrà portare alla costruzione di un' "antropo-etica", che faccia riferimento alla triplice condizione umana, come ci insegna Paolo Lissoni nel suo libro.
L'uomo come individuo, parte di società, parte di una specie.
La piramide della consapevolezza: io con me stesso, io con l'altro, io con tutti gli altri.
Saper individuare e determinare nel corsista queste caratteristiche essenziali, garantiscono il processo di apprendimento.
Noi docenti di Academy siamo costantemente in un processo di studio e formazione per poter gestire questi concetti; i nostri Tutor - chiaramente psicologi in ambito Cognitivo e di Movimento- saranno i docenti dei corsi di MMA© (l'acronimo lascia intendere il livello "sportivo" del corso..) ai futuri titolari dei LAB.
I nostri corsisti sono i diretti fruitori di questi metodi così proiettati verso il "porre al centro del processo formativo il discente"che sperimenteranno su sé stessi le modalità e le sub modalità di insegnamento dei metodi dell'Academy.
Nulla è lasciato al caso nella Mission di creare il prossimo professionista nell'ambito del Movimento.
Il livello culturale elevato è il prerequisito base per poter ambire ad essere un formatore.
Referenze
Prof Ezio del Gottardo
Paolo Lissoni "dalla medicina dei profeti alla PNEI"
Katia Salmaso Tutor di BE-MOVE Academy

EMOZIONE E MOVIMENTO

"C'è vero progresso
solo quando i vantaggi
di una nuova tecnologia
diventano per tutti"
(Henry Ford)

"Usa il cervello. Non agire di pancia, sii razionale".
"Prendi la tua decisione ragionandoci, non essere impulsivo".
"La notte porta consiglio, non prendere decisioni affrettate".
Sono frasi che abbiamo sentito dire spesso da genitori, amici, colleghi e capi e che noi stessi abbiamo detto e ripetuto per consigliare i nostri allievi o amici di fronte a scelte

importanti. È opinione comune che l'emozione intralci il ragionamento razionale. Gli studi compiuti da Eric R. Kandel, James H. Schwartz, e Thomas M. Jessel, insieme ad altri scienziati, autori del manuale "Principi di neuroscienze", opera di riferimento a livello mondiale, hanno approfondito sentimenti ed emozioni, a partire dagli anni Novanta. In sintesi i progressi delle neuroscienze hanno concorso a spiegare i comportamenti umani, che sono un mix di ragione e sentimento. E le ricerche più recenti si sono focalizzate sulle basi biologiche delle emozioni.

Esistono circostanze in cui le emozioni possono addirittura avere il sopravvento sulla ragione. È il caso della paura. Immaginiamo una reazione ad un pericolo imminente, questa sarà immediata e senza pause di ragionamento logico.

Nel corso dell'evoluzione la ragione e l'emozione hanno condizionato lo sviluppo del movimento.

Secondo Antonio Damasio, neurologo di origine portoghese attivo negli Usa, grazie all'adattamento evolutivo, gli esseri viventi possono "agire in modo accorto, senza dover pensare in modo accorto".

In che modo le specie complesse hanno migliorato ed evoluto il sistema di ragionamento efficace? Per Damasio questo sistema si è sviluppato come un'estensione del sistema emozionale automatico e che l'emozione abbia ruoli diversi nel processo del ragionamento.

diventandone parte preponderante - pregiudiziale - nella conclusione del ragionamento stesso.

Non si può fare a meno delle emozioni, tant'è che ricordiamo meglio gli avvenimenti se legati ad un'emozione. Quando l'emozione è completamente esclusa dal processo di ragionamento, come accade in alcune patologie neurologiche, la ragione diviene difettosa.

Damasio ha coniato il termine di marcatore somatico. Le emozioni marcano determinati aspetti di una situazione o determinati esiti delle possibili azioni di un soggetto.

L'emozione produce in maniera evidente questa marcatura, come accade in una "sensazione viscerale" o in modalità nascosta, a tratti inaccessibile a primo esame.

Pensiamo all'intuizione, e alle reazioni corporee collegate, come il raddrizzamento schiena e la messa a fuoco e fissazione di un punto ben preciso nell'ambiente circostante.

L'intuizione è un rapido processo cognitivo grazie al quale si giunge ad una particolare conclusione senza avere la consapevolezza di tutti i passaggi logici immediati che hanno condotto ad essa.

L'emozione produce la conclusione in un modo così rapido, che non è occorrente richiamare alla mente molte informazioni. Un vecchio detto spiega in poche parole questo processo:

"il caso favorisce la mente preparata".

La mente è preparata e reagisce, come riferimento di base, per rielaborazione delle informazioni che provengono dal mondo esterno.

Damasio ha sottolineato come la mente esista dentro un organismo integrato, corpo e

cervello. L'interazione continua tra corpo e cervello ha consentito lo sviluppo evolutivo.
Il primo enunciato di Damasio recita:
il cervello umano ed il resto del corpo costituiscono un organismo non dissociabile, integrato grazie all'azione di circuiti regolatori neurali e biochimici interagenti (che includono componenti endocrini, immunitari e nervosi autonomi, cfr PNEI psiconeuroendocrinoimmunologia, scienza che studia le interazioni tra i sistemi endocrino, nervoso, immunitario e il loro effetto sul comportamento umano);
l'organismo interagisce con l'ambiente come un insieme: l'interazione non è del solo corpo né del solo cervello;
i processi fisiologici che noi chiamiamo "mente" derivano dall'insieme strutturale e funzionale, piuttosto che dal solo cervello: soltanto nel contesto dell'interagire di un organismo con l'ambiente, si possono comprendere appieno i fenomeni mentali.
Riprendendo i concetti di inizio articolo, di come in determinate circostanze l'emozione distrugga il ragionamento, viene da pensare come l'emozione sia una facoltà mentale eccedente, una "non richiesta compagna accessoria", che la natura ha imposto, al nostro pensiero razionale.
Se si dice ad un paziente che una determinata cura ha salvato il 90% dei malati o in alternativa che la stessa cura è stata fatale per il 10% dei pazienti lo stesso risultato potrebbe avere una influenza diversa. Quel 10% che evoca la morte potrebbe rendere più cauto il paziente nello scegliere quella determinata cura.
Damasio non impiega i termini Emozione e Sentimento in maniera intercambiabile, ma li definisce in maniera puntuale.
Emozione: una serie di cambiamenti che avvengono sia nel cervello sia nel corpo, di solito stimolati da un particolare contenuto mentale.
Sentimento: è la percezione di tali cambiamenti.
Il nostro comportamento è frutto, per buona percentuale, delle emozioni e dei sentimenti. Il "come mi sento", genera le mie azioni.
Il comportamento
Molti organismi semplici (anche quelli costituiti da una sola cellula e privi di cervello) eseguono azioni, spontaneamente o in risposta a stimoli dell'ambiente: producono comportamento.
Tali azioni possono essere invisibili ad un osservatore esterno, come la contrazione di un organo, oppure visibili, nel caso di un'estensione di un arto.
Altre azioni, ad esempio strisciare, gattonare, camminare, sono comportamenti diretti verso l'ambiente.
Quel che è certo è che sia in alcuni organismi semplici sia in quelli complessi, le azioni, spontanee o reattive che siano, sono provocate dal cervello.
Non tutti gli atti deliberati dal cervello sono comandati, la maggior parte non lo è affatto.
Sono semplici risposte ad uno stimolo, recepito e convogliato da un neurone che porta un altro neurone ad agire.

Nel tempo, via via che gli organismi hanno acquisito complessità, anche le azioni del cervello hanno acquisito complessità: tra stimolo e risposta sono stati interpolati altri, numerosi, neuroni. Ma non ne è conseguito che l'organismo dotato del cervello più complicato dovesse avere una mente.
I cervelli, postula Damasio, possono presentare molta complessità e stadi intermedi nei circuiti stimolo-risposta e tuttavia non avere mente, se non soddisfano una condizione essenziale: la capacità di avere immagini internamente e di ordinarle in un processo chiamato pensiero
Avere una mente, per Damasio, significa che un organismo forma rappresentazioni neurali che possono divenire immagini, essere gestite in un processo chiamato pensiero e alla fine influenzare il comportamento aiutando a prevedere il futuro, a pia-
La funzione generale del cervello è essere informato su ciò che avviene nel corpo e nell'ambiente circostante, in modo che tra organismo e ambiente si possa raggiungere un adattamento adeguato e propizio alla sopravvivenza.
Come spiega Giacomo Rizzolatti (coordinatore del gruppo di scienziati che ha scoperto l'esistenza dei neuroni specchio, cellule motorie del cervello che si attivano sia durante l'esecuzione di movimenti finalizzati, sia osservando movimenti simili eseguiti da altri individui), solo in questo modo si è formato il movimento nel cervello: il cervello conosce lo scopo dell'azione, finalizzata alla sopravvivenza. nificarlo e a scegliere la propria azione, che produce movimento, per sopravvivere.
Una funzione base è la presa, che appartiene ai neuroni premotori, da alcuni neuroscienziati definiti come scoperta più importante dei neuroni specchio, in quanto detentori dell'alfabeto motorio geneticamente tramandato da anni di adattamento evolutivo; un'altra è il corretto e idoneo alternarsi dei punti fissi e punti mobili tra gli arti e il corpo, per il gait.
Il cervello produce immagini di conoscenza e programmi di azione per generare il Movimento. Damasio nel suo libro ci delizia con una spiegazione, a tratti poetica, di come questo avvenga, con esempi che riportiamo.
La conoscenza fattuale che si richiede per ragionare e per decidere, viene alla mente sotto forma di immagini.
Il substrato neurale è così organizzato:
"se osservate fuori dalla finestra il paesaggio autunnale, o ascoltate musica che fa da sottofondo, o fare scorrere i polpastrelli su di una superficie metallica liscia, o leggete queste parole riga per riga fino al fondo della pagina, voi state percependo e quindi formando immagini di svariate modalità sensoriali: si chiamano immagini percettive.
Ma se vi interrompete durante le attività appena citate e per distrazione rivolgete il pensiero altrove, ad un parente, ad un monumento, un dipinto, visti durante l'ultimo viaggio, ognuno dei nuovi pensieri è costituito da immagini.
Tale immagini che si formano quando rievocate il ricordo si chiamano immagini richiamate e si distinguono da quelle percettive.
Il processo di pianificazione è seguito via via da immagini relative e queste immagini

di qualcosa che non è ancora accaduto, hanno la stessa natura di quelle già accadute.
Ad un osservatore attento, che sta guardando un individuo concentrato in pensieri personali, non sfuggirà il movimento che compie, che è sempre coerente con i pensieri in atto.
Quante volte è capitato di notare qualcuno sovrappensiero che sorride, parla da solo, o con qualcuno che sta richiamando nei suoi pensieri?
I pensieri prendono corpo nella forma del corpo, che si muove in base ad essi.
Un mio formatore usava ripetermi: "dopo i 30 la vita che hai fatto ti si legge in viso".
Damasio ci spiega che questo complesso macchinario neurale di percezione, memoria e ragionamento, avviene nelle cortecce sensitive di ordine inferiore. L'attività di tali cortecce, innescata da percezioni o dalla rievocazione di ricordi, è il risultato di elaborazioni complesse che si svolgono in numerose regioni della corteccia e dei nuclei di neuroni al di sotto della corteccia, nei gangli basali, nel midollo allungato.
Le immagini vengono formate o sotto il controllo di recettori orientati verso l'esterno del cervello (ad esempio la rètina) o sotto il controllo di rappresentazioni contenute nei nuclei subcorticali, ippocampo in primis.
L'ippocampo, parte del sistema limbico, è la memoria di lavoro che è coinvolta nell'attività di re-wiring di engrammi motori nella corteccia. È anche una delle due parti del cervello - insieme all'amigdala, centro cerebrale sede dell'emozione - con il più alto numero di recettori del cortisolo, ormone dello stress.
Ragionamento e decisione.
Ragionare e decidere può essere arduo.
Esempio di Damasio: siete il proprietario di un'impresa, indeciso se incontrare o meno un possibile cliente che potrebbe farvi concludere un buon affare, ma che è anche acerrimo nemico del vostro miglior amico.
Il cervello reagisce creando rapidamente scenari diversi di possibili risposte e di esiti conseguenti, che alla nostra coscienza si presentano come scene immaginarie e molteplici.
Ad esempio: l'incontro con il cliente e il vostro amico che vi vede in sua compagnia e la minaccia che ciò comporta per la vostra amicizia. Oppure la rinuncia all'incontro e la perdita di un buon affare, ma a tutela di un'amicizia che per voi è preziosa.
All'inizio del ragionamento, Damasio fa notare che la mente non è tabula rasa, ma che anzi, è un repertorio di immagini diverse, generate via via per il complesso della situazione immaginata. Quali vengono selezionate? Chi e come decide?
Vi sono due possibilità distinte, la prima prevede una "ragione alta" nel decidere, quella del buon senso, che giudica al meglio, cioè quella razionale, che non deve essere comunque intralciata da passioni.
In questa condizione i differenti scenari sono analizzati uno alla volta soppesando costi e benefici. La fisiologia corporea si adatta alla condizione di concentrazione del momento, variando la postura a seconda del soggetto.
Damasio spiega che se quella razionale è l'unica strategia potrebbe non funzionare. La decisione richiederà del tempo; se poi nel frattempo dovrete adempiere ad altri

compiti, magari comprendenti lavori manuali, spostamenti ecc., diverrà impossibile tenere conto dei vari esiti di costo/beneficio da confrontare. Dei passaggi intermedi se ne perdono le tracce, dal momento che attenzione e memoria operativa dispongono di durata limitata.

La seconda possibilità, del marcatore somatico, restando invariati i presupposti dell'esempio, prevede che si immagini quanto segue: l'eventuale esito negativo dell'immagine pensata è unita ad un'immediata sensazione spiacevole alla bocca dello stomaco. Questo è il marcatore somatico: forza l'attenzione sull'esito negativo al quale può condurre una data azione e agisce come un segnale automatico di allarme che vi "suggerisce" di abbandonare l'immagine visualizzata.

I marcatori somatici rendono più efficiente e preciso, con ogni probabilità, il processo di decisione, mentre la loro assenza riduce efficienza e precisione.

"L'uomo fugge il dolore"

Ci sono scelte che hanno conseguenze immediate negative, ma che generano esiti futuri positivi: ad esempio si possono tollerare sacrifici oggi se è per ottenere qualche beneficio più avanti.

La prospettiva immediata è poco piacevole, ma il pensiero di un vantaggio futuro, crea un marcatore somatico positivo, e ciò vince la tendenza a decidere contro l'azione immediatamente penosa.

Vivere certe senzazioni, emozioni, quali la necessità di aggregazione e socialità con l'altro, sono insite profondamente nell'essere umano.

I neuroni specchio attivano quei meccanismi attraverso i quali il cervello ci predispone, appunto, alla socialià, dandoci la possibilità di attingere dall'esperienza degli altri

Questo avviene tramite appunto immagini di conoscenza e programmi d'azione messi in atto con la sequenza seguente:

- riconoscimento del "pari"
- imitazione
- azione
- "linguaggio"

Tutto questo processo è strettamente correlato al movimento, "impalcatura sulla quale è costruita la nostra comprensione delle azioni degli altri", come ha spiegato Rizzolatti.

Emozioni e movimento sono legate a doppio filo.

Secondo il linguista Georg Lakoff, le emozioni sono conseguenti al movimento, nella misura in cui il "movimento influenza il pensiero e viceversa" e "tutto ciò che capiamo è perché possiamo immaginarlo in maniera corporea".

La riprova di quanto asserito da Lakoff la fornisce Daniel Stern con le "Vitality Forms": fin dalla nascita vi è una comunicazione prelinguistica basata su gesti e suoni, quale scambio vicendevole di emozioni per esempio, tra madre e figlio.

Nella società odierna le emozioni sono vissute in identità di gruppo, comune, ben circoscritta.

Il ruolo sociale dell'aggregazione, così ben rappresentato nelle attività sportive (gruppi di spinning, classi di amici che fanno crossfit) fanno sì che certe sensazioni, emozioni, che rimangono in corteccia superiore, siano stimolate e poi trasformate in sentimenti da attività, appunto, che si possono verificare solo in un gruppo ben definito, dove si condivide un'esperienza e un cambiamento che accomuna i contenuti mentali di tutti i partecipanti, dove la parola d'ordine per essere stati inclusi è l'accettazione secondo canoni di "riconoscimento" prima descritti.

Il movimento, non influenzato da tecniche sportive specifiche o da attività specializzate, stimola il senso di sè più profondo, antropologicamente caratterizzante il mammifero e non l'umano. La connessione con il sè più profondo la possiamo vedere quando proponiamo una semplice attività di respirazione e di ripristino dei correti patterns respiratori e nervosi vegetativi.

Questo "reset" nervoso, che è movimento naturale e non forzato o imposto da un'azione di sport spesso causa reazioni di pianto o risata isterica, libera il soggetto da tensioni.

Questi accadimenti possono essere positivi o negativi, ecco perché in studio ci avvaliamo del supporto di uno psicologo e perché tutto lo staff, Crm compreso, ha una formazione di Mental Management base.

Ma immaginiamo un adolescente che è bombardato da emozioni, a tratti stressanti, sedentario, che nel tempo libero pratica sport e movimento aspecifico.

Cosa signfica che lo sport è movimento aspecifico? Se pensiamo alla maggior parte dei gesti caratteristici degli sport, tipo rovescio del tennis, calcio oltre le spalle degli sport da combattimento, swing del golf, schiacciata della pallavolo, corsa con palla al piede, ci possiamo rendere conto come la gestualità sportiva sia molto distante dal rispetto dell'anatomia funzionale della macchina uomo.

Partendo dal presupposto che per movimento si intende gestione del proprio centro di massa grazie all'azione organizzata, controllata e regolata dal Sistema Nervoso Centrale, la maggior parte degli sport prevede l'utilizzo di un attrezzo con un proprio centro di massa, che deve essere gestito.

Abbiamo valutato come il nostro giovane atleta gestisce il proprio centro di massa? Egli è capace di muoversi efficacemente ed efficientemente? Disponiamo di metodi di valutazione del movimento?

Solo dopo aver corretto, migliorato e implementato le proprie capacità di movimento potrà gestire il centro di massa di una racchetta, di una palla, di un kettlebell, di una mazza da golf.

Inoltre, tali gesti sono caratterizzati da un'alta ripetibilità in posizioni non fisiologiche che vanno a sovrapporsi sulla posizione seduta mantenuta tutto il giorno a scuola: pensate alla posizione seduta del canoista, o a quella del tutto non fisiologica del ciclista e del pattinatore di velocità, tanto per citarne qualcuna delle "peggiori".

Le emozioni generate sono di un livello non sufficiente ad una completa e costruttiva percezione del sé profondo.

Ecco perché, oggi più che mai, vi è bisogno, più di ogni altra cosa e di ogni banale consiglio del tipo "fai attività sportiva", di Movimento di qualità, erogato e insegnato da specialisti della materia.

Il Movimento è la nuova tecnologia, libera, a disposizione di tutti e per tutti.

Nda.: il prossimo articolo tratterà gli esiti delle più attuali ricerche in ambito di mente, comportamento e movimento e dell'andamento di ricerca interna sulla misurazione di proprietà fisiologiche del Sisntema Nervoso dell'uomo.

Bibliografia

Antonio R. Damasio, L'errore di Cartesio, Adelphi, 1994

Giacomo Rizzolatti, In te mi specchio, Rizzoli, 2016

Enzo Soresi, Il cervello Anarchico, Utet 2017

Enzo Soresi, Mitocondrio mon amour, Utet 2015

Queste conoscenze vengono alla luce grazie alle neuroscienze, di cui, oltre Damasio, abbiamo notevoli esponenti in Italia, autori di scoperte encomiabili, spinte dagli studi di neurofisiologi quali Sherrington e Pavlov.

Pavlov, premio Nobel per gli studi sulla secrezione salivare; con le sue scoperte si inserì al termine di un processo che ebbe inizio con Cartesio, capendo che la digestione cominciava con un processo psichico.

Da lì appunto, gli attuali neuroscienziati, in questi tempi hanno affrontato, e ancora oggi vi dirigono i propri studi e ricerche, il tema di unità mente-corpo.

Nel lasso di tempo tra Sherrington, Pavlov e altri scienziati, coincidendo con il periodo dell'illuminismo e il sensismo si ebbe la nascita dell' «empirismo», dottrina filosofica secondo la quale lo sviluppo della mente dipende solo dagli stimoli esterni. Locke ed Hume, esponenti della corrente empirista, concepirono la mente come una **tabula rasa**, ovvero: la conoscenza si produce grazie all'esperienza, percepita ed organizzata attraverso i sensi.

Bisogna appunto arrivare fino alle scoperte di oggi, avvenute grazie a Giacomo Rizzolati, neuroscienziato italiano, il quale afferma di contro, che gli individui vengono al mondo con una serie di meccanismi già presenti alla nascita.

Ovvero un individuo non nasce senza la capacità di provare emozioni, così come non nasce senza la capacità di camminare. Camminare è legato a circuiti innati; nell'uomo la maturazione richiede tempo; ma non impariamo a camminare nello stesso modo e tempo in cui impariamo ad andare in bicicletta.

L'apprendimento per attivare certi circuiti innati richiede tempo. Lo sviluppo di un organo, in questo caso il cervello, direttore d'orchestra del movimento latente, **il suo crescere dentro una funzione (cit.)**, esige educazione ed allenamento.
Per di più, a dispetto degli altri mammiferi, noi uomini nasciamo in ritardo, con una velocità di maturazione molto minore rispetto ad altre specie. L'»ominazione» procede con un grado di lentezza che non si riscontra in altri primati. Non esiste un mammifero che diventa adulto dopo così tanto tempo come l'essere umano (cfr. Louis Bolks, il problema dell'ominazione, ed. DeriveApprodi 2006)
La lunga durata della fase uterina, la dentatura ritardata (primo molare a 5 anni, due fasi di riposo tra i cambi della dentizione, una dai 2 ai 6 anni, l'altra da dagli 8 ai 14), ne sono un esempio oggettivo.
Proprio per questo motivo il camminare (obiettivo principale del mammifero uomo) è un processo che nell'uomo, a dispetto per esempio del cavallino che trotta dopo due giorni dalla nascita, richiede circa 11 mesi.
Nel bambino appena nato i meccanismi cortico-spinali non funzionano in maniera adeguata. Da qui il vantaggio-svantaggio di nascere «immaturi» e in «ritardo». Abbiamo molto tempo per imparare e apprendere dall'ambiente che ci circonda, non come il cavallino che ha appreso tutto nell'utero della madre; ma dobbiamo impegnare tutti quei mesi per apprendere funzioni che devono a sua volta far maturare funzioni latenti e questo può essere svantaggioso in termini di interdipendenza dai genitori.
Rizzolatti, con i sui esperimenti sul cervello e sulle aree motorie della corteccia pre-frontale ci insegna quanto **la maturazione** del **cervello**, in specifico del sistema nervoso centrale, **passi dal movimento**.
Il movimento, invece, come attualmente spiegato dalle attuali scienze motorie, è semplicemente, freddamente il cambio di posizione di un effettore. L'atto motorio finalizzato alla maturazione del cervello invece è la messa in pratica di un complesso sistema di intrecci nervosi, che consente di afferrare, respingere, tenere un oggetto.
Questi compiti li assolve la corteccia motoria.
Rizzolatti ha scoperto il valore e il ruolo che ricopre il sistema motorio nello sviluppo e nella determinazione dei processi cognitivi. Le sue aree corticali, connesse con le regioni associative, non codificano semplici movimenti, ma

atti motori finalizzati.
Vi sono alcuni neuroni (mappati da von Economo, Koskinas, 1925 modificate da Pandya, Seltzer 1982) circoscritti funzionalmente nelle mappe F5 e AIP che rispondono selettivamente alle forme e alle dimensioni degli oggetti, sia quando stiamo per interagire con essi, sia quando ci limitiamo ad osservarli.

APPROFONDIMENTO

SVILUPPO COGNITIVO E APPRENDIMENTO DALL'AMBIENTE

Esperimenti compiuti da Baillargeon e Piaget, hanno evidenziato come i bambini al di sotto dei 5 mesi non possiedano le abilità di programmare e coordinare i movimenti di braccia e mani necessari per risolvere il problema posto con l'esperimento.
Le immagini di conoscenza mentali non sono ancora sufficientemente "mature" per poterle trasformare in programmi di azione motoria finalizzati allo scopo.
Un esperimento di riferimento importante nello sviluppo cognitivo-motorio del bambino è quello di Campos (Campos et al, 2000).
Tre gruppi di bambini:
I bambini del primo gruppo avevano iniziato a gattonare prima di essere sottoposti all'esperimento.
I bambini del secondo gruppo non gattonavano ma si muovevano indipendentemente attraverso il girello.
I bambini del terzo gruppo non gattonavano e non usavano il girello.
Gli esiti dello studio riportavano che il 75% dei bambini che gattonavano avevano superato i test dell'esperimento.
La spiegazione più plausibile è che, quando iniziano a muoversi da soli, i bambini sviluppano e affinano molte abilità necessarie a percepire e azionarsi nell'ambiente, a seguito di processi cognitivi, resi via via sempre più complessi, dall'ambiente.
Come il Movimento influisca sui processi cognitivi, maturandoli, sviluppandoli e mantenendoli attivi e reattivi è materia di studio delle moderne Neuroscienze e delle scienze di Psicologia Cognitiva.
Collegare ed evidenziare le interazioni tra Emozioni, Movimento ed espressione del cognitivo, nell'azionare la relazione ambientale dell'individuo è oggi codificabile e valutabile.
L'intero Staff di BE-MOVE e tutti i clienti sono stati partecipi ad una ricerca interna, che sta terminando proprio questa settimana, finalizzata all'approccio delle emozioni in relazione al movimento.
Questi neuroni appaiono in grado di discriminare l'informazione sensoriale, selezionandola in base alle possibilità d'atto che essa offre, indipendentemente dal fatto che tali possibilità vengano concretamente realizzate o meno.
Le «affordance» (J.J. Gibson 1979) sono veri e propri «inviti all'uso» dell'oggetto visualizzato dalle mappe AIP, che ne estraggono le caratteristiche (ogni oggetto può aver più affordances). La mappa di neuroni F5 coordina il vocabolario motorio mettendo a

disposizione dei lobi prefrontali una serie di atti motori potenziali.
I lobi prefrontali pianificheranno e tempificheranno l'atto motorio seguente in base allo scopo che attribuiamo all'oggetto e all'azione correlata. L'attivazione al movimento quindi è relativa al significato che riveste il soggetto in azione.
Reagire ad un significato significa comprendere.
Da queste scoperte di neurofisiologia l'assunto «non un cervello che agisce, ma un cervello che comprende» (Giacomo Rizzolatti «So quel che fai» Raffaello Cortina Editore 2006).
Questo tipo di comprensione si riflette anche nell'attivazione dei neuroni specchio. Scoperti all'inizio degli anni Novanta, essi mostrano come il riconoscimento degli altri, delle loro azioni e perfino delle loro intenzioni dipenda dapprima dal nostro patrimonio motorio.
I neuroni specchio attivano meccanismi mediante i quali il cervello ci predispone alla socialità.
Grazie ai neuroni specchio inizia il processo di apprendimento, avendo la possibilità da parte dell'individuo, di attingere dall'esperienza degli altri - trasmissione extragenetica delle informazioni -.
La struttura del nostro cervello, mediante la quale si attiva questo processo di apprendimento, è così codificata:
Il cervello conosce lo scopo delle azioni e non le intenzioni (afferrare un bicchiere per bere).
La comprensione dell'azione - atto finalizzato - attiva i neuroni premotori.
L'apprendimento cognitivo avviene attraverso il sistema motorio «impalcatura sulla quale è costruita la nostra comprensione delle azioni degli altri» (Rizzolatti).
L'attivazione di questa «relazione» tra soggetti,grazie ai neuroni specchio, prevede l'empatia, ovvero la capacità di immedesimarsi nell'altro sia a livello cognitivo-motorio sia emotivo.
Queste scoperte neurofisiologiche cambiano la concezione del sistema motorio.
Come cita Rizzolatti in «in te mi specchio» si pensava che le aree motorie del cervello fossero solo «produttori» di movimento, che agivano secondo un rigido schema di acquisizione dello stimolo, elaborazione e processazione, esecuzione movimento.
Il tutto esulava quanto basilare fosse il movimento nei processi cognitivi. Come già anticipato, la corteccia motoria è una struttura articolata che CODIFICA GLI SCOPI DEL MOVIMENTO.
La stessa pronuncia fonica di sillabe produce uno stimolo che attiva nell'uditore lo stesso programma motorio che viene usato da chi ha prodotto la sillaba (tesi di Lieberman, linguista) che avvalora la convinzione di Rizzolatti che: all'origine del linguaggio vi è il GESTO.
La comunicazione tra individui, secondo Rizzolatti, è avvenuta attraverso modalità diverse: gesti facciali, brachiomanuali, vocali.
Michael Corballis (psicologo e neuroscienziato neozelandese) afferma che le origini del linguaggio non riguarderebbero solo la bocca, ma anche la mano, e dalla loro

mutua interazione prenderebbe corpo la voce (M. Corballis 2002 p.153).
A lungo si è pensato che lo sviluppo e il funzionamento del cervello fossero predisposte geneticamente, ma le recenti ricerche nell'ambito delle neuroscienze hanno dimostrato che è la molteplicità degli stimoli ambientali a determinare il modo in cui si formano le reti neuronali.
Tutti gli stimoli ambientali, fisiologici, psicologici, psicosociali hanno come obiettivo finale la regolazione genica.
Come riporta il dott. Soresi nel libro «il cervello anarchico» (ibidem) , le esperienze emozionali possono influire sullo sviluppo cerebrale dei neonati, celebre l'esempio dello studio di monitoring eseguito sui bambini degli oltre 700 orfanotrofi rumeni, che erano aumentati a dismisura (oltre 170.000) a seguito del decreto 770 del 1966 emanato dal dittatore Ceausescu.
Le estreme condizioni degli orfanotrofi lager provocarono in molti dei sopravvissuti, disabilità motorie, linguistiche e psichiche, provocando il cosiddetto danno biologico primario.
Si tratta di epigenetica pura:
Stimoli provenienti dall'ambiente esterno influiscono sulla funzione dei geni. La conseguenza è che vengono a crearsi modelli cognitivi e costrutti di pensiero quale base biologico-organica (neuroplasticità) di memorizzazione di esperienze di vita.
Kandel et al studia e riporta questo adattamento funzionale che avviene in un mollusco marino, l'aplysia californica.
Il lavoro di Kandel ha dimostrato che l'ambiente può esercitare un effetto strutturale sul sistema nervoso.
Negli anni '80, Kandel ei suoi colleghi avevano identificato che la sintesi proteica era la base per codificare la memoria a lungo termine. La memoria a breve termine era associata a cambiamenti funzionali nelle sinapsi esistenti, mentre la memoria a lungo termine era associata a un cambiamento nella densità di connessioni sinaptiche.
Pertanto, un semplice riflesso in un mollusco marino altrimenti oscuro ha contribuito a elaborare un nesso tra il cervello e l'ambiente esterno. Questa ricerca ha valso a Kandel il Premio Nobel nel 2000. Aplysia californica: their role in the elucidation of mechanisms of memory and the study of psychotherapy; 02 July 2010 Acta Neuropsychiatrica Vol 22 issue 4.
Come spiega bene Sapolsky nel suo libro «perche alle zebre non viene l'ulcera (Castelvecchi Editore) se questa influenza avviene nella fase di crescita entro i due anni, l'ippocampo non risulta «attivo», ovvero ancora non possiede quella frequenza di lavoro che lo porterà ad essere la memoria operativa di accadimenti e movimenti. Questa condizione farà sì che l'amigdala si attivi ogni qualvolta si ripresenti lo stimolo, ma l'ippocampo non «ricordi lo stimolo, in quanto era immaturo al tempo, per memorizzarlo.
E ritroviamo azionamenti motori a seguito di atti decisionali supportati e determinati da un evento emotivo recepito dall'amigdala (Damasio, «l'errore di Cartesio»; Adelphi editore), quando la persona attua comportamenti programmati dai care-takers in fase

evolutiva sotto i due anni, «imprinting genitoriale», come riporta Bruce Lipton ne «la biologia delle credenze», Macro editori, e riferibile a quanto affermato dalla dr.ssa Erica Poli in «Le emozioni che curano», Mondadori editore, in merito alla fase connettiva del metodo NARM.
Succede una cosa curiosa anche in presenza dello stress. Stress e glicocorticoidi agiscono sull'amigdala e ostacolano le funzioni dell'ippocampo.
Le sinapsi dell'amigdala, sotto stress, si potenziano e come ha rivelato nel suo modello Joseph LeDoux, a seguito di uno stress traumatico, l'amigdala si potenzia e l'ippocampo viene investito da una proiezione neuronale massiccia e determinante nel disturbo della funzione.
In un successivo contesto di stress simile, il soggetto avvertirà uno stato di agitazione e nervoso senza spiegarsi il perché.
Questo avviene semplicemente perché i ricordi non sono mai stati «fissati» dall'ippocampo. Viene definita «ansia libera fluttuante».
Da questo non corretto sviluppo cerebrale possono nascere disturbi del comportamento, dell'apprendimento, malattie psichiche, malattie del sistema immunitario (cfr modulo Nutrition: abbattimento flora batterica benefica, disbiosi intestinale), malattie neoplastiche.
Il neurofisiologo Mauro Mancia nel 2004 parla di memoria implicita, che si forma nei prime tre anni di vita del bambino.
Questa memoria, inarrivabile a livello di analisi psichiatrica, costituisce la premessa al nostro agire quotidiano.
In questa fase è importante a pari livello sia lo sviluppo ontogenico del movimento, che la idonea vicinanza del genitore a livello di apporto emozionale di stimoli positivi, quali carezze, coccole, presenza fisica.
Non esiste quindi a tal senso, atto cognitivo (corpo-mente) che prescinda da una componente emozionale. La sintesi tra io emozionale e io neurale è assoluta.
La forma, il modo con cui l'azione viene fatta, definisce le «vitality forms» -Daniel Stern, psichiatra e psicoanalista americano - che nel suo libro «le forme vitali» ricava la convinzione che tra madre e figlio, fin dalla nascita, vi sia una comunicazione prelinguistica basata su specifici GESTI e SUONI.
Stern asserisce che, da come un'azione viene eseguita, gentilmente o in maniera brusca, l'osservatore può capire che relazione sussiste tra i due individui.
Il riconoscimento delle vitality forms è diventato un marker dell'autismo. Come dimostrato da un collaboratore di Rizzolatti, Giuseppe di Cesare, la zona dell'insula, parte profonda del cervello deputata a confluenza degli stati cognitivo- emotivi del corpo; si attiva quando la persona osserva delle azioni con specifiche vitality forms.
In pratica anche in questa regione vi sono, per la parte recettiva dei meccanismi mirrors che decodificano le vitality forms, che nella parte motoria vengono modulate in azioni motorie.
Lo scienziato ha scoperto che i bambini affetti da autismo sono poco capaci di trasfor-

mare le proprie vitality forms in movimenti appropriati, creando così una barriera alla creazione di normali comunicazioni interspersonali.

L'ipotesi di «broken mirrors» usata dallo studioso Vilayanur Ramachandran e poi ripresa dell'equipe di Rizzolatti, prevede appunto che nei soggetti autistici l'intenzione non si trasformi in azione motoria, bensì in singoli atti motori come ad esempio, prendere un pezzetto di cioccolata e mangiarlo.

Nei bambini non autistici l'esperimento condotto con il centro autistici di San Miniato, evidenziava come gli stessi attivassero i muscoli della bocca non appena la mano si avvicinava al pezzetto di cioccolata.

Nei soggetti autistici questo non avveniva, bensì veniva eseguito gesto per gesto; ogni volta dovevano decidere cosa e come fare nel gesto successivo. Inoltre i soggetti con i broken mirrors «neuroni specchio rotti» risultavano avere seri problemi nell'imitare e riprodurre un'azione motoria dopo averla vista.

Di fronte a queste difficoltà, si capisce perché i bambini affetti da autismo possano scegliere di starsene in disparte, ritirati dal resto del mondo, nel loro ambiente «sicuro».

Non vi sembra di vedere un'odierna immagine di molti bambini e adolescenti di oggi?

PARTE SECONDA

IL MODELLO DI MOVIMENTO

Prima di approfondire perché e come gli adolescenti di oggi abbiano problemi di capacità e abilità motorie di base è necessario fissare i principi di movimento.
In Academy di BE-MOVE abbiamo creato il modello di movimento, come quello riportato nella figura sottostante.

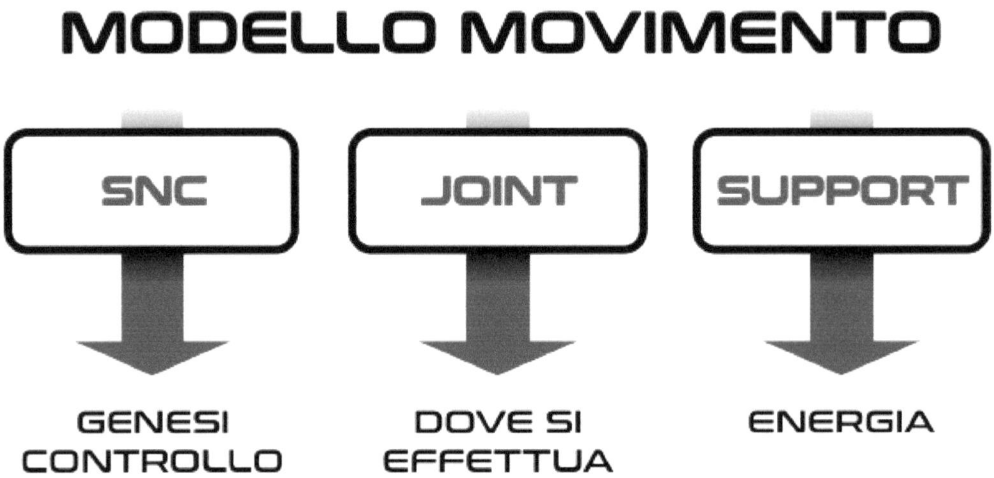

Il SNC sistema nervoso centrale controlla e gestisce ogni richiesta di sopravvivenza all'ambiente e lo fa controllando l'esterno, percependo sè stesso (cognitivo - emodied cognition), grazie al Sistema Nervoso Periferico e attuando risposte dedotte in merito al confronto esterno-interno, atte a ottenere il risultato preposto: sopravvivere.
Come ampiamente descritto nel capitolo precedente, il movimento è la risposta e lo stesso viene attuato in tutti gruppi artromuscolari del corpo.
Il quadro attuale è così tratteggiato:
I ragazzi in età scolare, fino all'età universitaria, passano gran parte della giornata senza muoversi, seduti e con posture sostenute che alterano le loro strutture, influenzandone poi la funzione.
Nel poco tempo libero eseguono un'attività sportiva che, oltre ad avere pochi pregi riguardo all'etica dello sport agonistico e all'educazione dello sport come scuola di vita, costringe i ragazzi a gesti di skill ripetitivi.
Hanno la stessa influenza delle posture sostenute (cit. S. Sahrmann 2003), impegnando solo la parte di neo-corteccia, con engrammi dinamico datati,

che fanno riferimento a schemi di base sub-corticali mai sviluppati, migliorati; anzi, peggiorati dalle condizioni di poco movimento.
Inoltre quando hanno la fortuna di eseguire una preparazione fisica, ecco che i Trainer ricercano tutte le possibili attività sport specifiche, quando invece sarebbe vitale e necessario ripristinare il movimento ormai perso... «non deve esistere la preparazione sport-specifica, è lo sport, artefatto umano, che dovrebbe essere sempre più movimento-specifico...» (cit A.C. 2016).
«come alleni il paracadutista?» (cit A.C. 2017) in questa frase provocatoria risiede il dilemma e il paradosso dell'allenamento sport-specifico.
APPROFONDIMENTO
Un conto è il modello prestativo:
leve biomeccaniche.
Esempio ciclista vs runner: il fulcro della leva del piede di uno non risiede sul medesimo punto del piede dell'altro, quindi ci vuole accortezza a disporre esercizi di movimento e di forza relativi.
Contrazioni.
Alcuni sport non prevedono contrazioni eccentriche (ciclismo), quindi non deve essere sviluppato in maniera % elevata nell'unità allenante il lavoro sulle eccentriche.
Per poi andare ad affrontare la **ciclicità od intermittenza** della prestazione, la disciplina individuale o di squadra. La via prioritaria di **ripristino dell'energia**, riferita in via prioritaria al ristoro energetico del SNC.
Quali sono quindi i requisiti che la PERFORMANCE deve possedere?
- Efficacia/potenza muscolare
- Potenza/resistenza al carico su tendini e legamenti
- Efficacia/potenza respiratoria

E quali sono i requisiti del movimento?
Le «NEUTRAL JOINTS» Shirley Sahrmann 2003
La fisioterapista americana, madrina e pioniera del movimento affrontato dalla visione fisioterapica, ci insegna che **L'ICR - istantaneous centre of rotation** - di ogni articolazione è il primo obiettivo da ottenere nella somministrazione del movimento.
«Migliore è l'allineamento dei segmenti scheletrici, migliore è la performance degli elementi di controllo quali sistema nervoso e sistema muscolare».
Il centramento articolare rappresenta il contatto ideale tra le superfici ar-

ticolari. In presenza di ICR efficaci, in una catena cinetica, risulta migliore il controllo neuromuscolare delle stesse (S.Sahrmann 2003; Gibbons 2005). A sua volta il SNC sistema nervoso centrale permette la massima «Joint Jammings» (cit. A.C. 2016) a seguito della corretta attivazione muscolare prossimale.

Il MOVIMENTO OTTIMALE, finalizzato ad una successiva performance, necessita di:

- PICR path of istantaneous centre of rotation, «joint by joint» (articolazione per articolazione);
- «OCR» organizzazione, controllo, regolazione delle stesse (Manno, libri scuola dello sport CONI 1984).

Da quanto esposto e imparato dalla Sahrmann, viene logico domandarsi: come si può collegare la POSIZIONE (intesa come posizione articolare joint su joint) al MOVIMENTO?

Nel 30 settembre 2015 Gray Cook (studioso della Sahrmann e pioniere della scienza del movimento) pubblicò un articolo esaustivo sulla contestualizzazione di questi concetti.

La POSIZIONE setta la POSTURA

La POSTURA setta il PATTERN

Il PATTERN setta il MOVIMENTO.

Posizioni e postura hanno bisogno di INTEGRITÀ.

Pattern e movimento hanno bisogno di efficienza, economia.
«il MOVIMENTO si genera dove vi è armonizzazione tra la POSIZIONE e la POSTURA».
L'EMOZIONE SETTA LA POSIZIONE in una visione Bioenergetica
Forte di questi principi, sono salito sulle spalle di Ron Hurska, gigante del riposizionamento articolare e fondatore dell'istituto PRI, che nella sua didattica formativa, insegna a valutare e riposizionare ogni gruppo articolare contenuto in catene muscolari e linee fasciali.
La POSIZIONE detta la FUNZIONE (cit Ron Hurska NY 2017).
Esempio: da esame ectoscopico del nostro allievo notiamo un Tilt anteriore di emibacino sx («sias») ed un extrarotazione Acetabolo/femorale dello stesso.
La posizione sui tre piani del capo ischiocondilare del grande adduttore diverrà alterata: e quindi non è idonea alla funzione dello stesso. Infatti durante il gaiting o il running, il modello di movimento risulterà alterato da un'azionamento per funzione preponderante sul piano sagittale (flessione/estensione di anca), anzichè sul piano frontale (controllo abduzione ed extrarotazione).
Questa è la condizione in cui un muscolo, facente parte di un gruppo artromuscolare e fasciale, limita, perde, inverte, le proprie funzioni, che dovrebbero essere sempre ben bilanciate tra effettore e controllo.
Come vedremo più avanti, questa soglia tra effettore/stabilizzatore sarà il key point tra i metodi di valutazione di PMT/BPT/JRP strutturati dal Comitato Scientifico di BE-MOVE Academy del quale sono il responsabile.

APPROFONDIMENTO

LA POSTURA
Dr. Alessandro Severino

Quando parliamo di postura, stiamo descrivendo la posizione del corpo nello spazio in un dato momento. La posturologia, è la scienza che ne studia le alterazioni fino ad arrivare alla patologia.
Ma cosa genera una postura? La postura è una risposta, la risposta sinergica che si da agli stimoli provenienti dal mondo esterno, dal mondo interno e alle emozioni.
Il nostro organismo risponde a degli stimoli, questi stimoli vengono recepiti da particolari recettori, che a loro volta comunicano con il cervello, così, si viene a creare una sorta di comunicazione. La comunicazione è fatta da un codice che ha un emittente, un ricevente ed un canale che è il mezzo dove passa il messaggio per arrivare da emittente a ricevente. In fine ci sarà il feed-back e cioè la risposta del ricevente.

Per esempio , la luce, cioè una radiazione luminosa, è uno stimolo dato da un fotone captato da un fotorecettore, un neurone situato sulla retina capace di capire il linguaggio del fotone e lo invia per avere una risposta al Sistema Nervoso.

A cosa serve il fotorecettore, perché il messaggio non arriva direttamente al SN? Il fotorecettore non solo riceve il messaggio del fotone ma lo trasduce in un segnale elettrico, cioè cambia il codice perché altrimenti il SN non sarebbe in grado di capirlo e la comunicazione non avrebbe luogo. Quando il segnale arriva al cervello questi gli da un significato e crea una risposta che può essere riflessa, ad esempio se un raggio di sole mi infastidisce, alzo la mano per creare un ombra, o ancora, una radiazione luminosa è data anche dal cappello rosso che ho di fronte a me a cui do un significato che non è solo reattivo ma anche cognitivo, riconosco che quello è un cappello di colore rosso il cappello rosso.

Quindi sono i nostri sistemi sensoriali che raccolgono informazioni e fanno si che il cervello possa dare la migliore risposta che si identifica in una postura.

I nostri sistemi sensoriali

I sistemi sensoriali umani sono: il sistema somato-sensitivo, il sistema visivo e il sistema uditivo.

Il Sistema somato-sensitivo è quello più esteso e di esso fanno parte il tatto che ha recettori meccanici appunto chiamati meccanocettori che sono sensibili alla pressione e che si dividono a loro volta in 3 tipi di corpuscoli e i dischi di Merkel, questi differenti recettori servono per interpretare le differenti pressioni e si eccitano in modo diverso, lo stimolo meccanico viene trasdotto in elettrico e come per i fotoni inviato al SN per produrre la miglior risposta.

Poi abbiamo i termocettori che percepiscono la temperatura, sotto i 10° e sopra i 25° stimolano i recettori dolorifici che come risposta finale producono l'allontanamento dallo stimolo disturbante.

Parlando di dolore, i recettori specifici sono i nocicettori che si attivano quando c'e' il danneggiamento di un tessuto.

Per la propriocezione invece abbiamo i fusi neuromuscolari e gli organi del Golgi. I primi sono disposti in serie tra le fibre muscolari e danno informazioni al SN sullo stiramento dei muscoli. I golgi invece sono situati tra la giunzione tendinea e il muscolo, il loro compito è dare informazioni sul tensionamento dei muscoli e dei tendini legati alle ossa.

Il Sistema Visivo

Il sistema visivo è dotato di fotorecettori, più precisamente: dai CONI e dai BASTONCELLI, i primi per la visione cromatica ed i secondi per la visione monocromatica.

Il sistema visivo però è anche dotato di una fitta muscolatura per i movimenti oculomotori, infatti ogni occhio possiede 6 muscoli, il retto laterale destro, il retto laterale sinistro, l'obliquo superiore e inferiore, il retto mediale e il retto inferiore. L'alterazione del tono di uno solo di questi può causare strabismo con conseguenti problemi di allineamento dei segmenti corporei, causando comunemente delle scoliosi.

Il Sistema Uditivo

Il sistema uditivo invece è separabile in due macrosistemi uno principalmente uditivo e l'altro per l'equilibrio.

Uditivo: Interpretazione di suoni ed è rappresentato dalle vibrazioni codificate dal passaggio del suono dal timpano ai 3 ossicini (incudine, staffa e martello), il suono passa nella Coclea che comprime la perilinfa e trasmette vibrazioni al sistema vestibolare, nel canale medio incontra l'organo del Corti dove si trovano le cellule sensoriali (ciliate) che vibrando sfiorano una sorta di tettoia che trasmette informazioni al nervo uditivo.

La parte del sistema uditivo legata all'equilibrio invece è il sistema vestibolare, costituito dai canali semicircolari, utricolo e sacculo.

All'interno di queste strutture troviamo la perilinfa e gli otoliti.

Quando muoviamo la testa la linfa si muove, fino a stimolare la cellule ciliate che eccitate informano il SN delle accelerazioni del capo in modo da produrre risposte adattative ad un determinato movimento.

La forza di gravità è quella forza che spinge i corpi verso il centro della terra con una forza uguale e contraria al peso dello stesso.

La gravità si applica al baricentro, che è l'insieme delle forze parallele e concordi applicate alle sue singole particelle. Il baricentro di un corpo non dipende dalla sua posizione nello spazio, esso è invariabile.

Il baricentro del corpo umano si trova in una posizione alta tra la terza vertebra lombare e la seconda sacrale rispetto al poligono d'appoggio formato dai due piedi.

Per restare in equilibrio è necessario che il baricentro del corpo resti all'interno del poligono d'appoggio.

Nei corpi inanimati più grande è il peso più la forza d'attrazione verso la terra è forte e quindi dotata di maggiore equilibrio.

Nel corpo umano invece esiste un complesso sistema di mantenimento dell'equilibrio che in condizioni che possono sembrare anche svantaggiose assicura comunque un buon equilibrio come per esempio in soggetti anche di diverse altezze e peso. Questo grazie al SNC e SNP che insieme assicurano il giusto tono muscolare creato dall' interazione e dall'integrazione delle informazioni che arrivano dalla periferia e quindi dai sistemi recettoriali che abbiamo preso in considerazione nei paragrafi precedenti.

L'equilibrio

L'obiettivo principale del nostro cervello è mantenere il controllo per raggiungere l'omeostasi e cioè una stabilità garantita, appunto, dai sistemi sensoriali.

Se parliamo di mondo interno i nostri enterocettori sono specializzati a far sapere alla centralina (SN) costantemente cosa accade e quali risposte biochimiche migliori possono esserci.

Se parliamo di movimento o di postura che sono per me la stessa cosa, poiché la statica nel nostro corpo non esiste allora dobbiamo fare i conti con la forza di gravità.

Problemi posturali

I problemi posturali subentrano quando i sistemi sensitivi si danneggiano o quando l'adattamento non è più sostenibile.
Per esempio, se uno solo dei 6 muscoli di un occhio è ipertonico e quindi è accorciato può dar luogo ad uno strabismo, questo comporta una serie di aggiustamenti posturali che creano un disequilibrio generale che può manifestarsi con un aggiustamento scoliotico o con un inversione/eversione del piede, questo per citare solo alcune delle possibili risposte. Questa variabilità di risposte è data dal fatto che, essendo l'essere umano un sistema complesso, pur sapendo dove è situata l'alterazione, non è scontato il compenso.
Un altro sistema che influenza la postura è il sistema stomatognatico e cioè quel sistema che ha tra le sue funzioni, la masticazione, la fonazione, la deglutizione e la respirazione.
Ad esempio una posizione della mandibola alterata e cioè più avanti a formare quella che in odontoiatria viene denominata 3°classe o più indietro a formare una 2° classe può modificare le curve fisiologiche rachidee creando cosi un problema posturale.
O ancora un frenulo linguale corto, può influenzare un intera catena di movimento con la possibilità di rettificare il tratto cervicale o essere la causa o l'aggravante per un piede piatto o evertito.
Parlando di piede, in posturologia è molto studiato, infatti alcuni esami biometrici sono fatti proprio sul piede come ad esempio la stabilometria e la baropodometria. Questo perché essendo il piede tampone finale di un sistema egli si adatta nella maggior parte dei casi rispondendo alle necessità del suolo che calpestiamo e alle necessità del sistema complesso uomo che sta sopra. Quindi il piede è un meraviglioso organo adattativo.
Può anche capitare però, che sia la causa di uno scompenso, in caso di malformazione congenita o a seguito di trauma.
Fortunatamente il nostro sistema si adatta, il problema però è che il costo rischio/beneficio aumenta e il nostro organismo che si auto-organizza continuamente mantiene l'efficacia ma perde di efficienza fino a quando non è più in grado di tamponare, a quel punto subentra la malattia.
Problemi posturali e mondo esterno
I problemi posturali causati da quello che sto chiamando mondo esterno possiamo semplificarli in "utilizzo di oggetti" non coerenti con la nostra evoluzione. Per esempio stare seduti tante ore, il nostro corpo non si è evoluto per stare seduto, infatti la maggior parte dei lombalgici risultano essere sedentario.
Lo sport, contrariamente a ciò che si pensa lo Sport può essere addirittura dannoso semplicemente per il fatto che viene confuso con il "muoversi". Si praticando sport ci si muove ma quel movimento è un artefatto, è funzionale ad una prestazione che non tiene conto della nostra anatomia e fisiologia ma al risultato
Nei tempi moderni la posizione assunta per l'utilizzo degli smartphone, causa e causerà sempre di più problemi cervicali.

Le luci artificiali possono essere un'altra causa di danno per i nostri occhi e quindi le luci dei pc, quelle dei tv color possono nel tempo danneggiare il nostro sistema visivo creando cosi danni posturali. Non in ultimo i rumori che danneggiano l'udito.
Il progresso porta inevitabilmente l'uomo a doversi adattare in una sorta di Mismatch evolutivo che richiede migliaia di anni affinchè l'uomo ci si adatti, questo ritardo biologico ha prodotto, tuttora produce e produrrà gravi disallineamenti che sono sempre più veloci e tangibili.
Conclusione
Per combattere questo disallineamento almeno dal punto di vista posturale è necessario e lo sarà sempre di più in futuro migliorare la qualità della nostra alimentazione e la qualità del movimento, muoversi di più ma muoversi bene in modo coerente con quella che è la nostra genetica, poiché il nostro corpo, è il risultato di un adattamento creato in milioni di anni, allontanarsi troppo da ciò che siamo e restando posturalmente "maleducati" ci metterà sempre più nelle condizioni di essere inadatti all'ambiente in cui viviamo.

Le articolazioni di movimento cui in Academy facciamo riferimento e sulle quali abbiamo basato il metodo di valutazione dello stesso, mediante i test dei moduli PMT - BPT - FST - BBT -JRP sono le **«6Z» Joints**.
Doppia Articolazione temporo mandibolare
Doppia Articolazione gleno omerale
Doppia Articolazione acetabolo femorale.
Queste articolazioni hanno in comune la forma e...la funzione.
Ognuna di loro permette il movimento sui 6 piani: antero-posteriore, latero-laterale, trasverso-rotazionale.
Per ottenere queste capacità di movimento, lo sviluppo ontogenico le ha dotate di legamenti «Z», denominati così per la loro capacità anatomo-funzionale, ovvero permettere la massima libertà di movimento senza influenzarne la stabilità.
La spalla risulta essere la più instabile, proprio a seguito del finale adattamento evolutivo bipede, che ha privilegiato la mobilità a discapito della coattazione articolare. Infatti non è attraversata da nessuna delle due linee fasciali di stabilità primaria, la Deep Front Line e la Spiral Line "Anatomy Trains - Tom Myers".
Nella spalla, però, abbiamo lo stesso timing di attivazione nervosa del medio gluteo controlaterale al momento dell'appoggio a terra; questo perché la linea fasciale relativa, si è sviluppata proprio per permettere la cammina-

ta quadrupede e il nostro sviluppo ontogenico (gattonamento) ce lo ricorda in tutti i bambini che ancora oggi vengono al mondo.
Gli 11 mesi dello sviluppo del bambino ci mostrano, in un lasso di tempo ristretto, tutto lo sviluppo filogenetico della nostra razza: ho tenuto conto proprio di questo per creare e sviluppare i nostri metodi valutativi del movimento, che nascono e si sviluppano mediante l'organizzazione, il controllo e la regolazione del SNC «intorno» a queste 6 articolazioni principali.
Tramite lo studio della «posizione» e grazie all'insaziabile sete di sapere, il Comitato Scientifico di Academy ha intrapreso un percorso di studio e formazione sull'ontogenia, relativa allo sviluppo dell'individuo.
Andare così «lontano» nell'individuo, approcciando all'embrione, è servito per poter dare risposte al **come** certe posizioni articolari si sviluppino in precisi modi e soprattutto per capirne le funzioni successive.
La fenogenesi - **differenziazione cellulare** - strutturale (degli organi, del corpo) avviene per **movimenti di sviluppo.**
Detti movimenti sono cambiamenti di :

- Posizione
- Forma
- Struttura

Sono prestazioni! Si verificano contro resistenza.
Questi movimenti vengono chiamati **funzioni formative** (funzioni di crescita) e determinano la forma.
Ed ecco ... **la forma segue la funzione**.
Le funzioni formative sono attività precoci che iniziano già durante la formazione di un organo, le cui funzioni vengono appunto gradualmente «addestrate» proprio grazie alle funzioni formative.
Le funzioni formative PRECEDONO le funzioni specifiche (E.Blechschmidt «the ontogenyc basis of human anatomy» 2006).
Esempio:
L'ascesa del cervello porta ad un'espansione dell'occipite, che varia a sua volta gli angoli di attivazione dei muscoli della testa, sternocleidomastoideo in primis.
Questa condizione fa sì che la funzione successiva sia quella di raddrizzare la testa per un portamento eretto e un'andatura bipede, fermo restando che la funzione primitiva è stata quella di frenare l'espansione del cranio.

Il femore della gamba esegue una rotazione intorno all'asse verticale, in questo modo protegge l'arteria nella fase di sviluppo embrionale degli arti inferiori.
La funzione ultima del valgismo femorale è finalizzata al portare più vicini i piedi al centro del poligono di appoggio, in modo da avere una camminata più efficace ed efficiente.
Per ultimo il muscolo retto dell'addome: la funzione primitiva consiste nel frenare il processo di estensione dell'embrione, fase delicata che comprende le formazioni degli organi interni e degli arti inferiori.
La funzione secondaria rimane pressochè invariata, frenare, controllare i movimenti tra busto e bacino.
Durante la formazione, lo sclerotomo (scheletro) preme contro la cute al fine di crescere e svilupparsi (prestazione!)
Nei punti dove la distanza tra il precursore dello scheletro e la cute è più grande, come avviene nel lato dei flessori dell'arto superiore, il segmento in tensione della fascia è più spesso di quello del lato degli estensori.
Quindi i muscoli flessori che si sviluppano in questo segmento sono più potenti e resistenti di quelli estensori nell'altro segmento. La formazione di queste fasce in un arto è un prerequisito necessario per l'interazione tra i flessori e gli estensori come muscoli antagonisti.
Il flessore è quindi in grado di opporre maggior resistenza alla crescita di spinta dello scheletro.
Questa asimmetria determina la formazione delle articolazioni, perché le forze delle funzioni di crescita, fanno «piegare» lo sclerotomo, configurandone la tipica forma delle articolazioni.
In tal modo è comprensibile il motivo per cui i muscoli attraversano sempre una o più articolazioni.
Secondo i concetti della dinamica evolutiva, i muscoli attraversano le articolazioni perché si sviluppano in alcuni segmenti appartenenti ai vari grandi sistemi di FASCE, mentre gli spazi articolari hanno origine nell'ambito di queste stesse fasce. Ontogenicamente si genera prima la fascia, poi lo scheletro, il muscolo, l'articolazione. (rif. E.Blechschmidt «the ontogenyc basis of human anatomy» 2006).

MOVIMENTO VOLONTARIO E RIFLESSI.

I riflessi sono risposte motorie immediate, stereotipate, automatiche, controllate dal tronco encefalico, funzionali all'apprendimento senso-motorio del bambino, dall'atto dell'uscita dal grembo ai primi mesi e anni di vita.

Questi riflessi gettano le basi per lo sviluppo del sistema nervoso del bambino.

Controllano le abilità motorie del neonato e dovrebbero maturare e alla fine "scomparire", inibiti dai gangli della base, con la crescita del bambino, per lasciare il posto ad altri riflessi (Riflessi Posturali), che si sviluppano quando il bambino comincia a gattonare, camminare, raggiungere e afferrare oggetti e parlare.

"Compiendo movimenti ritmici, il neonato inibisce e integra questi riflessi uno dopo l'altro" (Harald Blomberg).

Ogni bambino dovrebbe usare ciascun riflesso primitivo in un momento preciso dello sviluppo. Ogni riflesso è necessario per sviluppare aree cerebrali superiori e serve ad uno scopo specifico per un determinato periodo di tempo.

Correliamo questi riflessi agli esiti di Movimento, nel caso dell'articolo che segue, nel Forward Locomotor Movement, approcciando il ROOTING.

Questo riflesso innato fa sì che il bambino muova il capo lateralmente, in modo armonico, nel cercare il capezzolo materno durante l'allattamento.

Ecco che questo riflesso innato, se sviluppato correttamente dalla madre, alternando i seni in modo da far ruotare sia a destra che a sinistra il capo del bimbo, farà sì che il movimento primitivo venga integrato in un pattern di rotazione delle vertebre cervicali che sará attuato in un "motor program" efficace efficiente della camminata.

Metodo e applicazione:

Atleta Joomay Odjo che ringrazio per l'autorizzazione alla divulgazione del suo case report e per la sua testimonianza.

Post infortunio abbiamo potuto eseguire un accurato assessment in presenza e grazie al suo fisioterapista, in Olanda.

L'atleta ha ricevuto degli esercizi finalizzati a riposizionare l'anca sinistra e il relativo piede, in asimmetria di pattern con la destra.

Da allora ci siamo tenuti in contatto per consigli tecnici in completo rispetto dei ruoli professionali con il fisioterapista e l'allenatore.

Siamo in attesa di avere via libera per un nuovo assessment in vista dei futuri Giochi Olimpici.

NECK PATTERNS GAITING DETERMINATIONS

L'articolo affronta gli schemi di movimento basilari, organizzati, controllati e regolati dal sistema nervoso attraverso le linee fasciali e i pattern respiratori - che coinvolgono il collo - e le relazioni e influenze conseguenti sui patterns specifici di camminata e corsa (n.d.a.).

La forma ci parla.

La forma dell'individuo è il risultato delle funzioni di movimento e dei compensi adattativi conseguenti.

Inoltre è il risultato di compensi causativi primari e secondari, derivanti dai riflessi fetali primitivi e dalle fasi di nascita e neonatali.

Lo scopo di questo articolo è individuare perchè e come, il collo, nelle sue limitazioni funzionali e strutturali, possa influire, a vari livelli, nel pattern di camminata e in quello di corsa.

Porteremo l'esempio di una recente valutazione su atleta velocista, seguito ancora oggi da chi scrive.

La regione craniocervicale è la regione più mobile all'interno della colonna vertebrale.

Il segmento C1/C2 possiede 94 gradi di rotazione assiale (1).

Le articolazioni apofisarie cervicali facilitano il preciso posizionamento della testa per la visione, udito, respirazione e verticalità.

Per assolvere a compiti motori è dotata di oltre 20 paia di muscoli che uniscono il cranio, la colonna cervicale, la cintura delle spalle e parte del tronco.

Questi muscoli attraversano più articolazioni dalla diversa forma e funzione di movimento, che si effettua in ogni piano.

La regione cervicale è altresì attraversata da tutte le linee fasciali.

Vi sono oltre 200 fusi neuromuscolari per grammo di muscolo nella regione suboccipitale, che confrontati a quelli presenti nel primo muscolo lombricale della mano, 16 (!) fanno intuire l'importanza funzionale di questo distretto. (2)

Il sistema cranio-cervicale, così complesso nella sua composizione strutturale, determina il modo in cui il sistema nervoso organizza i propri schemi/patterns di movimento in uscita.

Nel nostro topic, il Forward Locomotor Movement e il running, è necessario affrontare sommariamente come si determina il sistema di controllo motorio. Conoscere la posizione della testa rispetto al corpo e le conseguenti funzioni/disfunzioni che ne possono derivare, diventa prioritario.

Il sistema vestibolare segnala solo il movimento della testa relativo allo spazio e la sua posizione in relazione al vettore di gravità.

Le afferenze cervicali forniscono informazioni circa la posizione della testa, e danno un importante contributo al controllo del corpo (percependo le posizioni del busto) e all'orientamento spaziale sensoriale.

Se il sistema vestibolare e quello cervicale fossero coinvolti isolatamente, la percezione delle rotazioni della testa e del tronco potrebbero essere erronee e portare a disfunzione. (3)

La rotazione del tronco relativamente alla testa è percepita da 3 differenti sensazioni:

1. sensazione di rotazione del tronco nello spazio in direzione dell'attuale rotazione.
2. sensazione illusoria di movimento della testa nello spazio in opposizione alla direzione del tronco.
3. sensazione di movimento della testa relativa al tronco. (4)

Il collo possiede, inoltre, dei compiti funzionali relativi al controllo periferico degli arti, che è effettuato dalle vibrazioni ritmiche dei muscoli che ne fanno parte.

Il movimento efficace degli arti durtante la corsa è basilare per la prassia del gesto in analisi. (5), (6).
Vi è un quantitativo minimo appropriato di tensione nel distretto del collo per permettere un'efficace ed efficiente verticalità (9).
Vi è anche un ulteriore quantitativo minimo di "tensione extra oculare", sempre al fine di un'eccellente verticalità (9).
Punto chiave che completa il quadro cranio cervicale: il sistema visivo cerca sempre la linea dell'orizzonte per poter effettuare calcolo della distanza prossimale degli oggetti e degli spazi. La percezione della distanza assoluta è importante per gli obiettivi di navigazione quotidiani che si basano sulla capacità di recuperare la scala di uno spazio, come la pianificazione di un percorso locomotore attraverso un ambiente.
Il movimento di "ricerca orizzonte" avviene posizionando la linea degli occhi in linea con lo stesso, quindi variando la posizione della testa nello spazio e rispetto al corpo. (7)
Importante, ai fini della valutazione ectoscopica dell'atleta, considerare che il male-allineamento delle strutture osteoarticolari e muscolari del collo, possono portare ad iperattività di uno o entrambi i sistemi oculomotori e vestibolari (8), (9).
Aggrava ulteriormente la situazione, una nascita afflitta da particolari condizioni, come nel caso del nostro atleta.
Ma facciamo un passo indietro per vedere e capire come abbiamo acquisito le forme del nostro corpo.
"Rotate is the differences between homo e Bonobo" (R.H. New York 2018).
Discendiamo da progenitori la cui caratteristica era quella di camminare sul piano sagittale. Pur essendo dotati di oscillatori sul piano frontale ereditati dal nostro passato Anfibio.
La pianta del piede era totalmente appiattita, l'alluce posizionato come il pollice dell'uomo moderno. La volta plantare totalmente assente, in quanto l'astragalo non risultava arretrato e rialzato nella posizione che occupa adesso, posizione che ha permesso di creare la volta plantare.
Nell'adattamento evolutivo l'homo sapiens ha ridotto i processi spinosi delle vertebre, soprattutto delle cervicali. Questo adattamento si è verificato per poter permettere le rotazioni necessarie ad una deambulazione bipede.
Senza approfondire tutto lo sviluppo filogenetico della specie che ci riguarda da vicino, precisiamo che le rotazioni di C1/C2 sono necessarie per permettere al cranio di controruotare e inclinarsi rispetto al collo (ricerca e mantenimento dell'orizzonte), collo che esegue una fase oscillatoria continua, soprattutto sul piano frontale, durante la camminata.
Fase oscillatoria del collo?
Alziamoci e assumiamo una posizione di camminata bloccata con il piede sinistro posizionato avanti e il destro dietro.
Il braccio destro è posizionato avanti con l'indice che sta sopra la verticale dell'alluce del piede sinistro. Il tronco è ruotato a sinistra.

Il braccio sinistro è esteso dietro, seguendo la rotazione del collo.
Lo sguardo è all'orizzonte.
Come percepite il collo? Inclinato e ruotato a destra?
Nel cambio passo successivo il collo inclinerà e ruoterà dalla parte opposta, producendo nella continuazione del passo in un'oscillazione continua.
Ma se C1/C2 è limitata?
Magari unilateralmente? A causa di un Rooting non reso efficace?
Questo crea disfunzione ascendente per il posizionamento del cranio, conseguenti problemi sulla articolazione temporo mandibolare ATM e a livello discendente, riguardo a più fattori:
Il raggiungimento dell'orizzonte, compito primario, forzerà il movimento e le relazioni testa-collo.
A livello discendente, il movimento toracico risulterà sempre disfunzionale nei gradi di rotazione.
Un collo in alterazione di posizione e quindi di movimento, potrà influenzare l'inserzione del sistema sospensorio del diaframma (C3-C5) che comporterà limitata discesa dello stesso durante l'inspirazione.
Questa condizione, unita a un'assetto di pattern respiratorio "toracico" derivato e condizionato da un accessorio assetto del sistema nervoso sul simpatico (cfr metodo Buteyko Breathing Test©) può portare a determinare il punto fisso del diaframma sulle coste.
Da qui si genereranno una serie di deficit/compensi a catena, causa perdita della stabilità prossimale e del pivot rotazione in T12.
Spesso, osservando un individuo camminare, nel momento in cui appoggia ed esegue la propulsione, il bacino "segue" l'arto in propulsione, ruotando, invece di mantenere una posizione corretta sul piano trasverso.
Perchè si muove così?
Prima considerazione:
Il Forward Locomotor Movement© è il programma motorio che avrà la sua efficacia più o meno elevata a seconda dello sviluppo ontogenico.
Senza entrare nei particolari, il passaggio dal Rolling al Crawling, entrambi test di PMT© , segna il passaggio dello scambio dai punti fissi e punti mobili delle inserzioni muscolari, neurologicamente organizzato e mediato, facenti parte di linee fasciali con compiti più marcati di Movimento e meno di stabilità.
L'alternarsi di questi ritmi lo possiamo valutare, senza strumenti, osservando.
In caso di sviluppo ontogenico influenzato da aspetti di necessità (impossibilità a gattonare) più o meno gravi (disprassia da patologia neurologica), incorriamo in disfunzioni nell'atto finale del Forward Locomotor Movement. Lo possiamo valutare.
Il metodo per recuperare il Movimento, in sinergia con il professionista dell'area sanitaria (l'unico che segue il "patologico") è denominato RE-MOVE© di BE-MOVE Academy BPT - Method Biomechanic Pain Test -.
Seconda considerazione:

Il video ci mostra che, probabilmente, a seguito di Movimenti ripetuti, posture sostenute, traumi eventuali, sport agonistici, la forma di alcuni distretti, fasciali, muscolari, articolari, è presumibilmente cambiata e di conseguenza ne è cambiata la funzione locale e globale.

In camminate di quel tipo, caratteristiche di atleti il cui sport prevede un "prolungato" periodo di tempo per scaricare i vettori forza a terra, sport a CKC, bipodalici in larga parte, riconduciamo con il test PMT © a:

Flessori di anca incompetenti, stabilizzatori di Ginocchio disfunzionali, Stabilizzatori di Anca prossimali disfunzionali, Stabilizzatori di Anca distali iperprogrammati e agonisti sui flessori.

E questo fantastico adattamento produce il movimento tipico che ho liberamente tratto e riprodotto tramite il "volontario", dalla camminata di un amico, che rimarrà sorpreso nel vedersi!

Nella disamina, volontariamente non ho considerato tibia e perone con il piede, avrebbe richiesto un capitolo specifico.

Le linee fasciali informano il SNC delle corrette posizioni ICR di ogni articolazione del corpo.

Il diaframma, chiamato "Brain Tissue" (R.H. 2017 Philadelphia) se disfunzionale, non garantisce funzioni adeguate relativamente a: respirazione, stabilizzazione, trasmissione propriocettiva viscerale e di verticalità.

Nel caso della nostra valutazione dell'atleta olandese Joomay Odjo, velocista dei 100 mt, in preparazione per i Giochi Olimpici 2020, abbiamo evidenziato compensi causativi primari dalla nascita.

Un collo "destro", con relativo occipite in posizionamento non corretto, da cui ne derivava, complice un diaframma attivato secondo pattern non corretti, una interruzione di una linea fasciale Deep Front Line in primis (anche altre linee erano in disfunzione).

Infatti il piede relativo alla linea disfunzionale presentava esiti da mancata attivazione, corretti parzialmente ad oggi grazie ad un'assidua applicazione di esercizi di JRP©

L'atleta, 10".45, negli ultimi anni in continuo miglioramento, ma fermo da 6 mesi per infortunio alla caviglia sx, , ai tempi dell'assessment, appariva un'atleta inefficace nella qualità del movimento a supporto della performance.

Muscoli del collo, sternocleidomastoideo soprattutto, nettamente ipertrofici causa retrazione/attivazione continua da collo rigido, gamba destra ipertrofizzata con tono superiore alla controlaterale causa linea fasciale inefficiente, piedi piatti lassi, il sinistro disfunzionale, a causa di nessuna valutazione pregressa e successivo lavoro di esercizi specifici effettuati nel passato.

Linee fasciali di stabilità - Spiral Line in primis - asimmetriche e quindi di supporto inefficace ad un movimento controlaterale quale la corsa è.

Movimento di rotazione toracica perso nella vertebra pivot

Senza dilungarci sulla completa valutazione dell'atleta, abbiamo potuto constatare che lo stesso appariva una macchina molto potente, ma con un sistema di supporto

allo "scarico" di potenza - movimento - totalmente inefficace.
Lo staff è intervenuto sul momento (valutazione eseguita ad Amsterdam) proponendo degli esercizi correttivi per riportare in funzionalità le linee fasciali di stabilità in netta disfunzione.
Joomay ha ripreso i gradi di rotazione cervicale, ha migliorato nettamente, in acuto, le mobilità di diaframma e piede: le due stabilità sono state messe in connessione.
Ha acquisito e padroneggiato in statica gravitaria il pattern di camminata e corsa, mostrando una notevole recettività del SNC agli esercizi correttivi.
Il ruolo con l'atleta è stato quello di continuare con l'attività di re-wiring degli engrammi in acquisizione per poi poterne usufruire in cronico nel tempo a seguire.
Quindi da quanto sopraevidenziato risulta quanto il collo sia di basilare importanza nella genesi del movimento, così come nel successivo ruolo di distretto anatomico centro di afferenze provenienti dal piede e dai sistemi di movimento inferiori.
Il collo influenza, secondo la via cefalo podalica, il pattern di camminata, che poi può sostenere una successiva richiesta di corsa. La valutazione cervicale è uno dei test da effettuare in prima battuta, soprattutto in presenza di dolore meccanico.

Bibliografia

1. White A, Panjabi M., Clinical biomechanics of the spine: 2nd Edition. Philadelphia, Lippincott 1990
2. Trealeaven J. Sensorimotor disturbances in neck disorder affecting postural stability, head and eye movement control. Manual Therapy. 2008,13:2-11)
3. Mergner, Siebold, Schweigart, Becker. Human perception of horizontal trunk and head rotation in space during vestibular and neck stimulation. Exp Brain Res 1991, 85c389-404
4. Mergner, Nardi, Becker, Deecke. The role of the canal neck interaction for the perception of horizontal trunk and head rotation. Exp Brain Res 1983;49:198-208.
5. Koskimies K. et al. Postural Stability, neck proprioception and tension neck. Acta Otolaryngol suppl 1997 Helsinki
6. Karnath HO et al. Neck muscle vibration induces lasting recovery in spatial neglect; J Neurol Neurosurg Psychiatry 2002
7. Rand K et al. Horizon for Distance Judgments under severely Degraded Vision. Perception 2011; 40:143-154
8. Morningstar MW, Pettibon BR, et al. Reflex control of the spine and posture: a review of the literature from a chiropratic perspective. Chitopratic & Osteopathy. 2005, 13:16
9. Goddard S. Reflexes, learning and behavior: A window to the child's mind. Fern Ridge Pr. 2005.

La formazione - differenziazione cellulare per specializzarsi in organi prende il via dai tre foglietti embrionali.

ECTODERMA, foglietto dal quale si formano:

- sistema nervoso centrale
- Pelle
- Peli
- Bocca
- Occhio

L'ectoderma ha una funzione - prestazione di SPINTA sull'embrione.

ENDODERMA, dal quale si formano:

- Sistema digerente
- Organi interni
- Fegato

L'endoderma esegue una funzione - prestazione di TRAZIONE.

MESODERMA, foglietto dal quale si formano:

- sclerotomo (scheletro)
- Miotomo (muscoli)
- Diaframma
- Tessuto fasciale
- Tessuto connettivo
- Cuore

Come cita Giacomo Rizzolatti, nella fase di sviluppo ground up del bambino, i centri nervosi cortico spinali sono immaturi. Per quello l'essere umano necessita di tutti quei mesi per «maturare» e lo fa attraverso il movimento. La domanda che è sorta spontanea e che trova risposta nell'osservazione accurata dello sviluppo embrionale e nell'anatomia funzionale è: il cervello, che non è anarchico (cit Soresi), in quanto riceve informazioni da tutto il corpo (propriocezione, esterocezione, enterocezione, sistema immunitario, sistema endocrino, sistema neuroendocrino), come fa a ricevere le informazioni cognitive (percettivo-motorie) di ogni parte somatica che si sta sviluppando? Come decide il sistema nervoso centrale che è il momento ontogenico giusto per passare da disteso a 4 zampe? Chi è l'attore che funzionalmente è deputato a gestire e informare il SNC di tutto ciò che succede all'esterno?

Il diaframma.

Qualche tempo fa scrissi questo articolo sulla ZOA - zone of apposition - del diaframma toracico.

Nel frattempo la conoscenza della biomeccanica dello stesso e la relativa applicazione in clinica del movimento in relazione ai diaframmi pelvico, digastrico del collo, craniale e podalico ,si è evoluta.
Così come si sono evolute le competenze sugli scambi biochimici respiratori in relazione all'assetto del SNP e la relativa influenza sul SNC.
Il corso di formazione di Buteyko si è evoluto, le valutazioni dei diaframmi sono in relazione al tessuto connettivo e alla sua mappatura corporea in linea con le linee fasciali di Thomas Myers e con il processo del movimento ground-up.
La parte biochimica è stata approfondita ed evoluta, a seguito delle recenti collaborazioni e sperimentazioni con pneumologi e cardiologi e l'utilizzo di metodiche e strumentazioni di confronto e raffronto come lo spirotiger, l'HRV e le analisi ematiche.
Buona lettura!

APPROFONDIMENTO

IL DIAFRAMMA

ZOA - Zone Of Apposition -
"Perché è prioritario l'approccio alla POSIZIONE del diaframma nella gabbia toracica". (nda)
Le funzioni del diaframma dipendono dalla relazione anatomica che possiede con la gabbia toracica. (1) (2)
La ZOA consiste nella porzione del diaframma che si appone all'interno della parte bassa del mediastino, distretto toracico.
Questa regione è delimitata, caudalmente, dall'inserzione con le coste, mentre apicalmente, consiste in quella parte dove le fibre muscolari si distaccano dal costato e formano la cupola diaframmatica. (3)
Per molti di noi la parte cefalica inizia appena sotto la vertebra T8.
La ZOA non è influenzata dallo sviluppo verticale della cupola diaframmatica, bensì dall'angolo che si forma tra le coste e l'inizio della stessa.
Nel caso in cui siamo in presenza di una postura che evidenzi un emitorace elevato anteriormente ed extraruotato nella parte costale, l'angolo risultante delle fibre della ZOA con la cupola sarà diminuito e le stesse fibre allungate. Le funzioni dell'emicupola diaframmatica saranno compromesse.
Così come una struttura alterata (coste) determina la funzione del diaframma, muscoli addominali obliqui in variazione di tensione, possono influenzare la tensione del diaframma e conseguentemente le sue funzioni. Approfondiamo questi concetti.
La superficie della ZOA ammonta ad oltre la metà della superficie totale del diafram-

ma, ma può decrescere fino allo zero, all'atto del totale riempimento dei polmoni. (2)
La posizione di riposo del diaframma e la relativa ZOA al termine dell'esalazione, condiziona l'overuse dei muscoli respiratori, la mobilità del torace, e l'iperinsufflazione. (4)
Di importanza prioritaria è rendere chiara la biomeccanica del diaframma e perché possa arrivare ad assumere posizioni post-esalazione non corrette.
Il percorso di movimento della cassa toracica e degli addominali sono contraddistinti da un accoppiamento costante, che è riferibile alla ZOA. (5)
All'atto dell'attivazione della fase inspiratoria del diaframma, la tensione a riposo dei muscoli addominali oppone resistenza, contribuendo a creare la pressione endo addominale (IAP). Questa pressione deve distribuirsi uniformemente all'interno della cavità addominale, facendo intervenire, dorsalmente lo psoas e il quadrato dei lombi, caudalmente la muscolatura del pavimento pelvico (via visceri/fascia interna), ventralmente e lateralmente tutta la parete addominale. L'espirazione procede allo stesso modo, partendo dal rientro della muscolatura pelvica e addominale, fase che contribuisce a far rientrare il diaframma apicalmente, ristabilendo la corretta ZOA.
Questo pattern di inspirazione ed espirazione deve essere privo di deficit, l'obiettivo primario è la stabilizzazione prossimale per permettere una mobilità distale.
Relativamente allo sviluppo ontogenico del bambino, 3 mesi circa di età, sviluppare e ottimizzare la IAP, porterà il bimbo, a fissare i principali ICR (istanteneous centre of rotation, Shirley Sahrmann 2003) di anca, spalla e testa.
Obiettivo finale: gestione delle forze trasverse/ incrociate, da far passare sulle mobilità distali per la camminata.
Perciò la ZOA e la forma a cupola del diaframma sono mantenute durante l'inspirazione dalla tensione a riposo dei muscoli addominali, supportate dai visceri addominali e dallo stomaco.
Qualora si notino protusioni verso l'esterno, durante la contrazione diaframmatica, significa che la IAP generata non è efficace. (6)
Il diaframma "gioca" un ruolo di primaria importanza nel gestire, attraverso il suo appoggio e non , la verticalità. Gli studi e le teorie di Jhon Little Jhon ci guidano nell'individuazione dei soggetti che hanno un appoggio vertebrale o viscerale (7), facilitando, allo specialista del movimento, l'individuazione di programmi motori indotti dalla forma statica antigravitaria.
Il diaframma assolve assolve principalmente a 3 funzioni:

- Respirazione
- Stabilità
- Sfintere

Deve essere abile a performare le prime due funzioni contemporaneamente.
Le disfunzioni di movimento più comuni sono causate dal fallimento di una delle due.
Qualsiasi attività che esca dall'ormai considerato normale movimento - stare seduti, non spostarsi, non camminare - oltre all'iperventilazione da postura e da stress sociale (descritte in seguito), porteranno il diaframma ad assolvere maggiormente compiti di

respirazione, perdendo quelli di stabilità.
Così viene persa la capacità di controllo e gestione della IAP (intra-abdominal pressure) e da lì viene influenzata la prima richiesta per ottenere un movimento efficace: la stabilità prossimale.
Nel complesso la ZOA è fondamentale per la corretta funzione del diaframma.
Per rendere più consapevole, mediante un'immagine, la forma del diaframma in relazione alle sue funzioni, possiamo immaginarlo come un cilindro ellittico coperto da una cupola
Quando il diaframma si contrae le sue fibre si accorciano.
La lunghezza assiale diminuisce e la cupola discende.
L'altezza della ZOA in soggetti normali diminuisce di circa 1,5 cm durante la respirazione a riposo, mentre la cupola rimane relativamente costante in forma e dimensioni.
Il sostanziale cambiamento di forma del diaframma, quello responsabile del maggior spostamento di volume diaframmatico durante la respirazione, è appunto, lo spostamento assiale del "pistone" della cupola correlato all'accorciamento delle fibre della ZOA. (8)
Il cambiamento del diaframma dipende, altresì, dalla opposizione antero-laterale dei muscoli addominali, riguardanti la meccanica respiratoria e l'azione posturale. (9).
Muscoli in retrazione o accorciamento omolaterale, al contrario di quanto sopra esposto, possono influenzare l'azione di contrazione del muscolo nella ZOA.
Il diaframma è un muscolo digastrico. Questa strategia biomeccanica fa sì che, per ottenere un abbassamento della cupola, vengano attivati i muscoli della due ZOA, muscoli che non esercitano trazione diretta sul tendine centrale della cupola, ma con la loro azione ne effettuano comunque la discesa.
Per capire bene il funzionamento dei muscoli digastrici, basta pensare all'esempio dei due cavalli che, legati ognuno ad un lati di una barca posta al centro degli stessi e in un fiume, camminando, la spostano, precisamente con direzione diritta.
I muscoli digastrici occupano un ruolo di rilievo nel corpo umano laddove la necessità di molteplici funzioni di un distretto corporeo risulta necessaria (sfintere, continenza, contenimento, deglutizione ecc). Il pavimento pelvico ed il muscolo digastrico del collo ne sono l'esempio più attinente all'argomento dell'articolo.
Doveroso ricordare che questi muscoli fanno parte della Deep Front Line, la linea fasciale di stabilità, ontogenicamente prioritaria in quanto contiene e gestisce le funzioni genetiche principali: deglutizione, respirazione.
Una recente ipotesi di ricerca effettuata dal collega specialista del Movimento dr. Alessandro Severino, specializzato in valutazione della postura dell'individuo, ci ha mostrato come, qualora il diaframma occupi una posizione apicale nella gabbia toracica, risultando compromesse le normali funzioni respiratorie e posturali, risulti alterata la verticalità nei soggetti comuni. (10)
DEFICIT DEL DIAFRAMMA - ZOA -
È possibile valutare la disfunzione di una parte di ZOA.

I muscoli addominali, trasverso, obliqui interni soprattutto, sono i primi responsabili per una disfunzione ipsilaterale o bilaterale durante l'inspirazione.
La perdita di opposizione di suddetti muscoli può concorrere a creare una iperventilazione meccanica (in aggiunta a quella causata dall'assetto nervoso).
Il diaframma scende in misura maggiore, espandendo il polmone nel quale entra maggiore aria.
Studi hanno dimostrato che i cambiamenti nelle dimensioni del diaframma prodotti da iperventilazione, si verificano esclusivamente nella ZOA.
La contrazione del diaframma è stato dimostrato che riduce la proporzione della superficie dell'area di apposizione della gabbia toracica. (11)
La condizione attuale riguardante il diaframma - muscolo dal quale dipende ogni pattern di movimento - è questa:
Iperventilazione da vita sociale, con conseguente minore disponibilità di Ossigeno per le cellule, per eccessiva dismissione di CO2.
Aumento della richiesta di O2 da parte delle cellule stesse.
Si innesca un circolo chiuso dove la risultante è l'aumento ulteriore degli atti ventilatori a riposo.
Iperventilazione meccanica, risultante da variazioni di posizione e postura, a seguito di posture mantenute e movimenti ripetuti (vita sociale, lavorativa e sportiva).
Il "passaggio" delle disfunzioni diaframmatiche del common individual odierno possono essere così schematicamente e sommariamente riassunte:
Una presente e costante, cronica iperventilazione "sociale", dovuta allo stress cronico, risultato di questa epoca, iniziata dalla rivoluzione industriale.
Una iperventilazione meccanica, dovuta alla mancanza totale di Movimento.
Il movimento dovrebbe essere finalizzato a ripristinare le funzioni fisiologiche ed anatomo-funzionali corrette, alterate dalle posture sostenute (una su tutte lo stare seduto per molte ore al giorno) e influenzate dalle attività sportive di ogni tipo (fitness, sport amatoriali, camminata, running).
Queste ultime - le attività sportive - non contemplano un atto respiratorio fisiologico, anzi, anche a causa di suggerimenti e precetti dei professionisti dell'area medica e tecnici dello sport, viene settata, alla partenza, un'iperventilazione disfunzionale, realizzata con atti corti, frequenti, usando la bocca per l'esalazione e con ulteriore accorciamento dell'escursione in caso di "respiratore toracico".
Il muscolo diaframma è formato da una parte fibrosa e una connettiva (ontogenicamente si forma prima quella connettiva) e risponde alle leggi fisiologiche del comportamento e adattamento visco-elastico del muscolo.
In presenza di continue contrazioni non complete (posizionamento apicale-toracico) l'adattamento sarà risultante in una perdita di lunghezza delle fibre del muscolo a carico della parte connettivale (fibre connettivali in parallelo) e un aumento del tono basale a riposo.
Oltre ad una variazione biomeccanica di posizione della vertebra L3: il diaframma,

nella porzione apicale della ZOA, diviene Punto Fisso e la vertebra L3, sede di fisiologico Punto Fisso, diviene Punto Mobile. Questa condizione di cambio di posizione all'interno di un pattern, porterà una conseguente alterazione dei programmi motori neurali, sfociando in adattamenti posturali, in questo caso un appoggio viscerale del peso corporeo in stazione eretta.

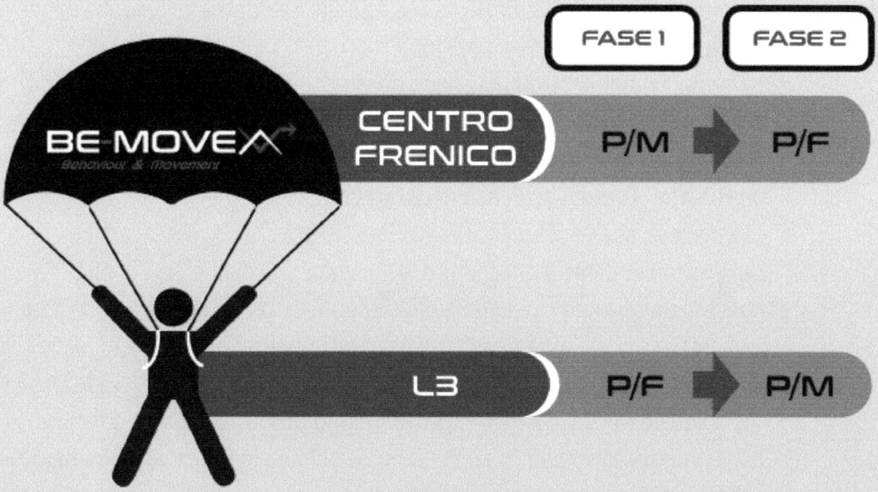

Qualora invece vi siano disfunzioni meccaniche con "allungamento" dell'escursione della ZOA, con variazione dell'angolo ZOA- coste, a seguire del mancato contenimento della muscolatura addominale, si verificherà un allungamento delle fibre connettivali in serie, diminuizione della capacità di "storage" elastico di energia delle stesse e un allungamento del legame dei ponti actino-miosinici, con prevedibile deficit funzionale nella contrazione concentrica. (12)
La biomeccanica di attivazione del muscolo digastrico sarà compromessa.
Le relazioni Punto Fisso - Punto Mobile risulteranno alterate, la vertebra L3 diverrà Punto mobile con vettore di forza posteriore. Questa condizione di variazione di posizione comporterà una variazione di postura statica gravitaria, con conseguente appoggio "vertebrale" e una conseguenza di adattamenti di posizione apicali e caudali alla vertebra di baricentro -metodo Buteyko BBT© -(13).
Il diaframma esercita un ruolo primario nelle funzioni di sopravvivenza della "macchina uomo".
Come descritto in questo articolo è un NET, un nodo centrale, collettore di più funzioni: nervose, respiratorie, circolatorie, digestive, posturali, denominato "Brain Tissue" per la correlazione ontogenica e per le funzioni "dislocate" .
Risulta oggi, quanto mai necessario, acquisire le conoscenze relative alla valutazione dei deficit del diaframma.
Abbiamo descritto come possano essere influenzate le funzioni del diaframma in base

alla tensione a riposo della muscolatura addominale o per posture alterate della gabbia toracica e conseguentemente della porzione di colonna vertebrale attinente.
In realtà il diaframma non è "vittima" di queste condizioni di struttura.
Esso compie un ruolo ben definito - e valutabile - nell'essere generatore di compensi primari che danno come esito un adattamento, non corretto dal punto di vista dei rapporti di posizione articolare e di postura poi, della forma.
La forma influisce sulla funzione, ma è anche assodato che la forma segue la funzione.
Nasce prima la forma o la funzione?
La forma, fenogenesi, differenziazione strutturale (degli organi, del corpo), avviene per Movimenti di Sviluppo dell'embrione.
I movimenti di sviluppo sono cambiamenti di posizione, forma e struttura, si chiamano Funzioni Formative (Funzioni di Crescita).
Si verificano contro resistenza, sono Prestazioni.
Le Funzioni di Crescita precedono le Funzioni Specifiche (14) di ogni organo.
Possiamo affermare che la funzione determina la forma e che in un corpo funzionale e in assenza di malattia e patologia, la funzione governa la struttura, non viceversa.
Il processo secondo il quale la funzione determina la forma, prevede che il Movimento sia la Funzione che giornalmente dobbiamo proporre ai nostri allievi.
Il Movimento è frutto di "Emozioni (*) che settano le Posizioni, che settano Posture, che settano Pattern, che settano il Movimento.
(*) Il movimento è emozione, non può esistere il Movimento senza un intervento Emozionale. "Ti azioni per come ti emozioni" (A.C. 2019)
Ogni atto motorio che attuiamo è frutto di un atto decisionale che è supportato e determinato da un intervento emozionale. Il neurofisiologo Antonio Damasio affronta questo tema nel suo trattato «l'errore di Cartesio» (1995).
Ecco il perché dell'approfondimento dell'articolo sulla POSIZIONE del Diaframma.

BIBLIOGRAFIA

Goldman M, Mead J: Machanical interaction between the diaphragm and the rib cage. J Appl Physiol 35:2, 1973
Mead J: Functional significance of the area of apposition of diaphragm to rib cage. Am Rev Respir Dis 11:31, 1979
Petroll WM, Knight H, Rochester DF: Effect of lower rib cage expansion and diaphragm shortening of the zone of apposition. J Appl Physiol 68:2, 1990.
Hruska RJ: Influences of dysfunctional respiratory mechanics on orofacial pain. Dent Clin North Am 41:2, 1997
Boynton B, Barnas G, Dadmun J, Fredberg J: Mechanical coupling of the rib cage, abdomen, and diaphragm through their area of apposition. J Appl Physiol 70:3, 1991
Reid WD, Dechman G: Considerations when testing and training the respiratory muscles. Phys Ther 75:11,1995
Archi funzionali e biomeccanica vertebrale di Jhon Martin little Jhon - Marcello Marasco - Marrapese Editore 2009

DeTroyer A, Estenne M: Functional Anatomy of the respiratory muscle. Clin Chest Med 9:2, 1988
Hurska RJ: Management of pelvic thoracic influences on temporomandibularn dysfunction. Ortho Phys Ther Clin North Am 11:2, 2002
Severino dr.A: Diaframma e lombalgie, relazioni fisiopatologiche. Ospedale AOS Croce e Carle di Cuneo, ipotesi sperimentale 2018.

Il diaframma «Brain Tissue» (cit. Ron Hurska Philadelphia 2016), origina dallo stesso foglietto embrionale dello scheletro, dei muscoli e del tessuto fasciale e connettivo.
È mesenchima, tessuto a terminazioni nervose aperte, con una altissima capacità di trasmissione nervosa (un piercing o un parto cesareo, creano interruzione nervosa).
Il diaframma è il collettore di tutte le linee fasciali di esse si serve per controllare e verificare il corretto centraggio articolare ICR di tutte le articolazioni.
Tutte le linee passano dal diaframma, dal collo (sede di passaggio della trasmissione nervosa e di controllo della verticalità - punto di incontro del vestibolare, propriocettivo, esterocettivo - net operativo e di controllo del «Limbic Movement») dal piede (seconda stabilità, key point di trasmissione delle linee di forza a terra).
Infatti il bambino assume delle posizioni di riferimento specifiche dove possiamo rilevare che questo avvenga (K.Lewit approach Prague School DNS, Academy staff course Roma 2014).
Nella posizione dei tre mesi supina, crea gli ICR delle acetabolo/femorali. In quella prona crea gli ICR della gleno/omerale e l'ICR della testa in T4.
Ottenute le informazioni di posizione, il diaframma informa il SNC, che dispone il cambio di posizione del bambino, aggiungendo richiesta di stabilità sia alle proprie funzioni di mobilità, che agli ICR «valutati».
Se per cause «attuali», indisponibilità di spazio per gattonare, il bambino viene posizionato nel girello o nel box, facendogli assumere anticipatamente una posizione nella quale non è competente, l'intero processo di sviluppo viene influenzato.
Il risultato è che la FUNZIONE influenza la FORMA futura che acquisirà nelle fasi successive, in modo particolare la forma della colonna vertebrale.

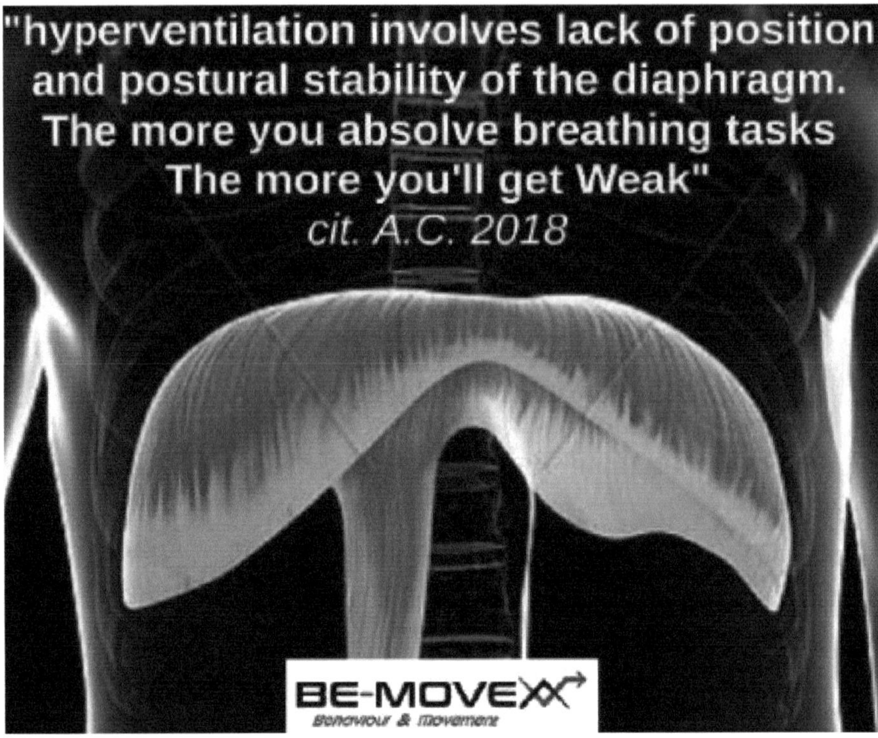

LA MARIO-NET-TA LO SKIL-

APPROFONDIMENTO

LMAN© è il nostro Sapiens che si muove nell'ambiente, in un concetto di un "cervello che si aziona" e non un "cervello che pensa", come i neuroscienziati Caruana e Borghi magistralmente scrivono nel libro "Il cervello in azione" (ed il mulino Upm).

Tanto più percepisci ti azioni e conosci, in una circolarità che in Academy BE-MOVE sintetizziamo e integriamo con il Movimento, grazie ad innovativo e visionario personale processo di interdipendenza tra Sistema Nervoso, Diaframma toracico, tessuto connettivo-Fascia.

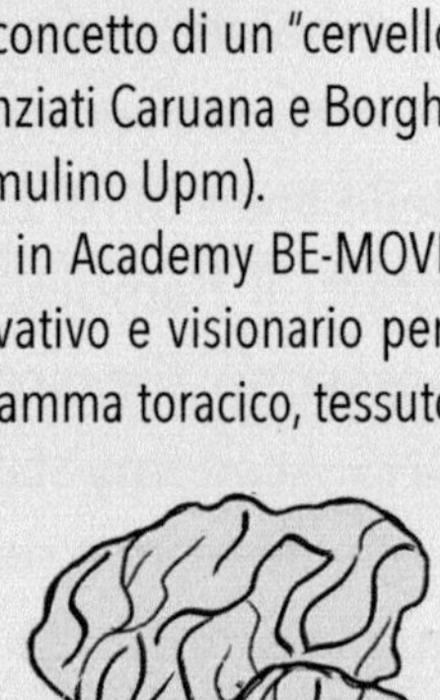

Mia figlia Giada, colpita dal mio modo di interpretare il Movimento, in un momento in cui spiegavo il concetto ai miei colleghi in studio, sentendomi parlare di MARIONETTA, per rendere un Frame immediato e applicativo fin da subito, si mise al lavoro da disegnatrice quale è.

E il risultato è l'immagine accanto, sperimentale, da migliorare, che troverà ampio spazio nel mio libro, ma che rende possibile fin da subito capire e rendere proprio, assimilare, come il Movimento si tratti di relazione con l'ambiente, finalizzato alla sopravvivenza, e di come lo stimolo ambientale siano le Emozioni: il diaframma ne è l'interlocutore principale.

Le Emozioni si incarnano in noi, sia nel cervello che nel corpo, sotto forma di energia.

Se non le liberiamo attraverso l'attività, questa energia potrà

essere ricordata sottoforma di memoria emozionale - ricordo, da cardium, cuore - o sottoforma di memoria del corpo, delle membra, quindi - rimembrare -.
Incredibile come alcuni termini di uso comune si riferiscano così dettagliatamente al nostro corpo e alla sua funzionalità.
Misurare queste energie e soprattutto metterle in relazione, in una moderna e ormai necessaria unione di visione mente-corpo post Cartesio, è oggi possibile.
Regolare la risonanza tra le diverse forme di ricordo, emozione, energia, è possibile.
Migliorare questi equilibri e bilanciamenti in un'allostasi continua, è il compito di noi Bodyworker del Movimento.
Il nostro valore è misurare e applicare il nostro metodo, attraverso un processo basato su principi dei modelli complessi, sulla biofisica, sull'epigenetica.
Se ti occupi di Movimento, Strength & Conditioning, recupero funzionale da trauma dell'atleta, non puoi non conoscere questi concetti e imparare ad applicarli. Fanno la differenza in un mondo di «copycat»!

ARTICOLO A CURA DELLA DR.SSA VALENTINA VIVOLI - FISIOTERAPISTA -

Vi sono delle particolari condizioni prenatali, post nascita e neonatali, che possono influenzare la forma a priori e da lì influenzare la funzione, dando il via ai cosiddetti compensi primari causativi, che si sommano al più importante e, in diverse misure sempre presente, compenso primario causativo del diaframma.
Questi compensi alterando la forma, alterano la funzione e da lì il movimento, interferendo con i cambiamenti di forma che la funzione giornaliera impone (posture sostenute, movimenti ripetuti).
I riflessi fetali primitivi (Suzione, Grasping, Retrazione-paura, Moro, Spinale di Galant, Tonico asimmetrico-simmetrico cervicale, tono labirintico) sono le basi per lo sviluppo nervoso del bambino. Ne controllano le capacità motorie e dovrebbero maturare, sparire, integrarsi (ognuna nei tempi predisposti geneticamente) nei pattern motori del bambino, lasciando così spazio ai normali riflessi posturali mediati dai recettori corporei.
Questi riflessi possono essere inibiti da:

- Nascita prematura
- Parto cesareo
- Uso di forcipe, ventosa, nascita difficoltosa, con uso di forza, pressione sulla pancia della madre.
- Danno biologico primario

Quando sono iperattivati (esempio: la madre in gravidanza subisce uno stress che «blocca» il feto in posizioni di protezione-paura) possono cambiare la struttura del feto-neonato, alterandone la forma, finendo per influire sulla funzione.
Questo circolo vizioso di forma «dis-morfica» e disfunzione crescerà con lo sviluppo del bambino, andando a strutturarsi sul tronco, via via che il controllo del capo e poi del tronco maturano e poi sui cingoli superiore e pelvico, dando luogo ad uno sviluppo della forma non a favore di un corretto centro di rotazione articolare e rendendo difficile l'apprendimento di schemi di movimento

più complessi, come gli schemi crociati e le dissociazioni dei cingoli, indispensabili non solo per un corretto sviluppo motorio ma degli apprendimenti in senso lato (prassie), della costruzione del gesto, della coordinazione motoria e della sequenzialità dei pattern motori funzionali. Ma per fortuna, in assenza di patologie neuro-motorie o dello sviluppo, se il bambino è fortemente motivato e l'ambiente adatto al suo sviluppo, il sistema riesce a riorganizzarsi e a rimodellarsi, nei casi lievi. L'esigenza di dormire in posizione supina per la prevenzione della SIDS (SUDDEN INFANT DEATH SYNDROME o Sindrome della morte infantile) ha reso lo sviluppo delle asimmetrie craniche molto probabile, a differenza di quello che succedeva qualche anno, quando non si conoscevano i meccanismi di questa sindrome e la sua correlazione con alcune posizioni nel sonno e quindi le madri lasciavano dormire i bambini sia proni e sul fianco. Infatti il bambino variava molto la posizione nel sonno e questo aveva un'azione preventiva su questo tipo di dismorfismi. Ma oggi sappiamo l'importanza della prevenzione di questa grave condizione ad etiologia ancora non del tutto conosciuta e prevedibile , di conseguenza bilanciamo il rischio in sfavore delle asimmetrie craniche, su cui invece si può far prevenzione o trattamento posturale, ambientale e fisioterapico sia con un'azione di prevenzione (e basterebbe per quei casi non patologici) che con una buona care da parte dei care givers.
Il variare della forma del cranio, in un collo destro, può portare ad uno sviluppo delle cavità orbitali asimmetrico: l'occhio destro diventerà predominante, la coordinazione occhio-mano sarà a favore della destra, comportando una possibile disregolazione dell'arto superiore sinistro.
Questa condizione a sua volta influenzerà i pattern di movimento (cfr 6Z joints), sommandosi al compenso causativo primario del diaframma, sempre presente, finalizzandosi in un ritardo nel gattonamento e in una stance in piedi con iperappoggio destro (modulo formativo JRP).

APPROFONDIMENTO

FALOPPA
Bozzolo di baco da seta che contiene una crisalide morta; millantatore, persona vana, bugiarda. Dal latino medievale [faluppa] 'paglia, lolla di grano, immondizia', di origine incerta.
La storia di questa parola è antica, anche se prima della sua attestazione nel latino medievale (parliamo del Duecento, in Emilia) non si sa molto di certo. Comunque, dalle forme 'faluppa' o 'falopla' diventa l'italiano 'faloppa' nel XIV secolo.
VOLVERE
Significa volgere, girare, srotolare, scorrere, dipanarsi.
Attualmente con la parola SVILUPPO ci si riferisce ad un incremento, un potenziamento, un'espansione. All'interno delle discipline biologiche, scientifiche, psicologiche e sociali questo termine indica: l'insieme dei processi attraverso i quali un organismo acquista la sua forma definitiva. Sia di struttura che di funzioni.
Lo sviluppo personale e aziendale, attraverso la formazione di Academy, che avviene per obiettivi con finalità dirette e trasversali, sarà il topic del meeting settimanale del Team Nazionale dei professionisti del Movimento di BE-MOVE.
I primi 3 mesi del bambino sono funzionali a:

- Mobilità del diaframmi toracico e pelvico (PMT e BBT Test)

- Realizzazione della IAP "intra abdominal pressure" mediante il coordinamento con il diaframma pelvico (BBT test)
- Sviluppo degli ICR di anca, spalla, cervicali.
- Tentativi di bipedismo mediante il rotolamento (PMT Skillman rolling test), facendo passare le linee di forza dalle mobilità di spalla e anca, mediante le linee fasciali, forze che hanno sviluppo solo ipsi-laterale.
- Maturazione e controllo delle linee fasciali di stabilità (Deep e Spiral line) (FST test).

Il bambino sviluppando il pattern di Rolling registra una condizione basilare della quale dovrà usufruire quando raggiunta la stance eretta e il gaiting: il punto fisso - punto mobile.

Il primo punto fisso dove il SNC esegue fulcro di stabilità per una successiva mobilità distale, è quelllo dell'arto, sia superiore che inferiore. Questa condizione è quella necessaria al momento di fare scarico forze a terra e creare stabilità antigravitaria, gestendo il bacino e da lì il busto, la testa e gli arti per realizzare la fase di swing dell'arto controlaterale.

Naturalmente la condizione di punto fisso-punto mobile sarà invertita.

Questa importantissima fase di sviluppo neurologico è necessaria sia durante l'allenamento al movimento di qualsiasi individuo, ma diventa indispensabile quando ci troviamo nella condizione di eseguire un ripristino del movimento a coloro che hanno subito un infortunio.

Purtroppo è pratica comune parlare, da parte di colleghi coach e trainer, di re-hab, pratica consentita soltanto a figure clinico-sanitarie, in quanto vi è la presenza di una patologia.

L'attività post recupero infortunio, prima di passare ad un potenziamento e ritorno successivo alla skill (più che mai oggi accelerato con tutto ciò che ne consegue riguardo alla elevata percentuale di reinfortunio), in Academy è stata denominata RE-MOVE© e viene opportunamente protocollata nel modulo di PMT Skillman.

APPROFONDIMENTO

LAVORO SUL PATOLOGICO

Le patologie sono fisiche e mentali. E nell'individuo moderno la medicina della biologia, a dispetto di quella di Cartesio, inizia a collegare le due malattie.

Il mondo moderno fa sì che molti degli individui che si approcciano all'attività motoria e sportiva, soffrano di patologie varie, che per vari aspetti e caratteristiche possono essere ricondotte alla moderna Sindrome Metabolica e all'alterazione, spesso concomitante e conseguente, dell'equilibrio psico-fisico, sfociando dalle nevrosi alle psicosi.

Sulle patologie lavora il personale sanitario: medici, cardiologi, diabetologi, fisiatri, fisioterapisti, psicologi, psicoterapeuti, ecc.

Sull'attività motoria, non riabilitativa, lavora il laureato in scienze motorie.

Quando un soggetto vuole iniziare un'attività motoria e sportiva, deve ottenere il nulla osta attraverso una visita medico sportiva, corredato di elettrocardiogramma. Eventuali patologie in essere, vengono diagnosticate per poi essere valutate. A seconda della

valutazione il soggetto potrà iniziare l'attività motoria o in caso più grave, verrà inviato dallo specialista.
Esempio l'ipertensione arteriosa. Patologia comune a molti adulti odierni che riceviamo e alleniamo al movimento nei nostri centri. Questi individui hanno una patologia che però non vieta loro di fare attività, anzi, gli viene rilasciato il certificato medico sportivo inerente, a seguito di invio dal medico di base. Cosa vuol dire questo? Che io lavoro con i patologici? Ovvero con almeno il 70% dei clienti che ho in studio? E se mi arriva un soggetto che, a causa della sua ipertensione è seguito da uno specialista che gli ha prescritto una terapia sanitaria, oltre che il movimento in studio da me? Lavoro sul patologico?
Lo specialista, sia un cardiologo, un diabetologo, un endocrinologo, uno psicologo, un fisioterapista, un nutrizionista, iniziano la terapia, che, nella maggior percentuale dei casi di patologia NCD non communicable disease, che riguarda il 92% delle morti annuali in Italia (fonte OMS 2017), puó e deve essere affiancata dall'attività motoria: movimento.
Questa attività non "lavora" sulla patologia. Sulla patologia deve lavorare per la legge italiana, solamente il personale sanitario.
Il laureato in scienze motorie lavora su individui, affetti da patologia, che una visita medico sportiva prima e una visita specialistica poi, hanno "autorizzato" o meno all'attività motoria.
Facciamo chiarezza quando vi riferiscono che lavorano sulle patologie e non sono laurea sanitaria. Non possono dirlo e mai potrebbero farlo.
Il laureato in scienze motorie non lavora sulla patologia, almeno fino a quando non sarà laurea sanitaria.
"In un mondo dove esiste la conoscenza, restare ignoranti è una scelta".

Successivamente il bambino passa in posizione quadrupedica, circa 5/6 mesi. Qui il diaframma acquisisce la funzione posturale quasi totale e il bimbo inizia a caricare le forze sulle articolazioni Zeta.
Il bambino perde in parte la distribuzione di forze ipsi-laterale, che si inserisce in pattern di forze controlaterali.
Il gattonamento - 6/7 mesi - (CRAWLING test principe di PMT e di tutto il metodo BE-MOVE srl Academy), mostra deficit di movimento sia in posizione GROUND che in posizione UP «Weight Bearing».
In Academy abbiamo coniato il seguente termine per identificare le caratteristiche del Crawling:
Compensation Highlighter.
Questo termine perché il Crawling mostra compensi che in piedi vengono mascherati dall'abilità dello sport.

Non è raro vedere un'atleta che durante la skill esegue gesti tecnici all'apparenza efficaci e in realtà sono solo frutto di notevoli ed efficaci compensi accessori; esempio: calciatore che esegue ottimi calci punizione da piazzato, ma non riesce a stare in verticalità monopodalica tonico reattiva ad occhi chiusi per almeno 10 secondi.
Il crawling rivela proprio questo.
Tra i 6/8 mesi il bambino inizia a caricare la colonna vertebrale acquisendo la posizione seduta. In questa fase vi è il controllo del passaggio tra colonna statica e colonna dinamica, momento di transfer per la posizione weight bearing da posizione ground.
Si integra con la fuoriuscita delle reazioni «paracadute» anteriori laterali e posteriori: queste reazioni quando non sono visibili denotano una lesione strutturale cerebrale.
Quando sono evidenti in fase adulta possono essere ricondotte a non corretto sviluppo della verticalità in tonico reattivo. Diventano visibili come compensi fasico reattivi al mantenimento di una perdita di equilibrio durante una fase di skill sportiva o semplicemente durante una camminata.
La camminata avviene passando da posizione half kneeling, posizione dove il bambino mette in relazione la stabilità prossimale con la prima mobilità distale di anca, che viene mantenuta in isometria. La posizione di tall knee non viene eseguita perché la stance bipodalica non attiene allo sviluppo ontogenico della macchina uomo. Anche in piedi la postura bipodalica è solo una regressione della monopodalica.
In half kneeling il bimbo prova a cercare appigli per raggiungere la posizione eretta e mettere in catena di movimento l'articolazione fulcro del corpo con la terra: la caviglia, key point funzionale di tutto il corpo.
La seconda stabilità, la caviglia, può divenire funzionale a scaricare e ricevere linee di forza e peso, per e dal terreno, grazie soprattutto al corretto funzionamento del pavimento pelvico e ai due pilastri **outlet** di stabilità A/F, medio gluteo ed otturatore interno.

CITAZIONE DELL'AUTORE
"L'ILEOCOCCIGEO È LA SCAPOLA DEL BACINO"

Questa mia citazione racchiude tutta la cinetica e cinematica che passando dal bacino, ci permette il forward locomotor movement.

> Così come i proverbi racchiudono una fonte di verità e un'esperienza di vita, la citazione ha lo scopo di far ricordare e richiamare operativamente al professionista, tutta una serie di concetti relativi alla funzione della joint Acetabolo/femorale.
> Il poter richiamare velocemente dalla memoria principi e processi operativi è la via più efficace per trovare conferma alle ipotesi che sono emerse nell'osservazione del Movimento dell'allievo.

La perdita, anche parziale, ma continua, dell'allineamento dei segmenti scheletrici - ICR - fa sì che vi sia la presenza di maggiori alterazioni degenerative (Singer KP, Fitzgerald D, Milne N : neck retraction exercises and cervical disk disease, Biennal manipulative physioterapist conference, Australia 1995).

Questo accade perché il movimento «fuori asse» comporta un microtrauma dovuto al non corretto passaggio delle linee di forza, sia che esse siano di stabilità o di mobiltà dell'articolazione.

Questi microtraumi possono creare, se continua il passaggio delle linee di forza senza correzione dell'ICR, macrotraumi e dolore muscolo-scheletrico a seguire.

Shirley Sahrmann le chiama «sindromi da disfunzioni del movimento», come il suo libro (edito da UTET edizione italiana).

La fisioterapista ci insegna che l'origine che sta alla base del microtrauma, presupponendo un ICR deficitario, sono il sovraccarico e il carico eccessivo.

Il carico eccessivo può essere inteso come un singolo episodio, mentre per il sovraccarico le cause sono additabili a POSTURE SOSTENUTE MOVIMENTI RIPETUTI (sport?).

La risoluzione di queste sindromi dolorose è oggi culturalmente consolidato nell'affidamento a personale appartenente alla sfera sanitario-terapeutica. Fisioterapisti, osteopati, trattano l'individuo prendendosi cura del sintomo; il soggetto riveste una figura passiva nell'intero processo di guarigione.

Come usiamo sovente dire: «Scream the victim, not the Butcher!» (Diane Lee): quindi la risoluzione del dolore sarà temporanea, in quanto se non si attacca il problema alla sorgente, questo si ripresenterà.

Questo è quello che appunto accade nel presente, dove conta più la durata della vita piuttosto che la qualità.

Le strutture dalle quali originano i dolori meccanici sono quella fasciale, periarticolare, articolare e neurologica.

Un sovraccarico da sollecitazione ripetuta può provocare appunto conflitti, aderenze, intrappolamenti del nervo che interessano poi il tessuto fasciale ivi presente.
Quello che sta diventando la piaga degli anni odierni è la mancanza basilare di movimento.
Passiamo seduti circa l'80% delle ore giornaliere, tanto da esser stato coniato questo nuovo sillogismo: «Sitting is the new smoking» - stare seduti è il nuovo vizio paragonabile al fumare.
Le posture sostenute influiscono, come vedremo in PMT, BPT, sui ICR centri rotazione istantanea delle articolazioni, creando alla lunga dei micro e poi macro traumi.
Ron Hurska nel 2018, durante un corso di formazione ha esordito con la seguente affermazione:
«Una postura alterata, ad esempio nel posizionamento del bacino, dovuto a seduta mantenuta, può riflettersi a catena sull'articolazione temporo mandibolare, influenzando il posizionamento delle ossa temporali.
Questo cambiamento di posizione delle ossa del cranio, va a creare pressioni anomale sull'ippocampo, centro cerebrale della memoria e del movimento, inficiando la salute del soggetto».
In Academy di BE-MOVE ci occupiamo delle due forme del cervello: quella elettrica e quella chimica (Goldberg 2001), e ne diventeremo i coach di riferimento dei futuri specialisti del movimento, potendo influenzarne entrambe le attività.
La parte elettrica prevede di acquisire le competenze tramite il modulo di PMT, Ontogenyc, BPT, Buteyko e FST, di come il SNC apprende il movimento, modalità che ci consentirà di intervenire.
La parte chimica è quella relativa ai molteplici neurotrasmettitori e neuropeptidi capaci di superare la barriera ematoencefalica, che sono responsabili del nostro benessere biologico, stimolati e rilasciati mediante apposita attività di movimento e di Mental Management, Nutrition e MSM "Metabolic Syndrome Method".
Il Movimento non corretto, consistente in posture sostenute, sport agonistici, e dieta non idonea, possono stressare l'individuo.
Lo stress, che genericamente si riteneva responsabile della liberazione di CRH (corticotropin release factor) nel sangue, con conseguenze sulla sa-

lute, in realtà attiva una risposta complessa: l'organismo libera citochine proinfiammatorie (interleuchine IL6, interferone) che riverberano la loro azione su organi bersaglio.
Anche l'alimentazione non idonea, con carichi glicemici elevati, allergeni, antinutrienti, scatena delle microinfiammazioni - oggi rilevabili con adeguati esami ematici di BAFF e PAF - che unite a quelle dello stress generale mettono in condizione il SNC di tamponare questa flogosi diffusa secernendo elevate e continue quantità di Cortisolo. Inoltre:

- Il sistema immunitario viene «soppresso» inerentemente alla produzione di globuli bianchi e linfociti;
- Si riducono le cellule dell'ippocampo e dell'amigdala (centri cerebrali con i maggiori recettori del cortisolo);
- Aumenta la pressione arteriosa e la frequenza cardiaca.

Proprio l'ippocampo, sede di memoria di lavoro per il cortex replay sulla trascrizione di nuovi engrammi motori, è sede di controllo dello stress.
Esso detiene memorizzate sotto forma di engrammi neurali, rappresentazioni dell'ambiente esterno, che confronta con gli eventi reali.
A seguito del controllo può innescare una cascata neuroendocrina attraverso l'asse ipotalamo-ipofisi-surrene per contrastare lo stress.
Ma purtroppo come affermato in precedenza, essendo l'ippocampo stesso influenzato negativamente dallo stress cronico, a lungo andare va incontro ad un deterioramento delle funzioni cognitive del soggetto (Mayer, Saper 2000).

APPROFONDIMENTO

HEEL & HIPPOCAMPUS

"Rhythmic Beat" cit (R.H.)
Darwin, In un libro sulle orchidee del 1862 scrive: "In tutta la natura quasi ogni parte di ciascun essere vivente è probabilmente servita, con poche modifiche, ad altri scopi e ha funzionato come parte della macchina vivente di molte e diverse forme antiche".
Al riguardo, la sua parola preferita, in inglese, era "contrivances": congegni, artifizi, ritrovati ingegnosi, apparati.
"La natura non fa progetti, trova espedienti". (cit T.P.).
Il calcagno è un osso molto forte quanto mobile e instabile, ed è "arrivato" alla sua funzione odierna nel corso di milioni di anni di artifizi biomeccanici.
"Where the Brain realize Gait" (cit. A.C.)
Dove il cervello realizza l'andatura, lo spostamento dello SKILLMAN, che è il nostro progenitore, il quale è riuscito ad adattare l'ambiente a se stesso grazie al Gait in sincronia con la Cognition, in una circolarità interdipendente: mi sposto conosco, conosco mi sposto.

In Studio BE-MOVE conosciamo approfonditamente le relazioni del calcagno con il diaframma, net operativo del SN, e le applichiamo nel processo di PMT Skillman©.
Tutto parte dal cambio di paradigma, dal far pensare e insegnare in Academy, all'uomo e al suo Movimento come FASCIA centrico e non muscolo dipendente; impegno in tal senso, che personalmente mi sono preso in un recente scambio con il gigante che ci guida, Thomas Myers.
Questo si realizza nell'OSSERVAZIONE dell'allievo, basata sulla conoscenza delle linee e dei binari Fasciali in correlazione alle fasi dello sviluppo ontogenico del bambino.
Sai perché il bimbo, nelle fasi di creep crawling e nelle prime fasi di conquista della verticalità, esperimenta l'oscillazione, lenta, , percepita, "sentita"...?
Perché in quel modo attiva il pavimento pelvico, facendolo riconoscere selettivamente al SN e tonificandolo poi, attraverso adduttori in primis. Prima lo esperimenta prossimalmente in quadrupedia e poi collegandolo al calcagno una volta in piedi.
Questa magia evolutiva fa sì che ad ogni "Heel Strike" l'Ippocampo "senta" il terreno e attivi in un Rhythmic Beat la sincronia del Forward Locomotion Move©.
In un mondo dove passiamo da test con le scarpe creati su protocolli di test senza scarpe, dove alleniamo la corsa e gli sport terrestri con la più moderna attrezzatura di valutazione e correzione, o addirittura con tubi di plastica venduti a caro prezzo...
Immagina migliorare la corsa al tuo allievo semplicemente rendendo flessibile poi mobile e controllato il suo Calcagno: 2' minuti, 3 volte al giorno, 2 settimane: una habits.
Adesso le cose stanno cosí...se sei un professionista del settore e ancora non conosci che i muscoli non si inseriscono direttamente sull'osso, non perdere tempo e risorse a misurare un VO2 max o a compiere un MAS test.
L'ignoranza oggi è una scelta. Ma se hai a che fare con la salute dei tuoi allievi, non puoi persistere in errori non costruttivi.
Leggi il libro di Thomas Myers "Meridiani fasciali" e inizia ad investire le tue risorse per partecipare al prossimo corso di dissezione (per informazioni: info@be-move).

L'attività fisica, nello specifico il movimento, come scrive lo psichiatra Servan Schreiber nel suo libro GUARIRE (2003), produce effetti sul cervello del tutto simili se non superiori a quelli prodotti dai più moderni farmaci antidepressivi e ansiolitici.
Infatti vi è un aumento, indotto dall'attività fisica, del BDNF «brain derived neurotrophic factor» (Bottaccioli 1995). Il BDNF sembra avere effetto neuroprotettivo e neurotrofico, attività desunta da prove di laboratorio, dove risultavano concreti gli aumenti di sopravvivenza dei neuroni e la capacità di crescita dei prolungamenti cellulari (assoni, dendriti).
Nelle cavie oggetto di infusione di BDNF è risultato protetto l'ippocampo (memoria e movimento) e la corteccia da danni da ischemia cerebrale.

APPROFONDIMENTO

DIRETTAMENTE TRATTO DAL SITO DI PIER MARIO BIAVA www.biava.me

«Il meccanismo di riprogrammazione fisiologica delle cellule è presente, in perfetto equilibrio, nell'organismo umano al suo stadio embrionale, che è dunque in grado di ricostruire il ciclo vitale della singola cellula [...]

Ora è possibile riprodurre questo meccanismo di rigenerazione anche negli organismi adulti, contrastandone il decadimento o la degenerazione grazie ai fattori di crescita e differenziazione.

Il dr. Biava ha isolato i fattori di crescita e differenziazione delle cellule staminali, essendo così in grado di rallentare od inibire la proliferazione delle cellule tumorali che si comportano in modalità similare a quelle staminali: sulle proteine tumorali si attivano gli stessi recettori di quelle staminali, lasciando presupporre che la cellula tumorale, forse per sfuggire al controllo del sistema immunitario, ritorna al suo stato primordiale, arcaico, in anaerobia.

Secondo il punto di vista degli oncologi, in un documento scritto dal Comitato scientifico di riferimento, si afferma che i trattamenti proposti dal Dr. Biava «possono potenziare le terapie tradizionali di consolidata efficacia attuate dagli oncologi, diminuendone nel frattempo gli effetti collaterali».

Il BDNF risulta aumentare la plasticità cerebrale strutturale - connessioni sinaptiche - soprattutto nell'area dell'ippocampo.

Questo fattore di «nutrizione» del nostro cervello deperisce con la depressione, tanto da essere denominato per la sua importanza «tonica» **molecola antidepressiva.**

Il legame esistente tra il sistema nervoso centrale e il BDNF identifica l' «INTELLIGENZA CENESTETICA», frutto dei rapporti tra l'apparato di movimento e i centri nervosi del cervello.

Al momento in cui ci si attiva con movimento adeguato, quindi personalizzato, chiamiamo al lavoro la parte profonda del cervello (cervelletto, setto, mesencefalo) per la realizzazione degli schemi di base, patterns, che caratterizzano l'attività che la parola MOVIMENTO racchiude e che in Academy viene identificata come tale.

Vengono immediatamente liberati neurotrasmettitori, acetilcolina, serotonina, e dai muscoli in movimento IGF-1 e andamina, sostanze neuroattive e «nutrienti» per le connessioni sinaptiche dei centri nervosi superiori.

Questo conferma come l'attività del movimento, percettivo motoria, sia - come **Soresi** afferma - la più alta forma di intelligenza maturatasi nel corso dell'evoluzione dell'uomo.

Come cita Cavicchi (2002) il nuovo concetto di vitalità è proprio questo: l'espressione di un'evoluzione genica che dura da 4 milioni di anni e che vede nel suo massimo fulcro di sviluppo dell'uomo e del suo cervello, il movimento .

In questa nuova cultura, **dove il corpo da oggetto diventa soggetto**, l'Academy si inserisce, facendosi portavoce e pioniera nell'approccio del movimento, nella valutazione e miglioramento dello stesso, ponendosi come obiettivo ultimo quello di portare la qualità del movimento a tutti gli individui appartenenti alla società moderna.

Tra il 2005 e il 2008 iniziarono i miei primi approcci al movimento.

Proveniente da esperienze di preparazione atletica di atleti di pattinaggio, sono stato responsabile nel lontano 1993, insieme a mio padre Paolo, professore ISEF classe 1961, del progetto pilota UISP sullo sviluppo del movimento e delle capacità coordinative dei bambini in fascia di età 0-3 anni (con assistenza del genitore) e 3-7 anni, andato avanti con enorme affluenza fino al 2005.

Le conoscenze tecniche in merito non erano ai livelli odierni, ma grazie ai vari autori all'avanguardia ai tempi, uno su tutti il professor Notarnicola di Firenze (Nuova educazione motoria 1985) e la ginnastica naturale di Orlando Cani prima e di Alvaro Romano poi, hanno fatto da cornice operativa a quelli che furono anni di pratica sullo sviluppo neuromotorio del bambino: molti, molti errori, vennero compiuti dall' «accoppiata Chellini», errori che con il senno di poi e le competenze odierne, appaiono quantomai grossolani. Ma l'esperienza accumulata, integrata da una mia biennale pratica esperenziale presso la palestra Izumo del prof Notarnicola, dedicata solamente a soggetti autistici, portò alla creazione e applicazione di esercizi che venivano da me riportati agli atleti (uno su tutti il lavoro di ginnastica a terra) e nella allora riconosciuta ginnastica correttiva dei paramorfismi nella quale Paolo era esperto.

Questo libro è fondamentale per cementare la volontà condivisa di creare un metodo e un relativo protocollo di lavoro per i futuri Bodyworker professionisti del settore della promozione della salute, specializzandoli nel movimento e nel metodo di Bottom up di BE-MOVE Academy".

L' esperienza lavorativa ventennale, gli innumerevoli corsi di formazione frequentati negli anni, e la possibilità di essere «saliti sulle spalle dei giganti» ha portato, dopo molti esercizi scartati e fogli di carta cestinati, alla creazione del primo metodo di valutazione del movimento: PMS. Era la fine del 2013 e l'inizio del 2014 e il metodo prevedeva le Chain Start© e gli esercizi di valutazione della mobilità, Leg Raise e Shoulder Mobility (cambiato poi - grazie al supporto di Valentina Vivoli in un caldo pomeriggio a Firenze - in Shoulder Raise) e del Movimento dinamico, Crawling e Squat overhead su tutti. Erano già presenti in clinica del movimento esercizi di valutazione sulla propulsione e sulla frenata, ma non davano ancora risultati certi e consolidati nei re-test.

Nel tempo e dopo tanti, tanti test ed esercizi di intervento sul «software» del Sistema Nervoso Centrale sono finalmente giunto ad una versione ottimizzata e oggettivata da sensori isoinerziali ed elettromiografo di superficie, che Andrea Olivi e il suo competente team di Sensor Medica hanno sviluppato.

Direttamente estratto dal mio profilo Facebook, in merito ad un periodo dove ancora non era chiaro ai colleghi Italia cosa significasse il concetto e il valore legale della «proprietà intellettuale»; in molti hanno provato ad appropriarsi della paternità delle Chain Start, del PMA e altre intuizioni personali. Da colleghi fuori della mia cerchia di collaboratori fino a compagni di viaggio.

«Italia, paese di una religione e di mille e mille parrocchie...»

«Negli anni ho sempre condiviso il mio knowledge, frutto di continui CRF, con tanti colleghi, formandoli privatamente e poi direttamente attraverso la costituzione di una società, nella quale ho portato lo stesso knowledge, arricchendone il valore e il livello scientifico, componendone 6 corsi su 8.

Sopra a tutto, si colloca il metodo di valutazione del Movimento, che ha avuto un'incubazione di diversi anni e che solo salendo sulle spalle di giganti quali Lee Burton, Shirley Sahrmann e la mia amica e mentore Valentina Vivoli, ha potuto diventare quello che è. Le Chain Start, test di competenza del SNC hanno CRF di ben 5 anni, quando dal 2008 al 2013 cercavo di rendere operativo il metodo.

Nel 2013 Valentina e io abbiamo conseguito il corso base di accesso al metodo Buteyko. Nei due anni successivi ho proseguito il percorso formativo, diventando il primo Istruttore Italia riconosciuto dalla responsabile di Buteyko Italia nell'ambito del Movimento e dello Strength & Conditioning.

Da lí a ruota sono seguiti i corsi sul test del dolore meccanico, per farlo diventare un corso.
Il processo è in continuo sviluppo, l'ex Moving Studio è un laboratorio, dove artigianalmente sviluppiamo, creiamo, tentiamo, sperimentiamo.
In questo istante abbiamo terminato una ricerca interna ed è in corso da un anno e mezzo la raccolta dati di un nuovo modulo formativo, che anticiperà il lavoro di Test sul Movimento. Lo stesso test del Movimento avrà un upgrade di applicazione entro questo anno, che renderà più veloci, efficaci e finalmente oggettive, le valutazioni, ultimo passo di un cammino professionale lungo oltre 10 anni.
Questo post per ricordare ai giovani colleghi che lavorano e si formano con me, che la proprietà intellettuale è personale.
La copieranno, la scimmiotteranno, tenteranno di appropriarsene, sia da fuori che da dentro il tuo cerchio della fiducia, ma faranno solo a loro danno, perché non è copiare un esercizio che renderà migliore una mente arida.
Il metodo PMT, dopo alcuni anni di riscontro in clinica de Movimento, si è arricchito di un esercizio Test Chain Start©.
Il test di «Cuffia dell'anca vs Flessori» in sintesi: "Test dell'otturatore interno" è il test che mancava per completare il processo di Assessment sia soggettivo che oggettivo, finalizzato all'applicazione del metodo di esercizi regolativi tempificati secondo gli «Step» di PMT Skillman©, il livello formativo successivo al PMT, dedicato ai colleghi Bodyworker titolari di un centro BE-MOVE.

PARTE SECONDA

CONCETTI - PROCESSI - METODO
per valutare e migliorare il movimento

La seconda parte del libro tratterà l'applicazione pratica dei principi fin'ora esposti.
La finalità è di rendere facile e facilmente applicabile, alla nostra consueta pratica giornaliera, la complessità del sistema movimento. Per ottenere questo traguardo ambizioso, in Academy, forti dell'esperienza pratico-applicativa ormai decennale, abbiamo reso logico e schematico, come nelle grafiche sotto riportate, tutto il percorso che il Trainer seguirà, per riportare la qualità del movimento al proprio allievo.
I passaggi sono 4:
MODELLO DI MOVIMENTO: DOVE nasce (SNC), DOVE si attua (JOINT), COME viene rifornito di energia il sistema Movimento (SUPPORT).
Il modello serve a far capire chiaramente che, ogni qualvolta si valuti un deficit di movimento, esso vada ricondotto, per essere azzerato, all'origine: il SNC Sistema Nervoso Centrale. Evitando l'errore, figlio degli ultimi anni, di mancanza di modelli di riferimento, che portavano e portano tutt'ora la risoluzione di un deficit di movimento direttamente al muscolo, all'articolazione.
PROCESSO: COME si effettua il Movimento sul DOVE si attua (JOINT).
Questo processo si rende necessario per fissare la **progressione dell'attivazione delle joint** da parte del SNC per giungere al movimento finale. Lo specialista del movimento avrà sempre chiaro dove posizionare l'assessment in base al deficit valutato, e come relazionarsi con specialisti di altre discipline tipo, specializzati in posturologia, terapeuti, allenatori.

APPROFONDIMENTO

LA MISURAZIONE BODYWORKER DEL MOVIMENTO
Quando usi della strumentazione, qualsiasi strumentazione, non ti scordare che: nessun dispositivo elettronico e di recente innovazione di A.I, puó valutare lo stato d'animo, risalire all'emozione del momento, che puó (spesso) nasconderne altre.
Lo sapevi che l'ippocampo è influenzato dall'amigdala?
Se si distrugge o interrompe l'amigdala nella connessione con l'ippocampo, lo stress non ne compromette più il tipo di memoria mediata.
Persino sotto stress e con livelli di gicocorticoidi elevati. (Roozendal op cit e Mc Caugh , Glucocorticoids and the regulations of memory consolidation, in Memory and Emotion).
L'ippocampo, come ben sappiamo, è coinvolto nel Movimento a vari livelli di memoria e di replay con la corteccia, variando fattori come il tempo di reazione, l'inizio del movimento; il tutto dipendente da una situazione di equilibrio transiente che riflet-

te molteplici aspetti della situazione immediatamente precedente, tradotto: lo stato emotivo, il biofeedback esogeno che "trasduce" l'ambiente.
(Fausto Caruana, Anna Borghi, il cervello in Azione, il Mulino upm)
Ricordati che se metti la tua professione e professionalità in mano ad uno strumento, sarai sempre dipendente da esso.
E soprattutto ti perderai tanto, ma proprio tanto, di quello che la nostra meravigliosa professione potrebbe regalarti.
Ma soprattutto non sarai etico, come vorresti, con il tuo cliente.
Con questo asserisco che lo strumento serve, nella misura in cui, come spiegavo qui:
www.facebook.com/400644880024538/posts/3058836767538656/?d=n
sia stato generato secondo le "nostre" esigenze misurative e sia solo un mero esecutore di test e re-test; mai e poi mai dovrà dettarti cosa fare, sostituirti al tuo cervello, espropriandoti di una delle più belle qualità che insegno ai miei colleghi:
la riflessione nel corso dell'azione, cioè "la conversione del conoscere nell'azione in conoscenza dell'azione".
La nostra pratica professionale si affida a test metodologici (posso ben dire di averne creato qualcuno) che diventano ripetitivi.
Senza dilungarmi su ció che avviene a livello di modello cognitivo, il risultato è che noi Bodyworker, durante il test, rischiamo di divenire selettivi e prestare attenzione solo ai fenomeni familiari, trascurando quelli che non corrispondono alle categorie del suo conoscere nell'azione.
Il professionista puó ovviare a tutto ció attraverso la riflessione "REFLECTION ON ACTION" che si trasforma in "REFLECTION IN ACTION".
Questi passaggi sono d'importanza elevata nel Bodyworker che voglia far fronte alle situazioni problematiche e sempre più multifattoriali che il cliente di domani gli porrà davanti.
Non è pensabile dedurre da un piede pronato di mettere un'ortesi e risolvere il tutto.
Non è pensabile da una valutazione di hamstring retratti consigliare lo stretching.
Il rischio è quello di sviluppare quello che Schön definisce una "disattenzione selettiva" e finire nel gruppo degi stereotipi dove:
Il dentista fa il Bite
Il podologo il plantare
Il Personal Trainer dà lo stretching, anzi ora il foam rolling, anzi fa la app che ora, post covid, serve
Il fisioterapista un paio di Tecar
Lo psicologo ti fa comprare il gatto
Il nutrizionista le barrette
L'osteopata ti massaggia la cicatrice.
I nostri clienti meritano di più e sono molto fortunato quando mi trovo da una posizione dove posso avere la collaborazione di categorie su citate, rappresentate da fior di professionisti, che prima di tutto rispondono a valori etici e poi si riuniscono in un

tavolo di lavoro dove al centro c'è il cliente e il suo benessere.
Questo articolo nasce da una serie di miei errori valutativi fatti nel tempo, nel corso dei primi anni, valutazioni abduttive, test in disattenzione selettiva, che solo una immensa professionista che mi affiancava come Valentina Vivoli poteva farmi notare.
Con Alessandro Severino e Valentina Vivoli invece, siamo abituati a non guardare mai una RMN se non prima di aver fatto valutazioni in statica e in clinica di Movimento.
È un consiglio che porgo, senza essere stato richiesto, ai colleghi che si trovano a valutare clienti e a leggerne gli esami diagnostici.

METODO 1: COME valutare DOVE si attua il Movimento, le JOINT.
Avendo chiara la progressione di «lavoro» che avviene sulle joint, il **metodo 1** rende oggettiva e misurabile la funzione di ogni joint:

- Flessibilità (qualità strutturale)
- Competenza (qualità del SNC)
- Mobilità (qualità del SNC)
- Stabilità (qualità del SNC)
- Motor Program (qualità del SNC)
- Movement Pattern (qualità del SNC)
- (Forza)

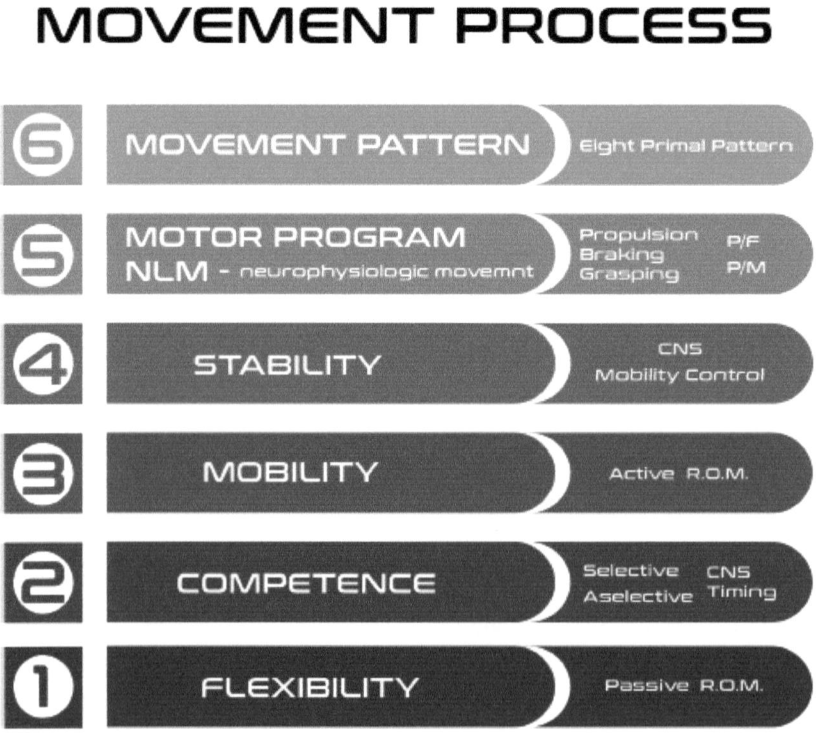

METODO 2: from Ground Up, l'utilizzo del paradigma ontogenico nella programmazione del ripristino del Movimento e della susseguente assicurazione in cronico.
Grazie a questa semplice immagine, la visualizzazione del percorso di riacquisizione del Movimento partendo, dal dove si effettua, risulta chiara. L'integrazione con altri deficit e la programmazione degli esercizi, sia per posizione ontogenica che per tempificazione, risulta sempre a portata di mano.
Il **MODELLO DI MOVIMENTO** di BE-MOVE Academy.
Il Sistema nervoso è dove viene generato e controllato il Movimento.
Le «Joints» sono i gruppi costituiti da articolazione, muscolo, tendine, nervo e fascia, luogo, **DOVE** si effettua il Movimento. Vengono attivate funzionalmente dal sistema nervoso centrale.
Lo «scorrimento» delle linee di forza - ground up - seguirà la logica del «la forza passa nel percorso dove vi è minor resistenza» (cit. Shirley Sahrmann). Approfondiamo questo dogma.
Ogni Joint possiede una funzione di Mobilità e una di Stabilità.
In Academy l'abbiamo denominata **«Joint Theresold»**©, soglia delle Joint.
Posture sostenute (lavoro, vita sociale) e Movimenti ripetuti (lavoro, Sport) possono alterare l'equilibrio di ogni Joint Theresold.
Esempio pratico:
La joint lombare possiede maggiormente funzioni di Stabilità che di Mobilità. Per le motivazioni di cui sopra, avvengono delle variazioni a livello strutturale e di controllo nervoso, che portano il distretto vertebrale lombare a scompensare la soglia. In pratica significa che la Joint acquisisce più funzioni di mobilità che di stabilità:
In questo distretto le linee di forza passeranno in via più facilitata rispetto a distretti deputati a esserne sede, tipo la Joint dell'anca.
Nella vita odierna, siamo destinati tutti ad avere una o più **Joint Theresold** in scompenso.
Questo è dovuto al fatto che la nostra vita sociale è molto cambiata grazie ai progressi tecnologici degli ultimi anni.
Stiamo seduti per l'80% dela nostra giornata. Lavorare, mangiare, parlare con amici e colleghi, perfino allenarsi in palestra avviene pe la maggior parte seduto su una macchina isotonica o su di una bike.

La comodità e il risparmio energetico sono state e sono a tutt'oggi,le parole d'ordine imperanti nella società del terzo millennio.
E per questo, la seconda causa di mortalità al mondo è correlata alla mancanza di Movimento.
E in questa ricerca viene inclusa la degenerazione cognitiva derivante dalla mancanza di moto.
Con questo libro ci proponiamo di segnare il primo passo per cambiare lo status quo.
È necessario sviluppare una **nuova tecnologia**, disponibile a tutti, che permetta il miglioramento della qualità della vita di tutte le persone, così come aspirano a fare e realizzare le odierne tecnologie.
Questa nuova tecnologia è il **MOVIMENTO.**
Per riportare il corretto movimento alle persone, per migliorarlo, è necessario misurarlo.
A seguito degli ultimi anni di applicazione e studio degli andamenti dei CRF, insoddisfatto dei pur notevoli risultati ottenuti, ho implementato il metodo PMA, generato con Valentina, creando il metodo PMT© Pattern Movement Test.
PMT valuta approfonditamente gli schemi di Movimento generati dal cervello, a seguito di azionamento per funzione di soglia di tutte le joint, ed è in relazione metodologica e processuale con il Synchro Lab™ (di cui scriverò qualche pagina più avanti).
Ogni individuo compie movimento. Esegue funzioni per soddisfare bisogni di sopravvivenza. Questi movimenti - condizionati dalle posture sostenute e dai movimenti ripetuti, dovuti alle condizioni di vita attuali, sono alterati, non funzionali, non FLUIDI.
La Joint Theresold risulta sbilanciata, alcune Joint perdono Mobilità, altre Stabilità, dando come risultato un Movimento inefficace ed inefficiente. Ma senza dolore.
PMT© lo misura. E fornisce il metodo e gli esercizi per regolare lo sbilanciamento di soglia.
Misurare...ma quale priorità misurare? Ci sono sul mercato metodi di misurazione che, nonostante la tesi sia la misura del movimento, l'ipotesi adottata non prende assolutamente in considerazione le proprietà dello stesso. La velocità per esempio.

Purtroppo, l'empirismo non è affatto infallibile: per molti secoli gli uomini hanno creduto che la terra fosse piatta, in quanto si affidavano a ciò che potevano percepire coi loro occhi.
Essenzialmente gli esseri umani non sono in grado di percepire la realtà così come essa è: se guardate fuori non vedrete mai un buco nero, un atomo, un germe, o la vera forma del pianeta su cui abitate.
La conseguenza di questo discorso è semplice: l'empirismo rappresenta un approccio proficuo; tuttavia, per utilizzarlo c'è bisogno di un metodo, ovvero un insieme di regole e tecniche per l'osservazione che consentono agli osservatori di evitare le illusioni, gli errori e le conclusioni erronee, che la semplice osservazione può produrre.
In molte scienze, con il termine metodo si fa spesso riferimento alle apparecchiature e alle tecnologie che consentono di vedere ciò che è invisibile ad occhio nudo: così, il biologo utilizza il microscopio per indagare la struttura delle cellule.
D'altro canto, il Movimento umano è relativamente facile da osservare e ciò potrebbe indurre a ritenere che i metodi per la misura relativa debbano essere alquanto semplici, per esempio con la misurazione di angoli articolari, come citavo prima.
In realtà, questa convinzione è sbagliata, in quanto le sfide empiriche che essa deve affrontare sono di fatto enormi.
In particolare, tre fattori rendono il comportamento delle persone difficile da studiare:

1. La complessità: il cervello è probabilmente l' oggetto più complesso dell'universo conosciuto; gli scienziati possono descrivere nei minimi dettagli la struttura delle galassie o l'interazione tra protoni e neutroni in un atomo, ma sono appena in grado di dire in che modo le milioni di interconnessioni neurali presenti nel nostro cervello danno luogo a pensieri, emozioni, sentimenti e azioni.
2. La variabilità: gli oggetti studiati dalla fisica o dalla medicina sono relativamente costanti; ad esempio, due batteri di Eschericia Coli sono, sotto tutti gli aspetti, molto simili tra loro; al contrario, le persone presentano una estrema variabilità, un fattore che in psicologia viene spesso indicato con il termine "differenze individuali" (raramente due persone dicono o fanno la stessa cosa nelle medesime circostanze).

Per approfondire il concetto di sistemi complessi e lineari leggi l'articolo di Alessandro Severino:
www.facebook.com/1547941799/posts/10221125908127824/?d=n

3. La reattività: gli atomi e le galassie si comportano sempre allo stesso modo, indipendentemente da chi li osserva; al contrario, le persone spesso tendono a comportarsi in modo diverso dal solito quando sanno di essere oggetto di studio. Dunque, i metodi sviluppati dagli specialisti del Movimento, i Bodyworker, devono essere in grado di affrontare i problemi dovuti al fatto che gli esseri umani sono estremamente complessi, variabili e reattivi.

LA MISURAZIONE

Per molti secoli, gli esseri umani non hanno avuto a disposizione strumenti che consentissero loro di tenere traccia del tempo, del peso, del volume, o della densità.

Oggi, invece, viviamo in un mondo di righelli, calendari, termometri e orologi: di fatto, la misurazione è la base della vita moderna e il fondamento della scienza. Tutte queste misurazioni hanno due cose in comune.

Per misurare l'intensità di un terremoto o la distanza tra due molecole, dobbiamo: in primo luogo definire la proprietà che si vuole misurare; in secondo luogo, trovare un modo per rilevare tale proprietà.

Spesso utilizziamo parole come peso, velocità o lunghezza senza renderci conto che ciascuno di questi termini ha una definizione operativa, la quale corrisponde alla descrizione di una proprietà in termini misurabili.

Forse sarete sorpresi nell'apprendere che la definizione operativa di lunghezza è «il cambiamento della posizione della luce nel corso del tempo», ovvero il tempo che un fotone impiega per spostarsi da una estremità all'altra di un oggetto. In altre parole, quando diciamo che un oggetto è lungo un metro, stiamo misurando il tempo impiegato da una particella di fotone per percorrere l'intero oggetto (maggiore è il tempo, maggiore sarà la lunghezza).

Dunque, le definizioni operative specificano gli eventi concreti che costituiscono la proprietà che si vuole misurare. Stabilita una definizione operativa, occorre trovare un modo per rilevare gli eventi concreti che la definizione stessa descrive.

A questo scopo, dobbiamo usare uno strumento di misura, ossia un dispo-

sitivo in grado di rilevare gli eventi (ovvero, le modificazioni fisiche) ai quali si riferisce la definizione operativa.
Per la lunghezza, potremmo usare un rilevatore di fotoni e un orologio: successivamente, una volta stabilito di quanto si sposta un fotone in un determinato lasso di tempo possiamo semplificare la misurazione e segnare la distanza su una sbarra di platino-iridio che chiameremo 'metro' (in effetti, tale sbarra è conservata nell'Archivio internazionale dei pesi e delle misure di Sèvre, presso Parigi).
È importante ribadire che i dispositivi di misurazione rilevano gli eventi concreti descritti dalle definizioni operative.
Così, un metro corrisponde alla distanza percorsa dalla luce nel vuoto in un intervallo di tempo pari a 1/299 792 458 di secondo.
Tuttavia, gli strumenti di misurazione non individuano la proprietà in sé stessa. Concetti come forma, colore e lunghezza devono essere intese come idee astratte, che non possono mai essere misurate direttamente.
Definire e rilevare sono i due compiti che consentono di misurare.
Ad esempio, se volessimo definire il concetto di "felicità", dovremmo prima sviluppare una definizione operativa di quella proprietà, che specifichi gli eventi concreti che devono essere misurati. In pratica, potremmo definire la felicità come una serie di contrazioni muscolari che fanno assumere al volto la tipica espressione di una persona che sorride ed utilizzare un elettromiografo (uno strumento che misura la contrazione muscolare) per misurarle.
Ma è questo il modo giusto di misurare la felicità?
In generale, vi sono molti modi diversi di definire la stessa proprietà e molti modi per rilevare gli eventi concreti corrispondenti: così, potremmo definire la felicità tramite l'autovalutazione dei soggetti.
Ovviamente, alcune misure sono migliori (cioè, più valide) di altre e, come l'attualità ci dimostra, ancora oggi eseguiamo misure di proprietà che poco hanno a che fare con il perché di tale misura e il metodo conseguente.
Analogia per rendere chiaro il passaggio che fa la differenza, tra un programma di ricomposizione corporea in un individuo con sintomi e valori riconducibili alla sindrome metabolica.
Il "sistema" odierno esegue la misurazione della massa adiposa attraverso la BIA.

Eccellente sistema (che in studio usiamo), almeno quando eseguita con strumentazioni che prevedono la rilevazione da supino.
Ma... la domanda sorge obbligatoriamente: chi ha codificato questo sistema operativo per misurare l'adipe dell'obeso perché è partito da quella proprietà? Cioè una misura - indiretta - dell'adipe totale?
Quella misura poi verrà resa standard per il professionista specialista di settore che, usandola come "gold standard", redigerà un programma che, spesso e purtroppo, potrà portare a parziale fallimento, perché mancante di altre proprietà misurate.
Semplice quanto chiaro e doveroso da scrivere: chi ha codificato il sistema non è presumibilmente un professionista, che ha specializzazione nell'ambito delle patologie che affliggono l'obeso, rientrante nella sindrome metabolica. Chi soffre di tali patologie, ha più fattori concomitanti, che non possono essere disattesi.
Uno sopra a tutti è lo stress epigenetico: dieta insalubre, nevrosi, forse psicosi, inquinamento, inattività ecc.
Sono a conoscenza del fatto che vi è un'adipe stratificato nel corpo che è correlato allo stress? Alla cascata ormonale in cronico che il circuito HPA attiva con regolare "successo" a seguito di continuo e perpetrato stress epigenetico?
Se non conosco il perché il cliente/paziente mette un certo adipe, non mi occupo di cercare, individuare, settare una proprietà da misurare. E di conseguenza non chiedo al mio referente ingegnere biomedico di crearmi lo strumento per misurare questa proprietà.
Ecco che invece chi conosce cerca, individua, setta e chiede di creare uno stratigrafo.
Io lo uso ormai da anni e riesco a far diminuire la frazione lipidica di una persona in sovrappeso, limitando l'intervento della rete professionale che compone lo staff, in questo caso la nutrizionista, e risolvendo con un paio di sedute di Coaching con lo psicologo e con la respirazione Buteyko.
Possiamo permetterci ancora oggi, nella Vision condivisa di fare del bene ai nostri clienti/pazienti, di far fare rilevazioni da chi non sarebbe capace di far uscire una Formula 1 dai Box?
Ad esempio, la corsa che attività motoria è?
Dove la "incasello" nella piramide del Movimento?

È un pattern primario? Una performance? O tutti e due?
Conosco perché un piede appoggia in eversione sottoastragalica e un femore intraruota?
Conosco perché la biomeccanica dei diaframmi toracico e pelvico è direttamente e biomeccanicamente collegata al comportamento dell'arco plantare e da lì alle varie problematiche che ne divengono? Fasciti plantari, speroni calcaneari, algie ai polpacci (perché al gastrocnemio mediale in maggior percentuale).
Riesco, senza attrezzatura e dispositivi elettronici a capire se l'atleta o l'amatore che corrono, possono o potranno soffrire di periostite tibiale?
Se i loro muscoli propulsori sono attivi, competenti, lavorano nella corsa, o se sono in presenza di attivazione della corsa grazie al tensore della Fascia lata e addirittura al quadrato dei lombi, che poi mi crea quel fastidioso mal di schiena lombare e magari anche un po' di sciatica?
Chi valuta la corsa ha la capacità di valutare partendo da una camminata, che dovrebbe precedere la corsa, se l'allievo ha la capacità di movimento adeguato nelle vertebre cervicali e nel torace?
Ma... servono alla camminata certe capacità?
Come se valutassi motore e telaio della formula 1 dei box di prima, misurando l'angolo alterato di un braccetto e per riallinearlo cambiassi uno pneumatico.
Analogia? Corro male e metto le scarpe "antipronazione".
Questo è il totale caos operativo in cui ci troviamo.
Questo articolo si propone di raccogliere il precedente (www.facebook.com/1451863603/posts/10215942995435043/?d=n)
PIEDE PIATTO e PERFORMANCE
Il Piede piatto non si può valutare solamente in carico.
Il piede possiede funzioni che vanno oltre al mero compito di "portare in giro il nostro corpo, senza darlo a vedere" (prof. Pecchioli).
La valutazione del piede in scarico, offre il completamento di una visione globale della capacità di Movimento del corpo, precisamente consente di addivenire a disfunzionalità delle spalle, delle cervicali, della deglutizione e sorprendentemente di problemi vestibolari e uditivi.
In un processo di valutazione che vede il tessuto connettivo, la fascia, i pattern respiratori e il Sistema Nervoso protagonisti principali.

In un contesto dove, da una valutazione podalica in carico, si eseguono inefficaci deduzioni di compensi "ascendenti" a confronto con compensi "discendenti", ecco che ci potremmo perdere dettagli e informazioni importantissime che il piede ci regala.
È il costante punto di contatto con l'ambiente, come non pensare che sia un attore in un processo corpo mente?
Come non pensare che, da come il piede sia appoggiato a terra, si possa individuare un'alterazione emotiva?
Non si usa dire forse "piede organo di SENSO e di MOTO?
Ci scordiamo che alcune vie del sistema somato sensoriale giungono alla formazione reticolare e al sistema limbico per le informazioni sullo stato dell'allerta comportamentale ed il giudizio emotivo del percepito?
Le emozioni sono risposte a stimoli ambientali, il piede ci collega a madre terra..."ci azioniamo per come ci emozioniamo".
Il rapporto è semplice, e qui banalizzato: emozione positiva, movimento funzionale, emozione negativa, movimento deficitario.
"L'età biologica è dettata e influenzata dall'età psicologica" e, come conoscono bene i colleghi Bodyworker specializzati in respirazione Buteyko, il diaframma toracico e pelvico sono intimamente collegati al piede, che in una visione "allargata", possiede un proprio diaframma osteoarticolare, guarda caso collegato funzionalmente ai due diaframmi muscolari.
Quindi il sillogismo: dallo stimolo ambientale mi attivo per emozione e successivo sentimento, il respiro varia biochimicamente e biomeccanicamente, adattandosi allo stato d'animo: il piede, guidato dal SN, mi posiziona a terra nelle modalità per le quali ho percepito e immaginato dovessi pormi nell'ambiente.
E l'atleta? Come rientra in questo processo? L'atleta è forse una macchina? Un robot?
Culturalmente in Italia continuiamo a trattarlo come tale, gli facciamo test quantitativi, lineari, test di Movimento (che non danno esiti di movimento), se si infortuna facciamo forza preventiva e curiamo il sintomo.
Forse l'atleta non rende diversamente in base allo stato d'animo in cui si trova? Non vi è mai successo? E come avete adattato l'allenamento? Soprattutto se avete dati quantitativi e lineari?
Il corso di PREGAIT fornisce le competenze e il processo, reso semplice ma

non facile, per poter far sí di addivenire ad una valutazione efficace della verticalità dell'allievo e metterla in operativa coerenza con il programma di Movimento testato con PMT©.
E grazie al supporto e collaborazione di professionisti leader nel loro settore, a breve il test sarà oggettivato e consultabile da qualunque posto d'Italia.
Rivolto ai colleghi Bodyworker specializzati nel Movimento e all'articolo di Alessandro citato sopra.
È una questione di priorità:

- Conoscere
- Applicare
- Studiare e conoscere approfonditamente
- Applicare
- Individuare proprietà fisiche, biologiche ecc da misurare
- Misurare
- Integrare
- Confrontare con rete professionale
- Regolare
- Migliorare

E tu che leggi, da dove sei partito per applicare i tuoi esercizi?
Ogni esercizio produce un risultato. Positivo o negativo, ma mai nullo.
Ricordiamocelo quando perseguiamo la "cura della salute del nostro cliente/paziente".
Il modulo PMT è composto da 6 esercizi di valutazione, che possono essere trasformati in test oggettivo, grazie allo sviluppo di sensori isoinerziali che Andrea Olivi e il suo staff tecnico di Sensor Medica sta portando avanti da ormai più di un anno.
Gli esercizi hanno standard di partenza e di arrivo - che vengono valutati - ma la valutazione effettiva e scriminante sul test viene eseguita sulla **qualità** del Movimento, proprietà che il sensore misura!
Viene valutato come l'allievo si muove dal punto A al punto B. Esempio: Leg Raise.
Il test, riportato sul Kendall e Kendall (I MUSCOLI, funzioni e test con postura e dolore, Verducci Editore, 1993) prevede il raggiungimento dei 70° di flessione dell'anca. Questo è un test di mobilità, quando compiuto autono-

mamente dall'allievo.

Non è possibile valutare solo il raggiungimento dei 70° al fine di valutare il MOVIMENTO.

Occorre valutare come l'esaminato ci arriva, partendo dalla posizione a terra, fino ai 70°. Ha limitazioni, restrizioni? Esegue il gesto con sforzo? Se l'allievo raggiunge i 70°, ma la gamba è piegata all'altezza del ginocchio, potrà mai essere un movimento efficace? E poi efficiente nel tempo? Potrà mai supportare performance senza problemi?

Se l'allievo nel raggiungere e superare i 70° inverte la Mobilità dell'anca con la Stabilità della JOINT lombare, potrà mai essere un MOVIMENTO efficace? Immaginiamo sia un calciatore che deve colpire la palla (gesto sportivo supportato dal movimento di flessione di anca) e farlo per molte volte, sia in allenamento che in partita: farà passare le linee di forza da un gruppo di articolazioni che dovrebbe possedere più Stabilità che Mobilità. Togliendo parte del lavoro biomeccanico alle anche, gruppo articolare funzionalmente sviluppato per essere sede di Movimento.

L'aspetto meno considerato di questa condizione è che il gesto tecnico sportivo, ripetuto, andrà a posizionare continua forza su di una disfunzione di movimento; nel tempo la skill tecnica subirà un decremento. Questa defaillance tecnica verrà notata dal Tecnico.

La soluzione che era fino ad oggi disponibile - ai tecnici - era solo quella di lavorare sul gesto tecnico specifico dello sport.

Invece, valutato il deficit di movimento per poi correggerlo, anche senza compiere upgrade tecnico, l'allievo migliorerà la skill tecnica, allontanando - presumibilmente - l'infortunio; anche se troppe sono le variabili per renderlo causale.

L'infortunio non può essere prevenuto mediante assessment del Movimento. Come afferma Mike Boyle, l'atleta è predisposto all'infortunio in quanto atleta.

Valutarne il movimento ci aiuta a valutare e predire la probabilità di un'atleta rispetto ad un altro di subire infortunio in tempi più o meno brevi.

Il Movimento è lo strumento che ci permette di sostenere e incrementare la richiesta di performance, qualsiasi essa sia.

Per rendere chiaro, con un'immagine, la relazione che vi è tra il movimento e la skill sportiva/performance, in Academy è stata creata la **Piramide del**

Movimento.

La porzione più in basso è dove si colloca il Movimento.

La porzione più in alto è dove risiede la Performance.

La Piramide ha volutamente questa forma geometrica, perché suggerisce al Trainer la priorità di intervento su ogni allievo.

Per ottenere una Performance, necessita implementare la base che la supporta, il Movimento.

Se la parte in alto viene ampliata e la parte in basso non viene sviluppata, l'intera piramide diventa instabile.

Questa visualizzazione grafica ci permette di tenere ben presente il principio secondo il quale non vi può essere prestazione senza una corretta capacità di Movimento.

Oggi ogni attività sportiva e attività motoria (quella suggerita dal medico, nda) sono collocate nella porzione in alto della piramide.

È senso comune condiviso che necessitiamo di fare una costante attività motoria, per contrastare le patologie croniche ricorrenti e migliorare lo stato psico fisico.

Ma fino ad oggi è mancata la totale conoscenza di come fare questo tipo di attività e di come integrare al meglio l'attività sportiva dei giovani.

Il MOVIMENTO è la risposta. È la nuova tecnologia, che ci permetterà di cambiare la vita delle persone.

LA PIRAMIDE DEL MOVIMENTO

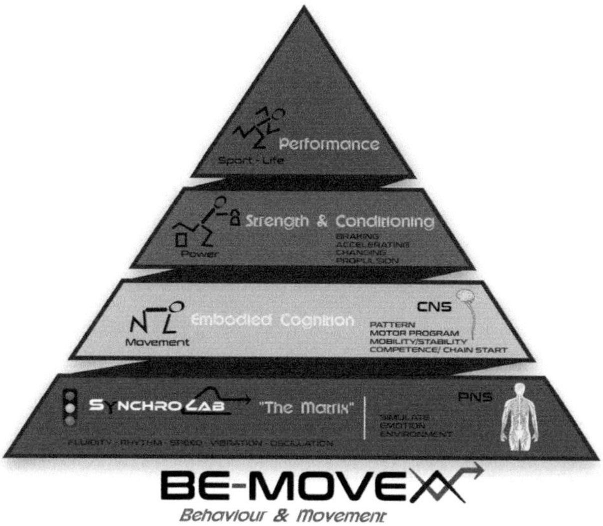

IL MOVIMENTO, LA VALUTAZIONE PMT

Il MOVIMENTO per risultare privo di deficit deve apparire FLUIDO in ogni singola variazione di posizione delle JOINT.
La parola FLUIDO è il dogma che contraddistungue una valutazione approfondita di movimento da un semplice test di mobilità.
Il test prevede 6 esercizi-test . Il primo test viene effettuato sul diaframma. Se la respirazione non è normalizzata nessun Pattern di movimento può esistere (cit. Karel Lewit, Prague School Approach).
Inutile compiere test sul Movimento se non prioritariamente eseguito test sulle funzioni del diaframma.
Bastano due atti respiratori variando la mobilità dello stesso, che il test appena eseguito darà esito totalmente diverso.
Il primo esercizio correttivo per qualsiasi deficit di Movimento è focalizzato al ripristino delle funzioni del diaframma, che come abbiamo dapprima specificato, può essere influito nelle funzioni dall'assetto nervoso derivato dalla vita sociale/affettiva/lavorativa/sportiva.
In questa ottica di priorità, gli esercizi test successivi prevedono l'apposizione delle Mobilità/Stabilità delle principali Joint sulle funzioni di Stabilità del diaframma, che raggiungono il massimo operativo in posizione eretta. Le vairiazioni di posizione seguono lo sviluppo ontogenico del bambino attraverso gli oltre 11 mesi che gli necessitano a raggiungere la posizione eretta.

IL MOVIMENTO, LA VALUTAZIONE, IL TEST

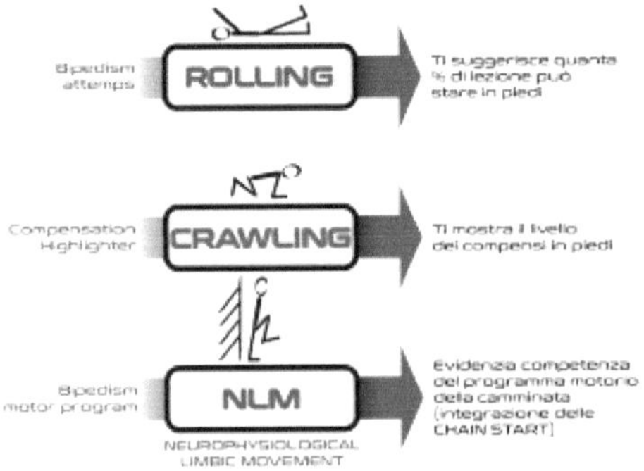

Il diaframma, oltre a possedere funzioni biomeccaniche relative alla Mobilità e alla Stabilità, deve adempiere alla respirazione, ovvero azionarsi per poter dare il via a tutte quelle funzioni biomeccaniche (ampliamento polmoni nella cassa toracica, variazione di pressione e seguente ciclo di captazione Ossigeno dall'esterno) e biochimiche per rifornire di O2 - - Ossigeno - ogni cellula del corpo. A causa di stress sociale e di biomeccanica del movimento scorretta (vedi approfondimento seguente), si genera iperventilazione con la conseguenza che la quantità di O2 che giunge ai nostri organi non è sufficiente.

Il modulo formativo **BBT© Buteyko Breathing Test**, a seguito di accurata formazione teorico pratica sulla anatomia funzionale del diaframma toracico, pelvico e digastrico del collo, con test annessi, affronta lo scambio gassoso tra capillare e cellula.

Misurare la capacità del nostro organismo di attingere all'Ossigeno captato è stato reso facile e facilmente eseguibile da chiunque, con incidenza «operatore-dipendente» tendente allo zero.

Questa metodica ha permesso, dopo anni di applicazione, di creare un indice di misurazione del carico interno attendibile.

L'integrazione dei dati di questo indice fa sì che, per gli atleti professionisti seguiti dagli specialisti del movimento in ogni disciplina sportiva, possano essere disponibili informazioni sull'assetto sia fisico che mentale (Mental Management), informazioni che permettono la corretta e tempificata somministrazione dello stress allenante.

Quando una Joint presenta la soglia Mobilità/Stabilità molto variata, vi è presenza di dolore. Ma non è detto che il dolore sia nella stessa Joint o in altre articolazioni, secondo il concetto di Janda «interregional dipendence».

Il modulo di formazione BPT (biomechanics pain Test) ci fornirà gli strumenti per valutare ogni Joint in presenza di dolore. La metodica di riapposizione del movimento alla Joint autrice del deficit e quindi del dolore, avverrà secondo la metodica di lavoro Analityc 3:1©. Questa metodologia è stata affinata nel tempo dallo staff scientifico di Academy per un obiettivo pratico: riportare la/le Joint con la soglia disfunzionale ad un accettabile equilibrio. Raggiunta una soglia funzionale, il dolore meccanico cesserà e il percorso di Movimento rientrerà nel metodo di PMT Skillman.

La metodica di BPT consente di individuare se il dolore ha derivazione meccanica o disfunzionale.

Questa fase è cruciale, in quanto rivela allo specialista del Movimento se può applicare la metodica di esercizi BPT o rivolgersi ad una figura sanitaria professionale (Fisiatra, Fisioterapista), al quale invierà l'allievo, fornendone la valutazione.

La metodica BPT, per l'individuazione biomeccanica del dolore, ha aperto nel tempo nuovi scenari collaborativi tra lo specialista del Movimento e le figure sanitarie che intervengono sui sintomi dolorosi.

Infatti, premesso che l'allievo/paziente, è posizionato al centro delle attenzioni delle varie figure che vi ruotano intorno, è vincente ed efficace un approccio multidisciplinare, come già avviene nei centri BE-MOVE in tutta Italia.
A seguito di anamnesi e valutazioni sia di Movimento (**PMT, BPT, JRP**) che fisioterapiche, in contemporanea, in pieno spirito collaborativo, quando possibile, il terapista fornisce prestazione professionale individuale sul sintomo doloroso, fino a spegnerlo e a riportarvi il controllo motorio; lo specialista del Movimento lavora sul Movimento in toto, iniziando a reinserire la parte sintomatica in programmi motori e pattern riprogrammati nel SNC.
Il Sistema di Supporto è deputato a creare Energia per sostenere nel tempo il lavoro eseguito dal sistema nervoso centrale e dal sistema strutturale (muscoli, fascia ecc).
È costituito dal sistema cardiovascolare e respiratorio.

APPROFONDIMENTO

Nell'ormai obsoleto modello di condizionamento degli sport, non viene mai preso in considerazione in modalità prioritaria il Sistema Nervoso Centrale quale «organo» che lavora e consuma energia e che, quindi, ne va rifornito.
Non è chiaro ancora oggi che, se il Sistema Nervoso Centrale risulta in debito di energia, il movimento che egli genera e supporta, sia gesto sportivo che non, ne viene influenzato in efficacia, «costando» più energia per via dei compensi accessori successivi.
Ogni volta che approcciamo al movimento bisogna tenere a mente questo Modello.
Il paradigma secondo il quale tutta la scienza dell'attività fisica e sportiva si è basata in questi ultimi decenni, deve essere integrato da questa nuova concezione.
Tutto ciò che è correlato al nostro muoverci nell'ambiente nasce, viene generato e controllato (sia correttamente che non) nel Sistema Nervoso Centrale, questo sistema necessita l'approccio metodologico del futuro riguardo al «conditioning», sia esso abbia finalità di «sopravvivenza» sociale, sia esso abbia finalità sportive.

APPROFONDIMENTO

BPT© BIOMECHANIC PAIN TEST
La VALUTAZIONE del dolore, riconoscere quello meccanico da quello disfunzionale, la causa, le cause.
In modo da poter capire che processo di risoluzione mettere in atto e in quale sinergia, con la rete professionale in collaborazione attiva, fisiatra, ortopedico, fisioterapista, cardiologo.
E soprattutto come far convergere la parte insultata dal dolore, coerentemente, con il processo di ripristino neurologico dei pattern di Movimento di PMT© Method, in una visione globale d'insieme.
Per valutare occorre CONOSCERE il dolore.

A livello fisiologico, come si scatena e agisce.
Recettori situati in tutto il corpo, in profondità, ci avvertono di dolori muscolari, fasciali, articolari; altri in superficie, nella pelle, ci avvertono se ci siamo tagliati, bruciati, graffiati, schiacciati.
Quando si apre una ferita fuoriescono una varietà di messaggeri chimici che stimolano i recettori del dolore.
Il sistema immunitario interviene prontamente, con i macrofagi dapprima, per poter "mangiare" ed eliminare le cellule danneggiate.
Si crea infiammazione locale le cui cellule rendono i recettori del dolore più sensibili (Samad, Moore et al, Interleukin 1 beta mediated induction of cox 2 in the CNS contributes to infiammatory pain hypersensitivity; Nature 2001).
I sensori del dolore si attivano in base all'intensità: i recettori del piede danno sensazioni positive se massaggiati dolcemente, ma quando fatto con una pallina piena di punte, emettono segnale di dolore.
A livello neurologico come viene interpretato e in che tipo di esperienza viene "etichettato"?
Pazienti che dalle finestre vedevano gli alberi, richiedevano una quantità notevolmente inferiore di antidolorifici rispetto a quelli che fuori vedevano solo muri bianchi (Ulrich, view through a window may influence ricovery from surgery, Science, 1984).
Il cervello non è un "dolorometro" (R.S.):
Lo scopo principale delle reazioni al dolore del cervello è quello di generare risposte emotive e fornire interpretazioni, simulazioni contestuali al dolore (Psychological and neural mechanism of the affective dimension of pain, Science n.288; 2000.)
A livello di Movimento il dolore può generare disfunzioni.
Importante risulta evidenziare da dove deriva, quale articolazione è in disfunzione di soglia: urla sempre la vittima e mai il carnefice (D.L.).
Inutile andare sul sintomo senza individuare la causa...
Inoltre: da esperimenti effettuati sui ratti, lo stress induce analgesia, ovvero attenuazione del dolore.
Questo è un biomeccanismo di sopravvivenza: se un leone vi ferisce è importante riuscire a fuggire e quindi bloccare la percezione del dolore. Che non dura all'infinito.
Diventa necessario considerare e misurare il livello di stress, la fonte emotiva associata, per capire quanto sia reale il livello di dolore pecepito e riportato.
Lo studioso di fisiologia del dolore David Yeomans per esempio, in coerenza con la teoria del metodo di Wall- Melzack, ha definito la funzione delle fibre veloci e lente nella conduzione e percezione del dolore.
Il come interagiscano tra loro in relazione a stati del sistema nervoso periferico, sia somatico che autonomico è la parte caratterizzante del Metodo BPT©.
A seguito di Test si possono valutare gli esiti dell'attivazione dei miofibroblasti della fascia, in correlazione e stretta dipendenza agli stadi del dolore e alle conseguenze posturali derivanti.

Il Dolore come esperienza.
L'Emozione come risposta ad uno stimolo ambientale e personale.
La Forma e la Tensegrità, la Funzione e la Competenza: la loro alterazione e dis-regolazione.
Lo stato d'animo.
Poter valutare queste combinazioni di fattori che influenzano, creano, amplificano, vengono alterate dal dolore è quanto mai oggi, in un mondo di individui afflitti da dolori più o meno reali, più o meno "ragionati", intervenire con metodiche valutative e processi di risoluzione ben codificati, chiari, resi semplici nell'attuazione, anche se ovviamente complicati, complessi, e riferiti a principi e concetti non facili.
Il nostro test del dolore BPT© è inserito nel test di PMT, sia a livello di test appunto che di risoluzione.
Dura dai 3' ai 6', in stretta dipendenza dei carnefici da far risaltare.
La risoluzione in ambito di habits di movimento, quando la pulizia del movimento non necessita interventi in ausilio di personale clinico, richiede 2/3 settimane.
In caso in cui si lavori in Team, il tempo varia in merito al livello di intervento da eseguire.
In BE-MOVE lavoriamo al metodo da circa 6 anni, con CRF di oltre 300 casi. La percentuale di riuscita è molto elevata, prossima al 95% nel caso di pain meccanico. Il metodo è l'evoluzione ultima di un metodo risalente al 2012, sviluppato su concetti e metodiche riferite a S.Sahrmann e al prof Janda, oltre che derivante direttamente da concetti fisioterapici - dr.ssa Valentina Vivoli - resi usufruibili ai Bodyworker del Movimento.

PROCESSO

JOINT BY JOINT

Questo schema operativo ci porta in evidenza che, ogni approccio posturale prima che di posizione, possa essere fuorviante in una valutazione ectoscopica di un soggetto.
POSITION DICTATES FUNCTION (R.Hurska, PRI).
Per arrivare a generare, o ricreare i corretti movimenti al nostro allievo, bisogna tenere in considerazione, valutandole, le corrette posizioni delle articolazioni deputate al movimento.
Lo specialista del movimento deve compiere, prima di ogni test di movimento, adeguato test ectoscopico statico, in modo da evidenziare deficit di posizione di ogni JOINT dedita al movimento.
il muscolo che deve essere valutato prima di ogni altra JOINT è il diaframma.
Se posizionato in maniera non corretta (cfr APPROFONDIMENTO A FINE PARAGRAFO), ne dipenderanno posizioni di joint deficitarie a catena.

Il diaframma «Brain tissue» (cit R.H. 2016 New York) è il muscolo attraverso il quale il Sistema Nervoso Centrale controlla il corretto posizionamento di ogni Joint del corpo. Esso è attraversato da tutte le linee fasciali, le quali attraversano ogni distretto corporeo. La loro funzione è proprio quella di trasmettere informazioni al Sistema Nervoso Centrale attraverso il «net» del diaframma, che a sua volta informa il SNC **anche** delle condizioni del sistema viscerale (funzione enterocettiva del diaframma).
Oltre a essere snodo funzionale di informazioni «biomeccaniche» provenienti da tutto il corpo e a comunicare la posizione dei visceri, il diaframma è influenzato nelle proprie funzioni, dall'assetto nervoso.
Ogni emozione influisce sulla posizione, attraverso il Diaframma.
Sistema Nervoso Simpatico e Parasimpatico sono mediati dalla posizione nel tronco e nella cavità addominale dal diaframma.
Durante l'inspirazione (attività che dovrebbe essere più corta temporalemente) viene attivato il Sistema Nervoso Simpatico.
Durante l'espirazione (attività più lunga temporalmente) viene attivato il Sistema Nervoso Parasimpatico.
La vita sociale, dalla rivoluzione industriale ad oggi, ha portato la fisiologica respirazione di 4-6 atti al minuto, fino ai 16-22 odierni, andando praticamente ad azzerare la fase di «Breathe Holding», momento importante di attivazione del Sistma Parasimpatico.
L'aumentato numero di atti respiratori al minuto, ha fatto sì, che negli ultimi anni, l'assetto nervoso si sia via via settato sul Sistema Nervoso Simpatico, creando un cronico e latente «stress» da vita sociale.
Queste condizioni possono portare in disfunzione di mobilità il diaframma, andando a sua volta ad intervenire attraverso le linee fasciali, su ogni posizione del corpo.
la bioenergetica affronta, in maniera efficace, come ad ogni tipologia di posizione e postura, possa essere associato un assetto nervoso.
Non è detto infatti che per tutti valga l'esito da stress cronico Simpatico, ovvero un aspetto torace al cielo tipo «militare».
Lo stress, di qualunque forma esso sia (allenamento, alimentare) porta alterazione nell'interpretazione cognitiva del sè, con conseguenti stati depressivi «autoindotti».
Il diaframma è anche sede di passaggio di tutte le linee fasciali.

In riferimento al MODELLO DI MOVIMENTO sopra descritto, il Sistema Nervoso Centrale controlla costantemente le posizioni delle Joint (attività che ne permette lo sviluppo ontogenico). Questo è possibile attraverso il «net» del diaframma. Questo muscolo risulta essere il nodo centrale di TUTTE le attività del corpo:

- Movimento
- Assetto nervoso
- Digestione
- Circolazione
- Energia (Ossigeno)
- Enterocettività viscerale

Non a caso le linee fasciali, vero e proprio organo attraverso il quale il SNC controlla il movimento, passano attraverso il diaframma (sede di Proximal Stability), il piede (sede di Distal Stability) e il collo (sede di controllo della posizione verticale e degli schemi di camminata).

L'esperienza formativa dello staff scientifico dell'Academy rispetto alla fascia affonda le sue radici nello studio delle recenti ricerche effettuate dai pionieri di questo organo; Stecco, Paoletti, Myers.

La partecipazione al corso di dissezione di Tomas Myers ha dato il via ad uno scambio di conoscenze e competenze tra Tom, Melanie e chi scrive, culminato in un ormai storico incontro al quartier generale di Firenze, dove, in un pomeriggio primaverile, venne messo a confronto il metodo di valutazione fasciale con il metodo di valutazione di movimento. Da quel giorno nacque la necessità e la volontà condivisa di creare insieme un metodo formativo per portare l'allievo ad eseguire una qualsiasi attività prendendo le mosse da una rivoluzionaria valutazione fascia-movimento.

Il requisito per far sì che il Sistema Nervoso Centrale controlli la sede di generazione di movimento è necessario approcciare al METODO 1.

METODO 1

1. Compiere test di Flessibilità (passive uncontrolled range of motion) per verificare che la joint sotto esame possieda i gradi necessari all'apposizione di Mobilità da parte del SNC.
2. Compiere test di Competenza (Chain Start©): questo test consente di verificare se il SNC abbia la capacità di attivare selettivamente un muscolo all'interno di un programma motorio. Esempio: programma

motorio di propulsione, il grande Gluteo è il muscolo prioritario per la realizzazione del programma che prevede una estensione triplice di caviglia, anca a ginocchio. Se il SNC non è capace di attivare prioritariamente il muscolo in questione (cause da accertare, tipo dolore, nervo infiammato, ecc), è probabile che l'attivazione del programma abbia un Timing alterato, shiftato sugli Hamstrings. Questo porterà ad una serie di reazioni concatenate, prima tra tutte il deficit di Mobilità.

3. Mobilità (actively controlled range of motion): test finalizzato ad evidenziare se, in un programma motorio quale quello sopra riportato, vi sia una non sufficiente capacità del SNC di muovere la joint lungo tutto il Range di movimento della flessibilità. In un programma motorio di propulsione, qualora vi sia una competenza deficitaria, ecco che a catena la mobilità potrà essere influenzata, diventando deficitaria: la competenza del gluteo l'acquisiscono gli hamstrings e il vasto solitamente, ecco che non è raro, in una posizione da prono a terra, vedere l'allievo, che a richiesta di una estensione di anca, esegua un ROM ridotto, ma allo stesso tempo estenda il ginocchio attivando vasti e retto femorale.
4. Stabilità: questo test prevede di valutare con accurata precisione se l'articolazione in disamina abbia la capacità (data dal SNC!) di controllare un grado della joint sotto la presenza di forza esterna (peso, gravità), permettendo il corretto passaggio delle linee di forza.
5. Motor Program: ecco che accelerare, frenare, stringere con le dita della mano qualcosa, rientrino tutti nei programmi motori che il SNC detiene di base per poter poi costrurci sopra il movimento.
6. Patterns: schemi di movimento: spostarsi, rotolarsi, girarsi gattonare, camminare, correre saltare.

APPROFONDIMENTO

Chiediamo l'esecuzione di uno squat overhead.

Il nostro allievo non riesce a portare le spalle nella posizione prescelta, al fine di posizionare nelle mani un bilanciere per fare così Squat Overhead.

A primo esame le spalle sembrerebbero non avere la mobilità necessaria, ma a seguito di test eseguito immediatamente, il risultato è che all'allievo manca la STABILITA'!.

Ecco come diventa importante poter compiere un Assessment accurato ed efficace ai propri allievi, clienti.

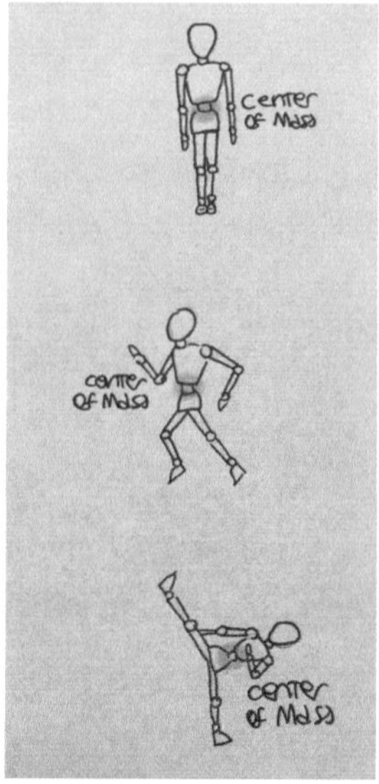

La seconda regola del Trainer è: «do not Harm».
Seguendo il diagramma di flusso dato dal metodo 1 diventa ora quasi impossibile compiere errori in presenza di un movimento deficitario.

RIASSUNTO OPERATIVO:

Con lo scopo di eseguire uno squat over head evidenzio un movimento in deficit, nello specifico noto che le spalle non raggiungono la posizione richiesta per l'esercizio.

Riferendomi al PROCESSO 1 non correggo il MOVIMENTO, non CORREGGO il pattern, anzi, vado a valutare la posizione della Joint.

Il test di posizione - METODO 1 - dà come risultato: flessibilità presente; competenza (Chain Start spalla) senza deficit; mobilità senza deficit; stabilità con deficit: intervento con esercizi **regolativi.**

Processo di riferimento di tutto il percorso di PMT è quello di misurare forze cinetiche, metterle in relazione, regolandole con il diaframma, attraverso la somministrazione di esercizi, e le sue funzioni, sia biomeccaniche che biochimiche. Questo processo consente di creare un Centro di Massa a sua volta regolato e individuo specifico, per una attuazione di tensegrità economica ed efficace, oltrechè efficiente

Da questi presupposti porre la Performance

Cos'è l' allenamento funzionale?

«La capacità di gestione in cronico del CDM» Centro di massa, del proprio corpo, prima di sottoporlo alla gestione di quello accessorio di un attrezzo, quale che esso sia, per esempio una scarpa...

APPROFONDIMENTO

TENSEGRITÀ

"integrità di tensione" Buckminster Fuller.

Ogni struttura è un compromesso tra Stabilità e Mobilità.

Parlare di Movimento, pretendere di misurarlo, migiorarlo, insegnarlo, senza conoscere la tensegritá puó risultare incompleto, frustrante.

Non sono concetti facili, ma possiamo renderli più semplici iniziando a studiare quelle materie che durante il percorso delle scuole medie e superiori ci risultavano noiose come la fisica, la biologia, la matematica.

Il metodo di PMT© e BPT© sono basati sui principi di attuazione dei concetti che Fuller ci ha insegnato. Riuscire a valutare la mobilità e la stabilità in relazione al SNC è l'obiettivo di ognuno dei due Test dei metodi precedenti, che vengono compiuti in presenza di dolore.

Queste valutazioni sono relativamente semplici, raggiungibili dalla maggior parte dei professionisti che si innamorano e appassionano del Movimento.

Apprendere, imparare applicando, per almeno 10mila ore consente l'ulteriore passo: essere pronti per concetti di livello superiore.

E perché mai, ti stai chiedendo, dovrei ambire a saperne di più quando, dopo diversi anni di pratica e lavoro, vorrei poter pensare di essere ormai padrone della materia?

E magari goderne i frutti?

Poi scorri i social e la conferma ti arriva dal vedere colleghi e docenti che fanno confusione tra la stabilità gravitaria e quella funzionale; da una parte ti rende felice perché vedi che in tanti siamo sulla stessa strada di concetti condivisi.

Poi peró appena leggi un po' più a fondo vedi che sono solo dei colleghi "copycat" (termine che mi ha ricordato ieri uno stimato collega in Zoom meeting) e quindi ti ritrovi ancora più "solo", perché questo scimmiottare altri inaridisce il sistema a cui appartengono nel mondo coloro che, in silenzio, facendo ricerca e pratica continua, creano quella risonanza positiva che ci permette di guardare dalle loro spalle e intraprendere nuove direzioni.

10 mila ore? Diversi anni? Ma di cosa stiamo parlando?

Il primo concetto di 10 mila ore di training per eccellere risale a uno studio del 1993 del professor Anders Ericsson, dell'università del Colorado intitolato "The role of deliberate practice in the acquisition of expert performance".

Lo psicologo Ericsson esaminava le abitudini di un gruppo di violinisti.

Tutti avevano cominciato a suonare il violino a 5 anni e tutti sembravano piuttosto portati per lo strumento

Ognuno da bambino, vi si dedicava approssimativamente per lo stesso tempo.

Ma a 8 anni di età, il tempo dedicato a esercitarsi variava.

A 20 anni, i violinisti più affermati avevano suonato per una media di 10 mila ore ciascuno, mentre quelli meno bravi non superavano le 4 mila ore.

Se bastasse il talento puro, osservava lo studio, non sarebbe stato impossibile vedere emergere un violinista dopo 5 mila ore di musica.

Invece la costante era che il successo arrivava intorno a quota 10 mila.

Ergo, concludeva la ricerca, è quello il numero magico, la cifra del successo, molto più del talento.

Come Gladwell (giornalista dello sport) citava: " il talento è l'hardware, l'allenamento è il software e a conferma di questa asserzione, Hemingway diceva che il successo è 1 per cento «inspiration» (ispirazione) e 99 per cento «perspiration» (sudore).

Quindi...praticare i metodi PMT© e BPT© per un necessario quantitativo di tempo, con tutoring e coaching dedicato, aprirà la strada a concetti superiori che proiettano il futuro professionista ad ambire ad una qualifica riconosciuta di Bodyworker.

In breve, voglio condividere questi concetti innovativi, coraggiosi, difficili, ma tanto efficaci e portati avanti grazie al continuo confronto con i nostri giganti.
Sono concetti che stiamo applicando in CRF continui in studio, sia a Firenze, che negli studi dei colleghi italiani.
Tutto riporta alla conoscenza del tessuto connettivo, la fascia.
EARTH & LIFE© Fascial Lines Assessment method.
Una linea di Movimento posta su una Stabilità anatomica.
Un'altra linea, di Stabilità, posta su un complesso sistema anatomico di Movimento che sfrutta artifizi biomeccanici per permettere la Mobilità durante la Stabilità....
"...per cambiare le cose, costruisci un nuovo modello, che renda le cose esistenti obsolete..." (B.F.)

APPROFONDIMENTO

ZAMPA D'OCA
Che ruolo funzionale ha nel Movimento in relazione alla Performance?
Oggi servono molte più competenze di quante ne servissero ieri.
Solo chi si aziona per aumentare il proprio valore avrà la possibilità di fare le cose in modo diverso e utile. La scelta se essere innovatori o copycat sta solo a chi vuole essere attore protagonista nelle proprie scelte professionali.
La zampa d'oca.
Tre muscoli
Tre linee fasciali
Tre articolazioni
Una sola via di espressione di forze.
Conoscere, assimilare, capire quali siano i ruoli anatomo-funzionali della zampa d'oca e come, grazie ad una valutazione Fasciale e di competenza Chain Start© , si possa valutarne gli outcames, fa la reale differenza nel tanto ricercato "esercizio transfer".
Prima di pensare a quale esercizio di forza/potenza dia transfer nella Performance, occupati di conoscere quale Movimento sia in disfunzione tale, al punto a volte, di NON potere applicare esercizi di forza. Metti insieme questo post precedente e inizia scegliere come cambiare in meglio il tuo lavoro
https://www.facebook.com/1451863603/posts/10216197135748392/?d=n

Domanda: l'esecizio deve essere compiuto a solo a terra? Posso eseguirlo in posizione quadrupedica? Come integrarlo con altri deficit nel percorso di riacquisizione del movimento? Risulta necessario seguire il

METODO 2

1) INLET

obiettivi:

creare Proximal Stability

SNC pattern di Axial Starting©
SNC pattern di P/F - P/M© (punto fisso - punto mobile)
ROLLING
RE-MOVE© (qualora vi sia presenza di infortunio)

2) OUTLET

Obiettivi:
Creare Distal Mobility (Hip & Shoulder Stability + Hip & Shoulder Mobility)
NLM Gaiting Pattern© (Neurophysiologic Limbic Movement)

3) CONNECTION

Obiettivi:
Creare connessione dei punti 1) e 2) con la Distal Stability (funzioni di caviglia/piede)
Vertical Stability, funzione tonico posturale che assicura la verticalità monopodalica necessaria al bipedismo.
Fase di Bottomu up, basilare nell'operativo del Synchro Lab™.

La tempificazione e la programmazione degli esercizi e delle posizioni prescritte sarà fornita nel metodo di **PMT Skillman**, format che racchiude i quattro metodi di valutazione PMT-BBT-FST-PGT, integrandoli.

Dopo aver conseguito i 4 moduli di formazione, il Bodyworker in formazione di «Embodied Cognition» Specialista del Movimento e della Respirazione, viene fornito della metodologia e della programmazione necessaria a sviluppare programmi su base annuale.

PMT Skillman consiste in una scheda di lavoro unificata per tutti i Bodyworker del Movimento.

Il diagramma di flusso prevede di riportare gli esiti del test PMT integrato dai test di Buteyko Breathing e dal test Fasciale.

In base ai test il metodo PMT Skillman inserisce l'allievo in un percorso consistente in 4 Step operativi.

La caratteristica di ogni Step è che sono uno la progressione dell'altro a seguito di retest e miglioramento dei deficit.

L'alievo può passare allo Step successivo solo quando ha corretto via via i deficit rilevati.

Questa metodica prevede una tempificazione della batteria di Test e consente al Trainer di integrare comunque l'attività extra movimento che l'allievo desidera o deve fare.

ESEMPIO

Atleta calciatore professionista. Gioca mediamente una partita a settimana. I test di Movimento rivelano deficit importanti, a livello di diaframma e di schemi motori di gattonamento e frenata.

Attraverso il **processo** viene individuato dove indirizzare il deficit (posizione del diaframma).

Il metodo 1 rivela deficit di competenza su Joint Anca, in specifico Grande Gluteo vs Hamstrings.

Si applicano gli esercizi correttivi secondo gli Step operativi di **PMT Skillman.**

Il **metodo 2** ci **guida** nella programmazione e tempificazione degli esercizi: la fase **INLET** e **OUTLET** sono precisamente corrispondenti ai vari STEP di **PMT Skillman.** I primi due Step corrispondono alla fase INLET, lo Step 3 e 4 alla fase OUTLET.

Poter zoomare la prescrizione degli esercizi su un metodo ground-up così codificato, ci permette di assegnare i giusti tempi occorrenti all'atleta per correggere velocemente i deficit di movimento e affiancare in maniera efficace il lavoro che sta eseguendo per la skill sportiva.

APPROFONDIMENTO

"MOVIMENTO e NEUROSCIENZE"

Dalla scienza al principio dal metodo al processo

Per molto tempo, decenni, ha dominato l'idea che le aree motorie della corteccia cerebrale sarebbero destinate a compiti esecutivi.

L'elaborazione degli input sensoriali e la conseguente integrazione si risolverebbero secondo lo schema: percezione > cognizione > movimento.

Le recenti scoperte delle neuroscienze ci rivelano che, invece di uno schema semplice e fin troppo semplicistico, vi sono alcune aree che si attivano non in merito a movimenti, ma ad atti motori finalizzati.

Il nostro non è un cervello che si aziona e agisce, è un cervello che comprende!

Per molto tempo, e ancora oggi, si è creduto che fenomeni sensoriali percettivi e motori, fossero ripartiti in aree corticali nettamente distinte: aree sensoriali, aree motorie, aree associative.

Il sistema motorio risulterebbe così avere un ruolo periferico e solamente esecutivo, come le mappe funzionali riportate per esempio nel simiunculus di Clinton Woolsey (1952) o nell' homunculus di Wilder Penfield(1950).

Un tale sistema esisterebbe nel cervello soltanto per "tradurre pensieri e sensazioni in movimento " cit. Elwood Hennemann (1984, pag 826).

Ma quando pensiero e percezione smettono di essere tali e diventano MOVIMENTO? Solo dopo pochi anni, successivi al 1984, si è cominciato a capire che il SISTEMA MOTORIO non è soltanto anatomicamente connesso alle aree corticali responsabili delle attivitá cerebrali coinvolte in "pensieri e sensazioni", ma possiede molteplici funzioni che non possono essere ricondotte ad una mappa esecutiva.
Da queste evidenze recenti, frutto di dati sperimentali compiuti negli ultimi 20 anni da parte delle neuroscienze, risulta quanto mai profondamente cambiata la concezione del sistema motorio, che a lungo ha dominato nella fisiologia.
La corteccia frontale e la corteccia parietale posteriore risultano costituite da un mosaico di aree anatomicamente e funzionalmente distinte, ma formano circuiti destinati a lavorare in parallelo e a integrare le informazioni sensoriali e quelle motorie relative a determinati effettori.
Lo stesso vale per i circuiti che coinvolgono le aree della corteccia prefrontale e di quella del cingolo, che sono responsabili della formazione delle intenzioni, della pianificazione a lungo termine e della scelta del momento in cui effettivamente agire.
Le classiche mappe di Woolsey e Penfield e i metodi di stimolazione del SNC ad esse correlate, risultano ad oggi inadeguate e inadeguati.
È sempre più evidente come il sistema motorio possieda una molteplicità di strutture e funzioni tali, da non poterlo più confinare al ruolo di esecutore passivo.
Le aree della corteccia parietale posteriore, una volta definite associative, possiedono invece anche proprietà motorie al pari della corteccia frontale, unendosi ad essa in circuiti altamente specializzati.
Il fatto quindi che l'informazione sensoriale e quella motoria siano riconducibili ad un unicum operativo, suggerisce come certi processi di ordine superiore, COGNITIVI, quali per esempio la percezione e il riconoscimento di atti ed EMOZIONI altrui, l'imitazione e le forme di comunicazione verbale e gestuale, possano essere ricondotte al sistema motorio e trovare in esso il proprio riferimento neurale primario.
Bibliografia:

- Tratto da "So quel che fai" (G.Rizzolatti e C. Sinigaglia, Raffaello Cortina Editore 2006)
- Berti, Rizzolatti 2002:Coding near and far space in neglet patients, Neuroimage
- Buccino, Vogt et al, 2004: Neural circuits underlying imitation learning of hand actions: an event related fMRI study, Neuron pp 323-334
- Benuzzi, Porro, Rizzolatti (2004): Neural circuit involved in the recognition of actions performed by non con-specifics: an fMRI study. Journal of Cognitive Neuroscience, pp 114-126
- Ferrari, Gallese, Rizzolatti, Fogassi (2003): Mirror neurons responding to the observation of ingestive and communicative mouth actions in the monkey ventral premotor cortex. European Journal of neuroscience pp 1703-1714
- Fogassi, Gallese, Buccino et al (2001): Cortical mechanism of the visual guidance of hand grasping movements in the monkey: a reversible inactivation study.

Brain pp 571-586
- Fogassi, Ferrari et al (2005): Parietal lobe: from action organization to intention understanding. Science pp 662-667
- Gallese, Rizzolatti et al (2004): A unifying view of the basis of social cognition. Trends in Cognitive Sciences pp 396-403
- Iacoboni, Rizzolatti et al (1999): Cortical mechanism of human imitation. Science pp 2526-2528
- Rizzolatti (2005): The mirror neuron system and imitation. Perspective on imitation from neuroscience to social science MIT press, Cambridge (MA).

Questo paradigma è ben noto ai professionisti dell'area sanitaria, fisioterapisti in primis.
Quando in presenza di patologie e traumi, i professionisti su citati, sono competenti nel ripristinare le funzioni motorie, che avvengono proprio «gestendo» il Sistema Nervoso Centrale.
I fisioterapisti compiono re-wiring degli engrammi motori necessari a riportare alla normalità funzionale la parte in deficit.
Il passo successivo è reintegrare il tutto nel sistema di Movimento del soggetto.
Questa parte richiede tempo e struttura logistica per poterlo effettuare, condizioni non sempre attuabili.
Ecco che il Movimento può essere il «territorio» in comune dove l'inserimento di uno specialista, che abbia le minime conoscenze dei processi di fisioterapia, possa affiancare il professionista dell'area sanitaria, nel riportare il Movimento, in sinergia e rispetto professionale del clinico.

APPROFONDIMENTO
sistema metabolico - mitocondrio - Strength & Conditioning

Questa parte del libro si occuperà di introdurre il sistema fisiologico di generazione di energia secondo il paradigma della figura.
Iniziamo dal mitocondrio, la nostra caldaia generatrice di energia, in tutto il corpo, e approfondiamo come e perché la maggior parte delle patologie cronico degenerative che ci affliggono siano afferibili a problemi mitocondriali. Perché la biologia e la genetica delle comuni malattie metaboliche e degenerative siano principalmente malattie bioenergetiche sistemiche. I geni energetici più importanti si trovano nel DNA mitocondriale citoplasmatico

(mtDNA), che nell'era moderna risulta danneggiato dallo stress ossidativo. Viviamo in un'era dove imperversano malattie metaboliche degenerative. Già nel 1998, oltre venti anni fa, l'Organizzazione Mondiale della Sanità(OMS) proponeva una prima definizione di sindrome metabolica. Essa non considerava alcun elemento diagnostico diretto o indiretto di insulino-resistenza, ma contemplavala presenza di tre variabili contemporaneamente presenti tra le seguenti: obesità, ipertensione, ipetrigliceridemia, basso colesterolo HDL e glicemia >110 mg/dl (includendo anche il diabete). In questi anni non è mai stato compresa la necessità di studiare i geni del DNA mitocondriale per addivenire alla causa di queste malattie bioenergetiche.
Questa lacuna può ora essere compresa attraverso la scoperta che le mutazioni nel DNA mitocondriale (mtDNA) ereditato dalla madre, possono causare molti dei sintomi associati a malattie complesse.
Il protagonista centrale della bioenergetica è il mitocondrio.
La funzione principale del mitocondrio è quella di produrre energia, mediante un processo metabolico chiamato fosforilazione ossidativa (OXPHOS).
I mitocondri producono circa il 90% dell'energia cellulare, regolano lo stress ossidativo (redox cellulare), producono radicali liberi (ROS), mantengono l'omeostasi, regolano la morte cellulare (attraverso l'attivazione del poro di transizione della permeabilità mitocondriale (mtPTP).)
Più una cellula è dipendente da un apporto energetico elevato e costante, maggiore è il numero di mitocondri che contiene: le fibre muscolari cardiache non possono mai "riposare" e hanno bisogno di un flusso costante di energia per mantenere il battito del cuore, per questo sono tra le fibre con maggior numero di mitocondri del corpo.
I mitocondri non dovrebbero essere considerati strutture a sè stanti.
Formano invece una rete "reticolare" all'interno della cellula, nello specifico la muscolare scheletrica (Ogata e Yamasaky, 1997).
Questa rete è di natura dinamica: i mitocondri si uniscono e separano mediante processi denominati fusione e fissione (Bo et al 2010).
(Il contenuto mitocondriale all'interno della cellula è continuamente in equilibrio tra biogenesi mitocondriale (crescita) e mitophagia (degradazione).
Tre fattori possono perturbare la bioenergetica mitocondriale e provocare la malattia:

1. variazione nella sequenza del mtDNA

2. variazione nelle sequenze dei geni mitocondriali codificati nDNA o nell'espressione di questi geni
3. variazione delle calorie ambientali e delle richieste caloriche sull'organismo.

Poiché diversi tessuti si basano sull'energia mitocondriale in misura diversa, una carenza parziale di energia sistemica per motivi di stress ossidativo, di alimentazione non idonea e altri fattori, può provocare sintomi specifici del tessuto.

Il cervello, che rappresenta solo il 2% del peso corporeo ma consuma il 20% dell'ossigeno, è l'organo più sensibile alla sottile riduzione di energia. Altri tessuti ad alta richiesta energetica sono il cuore, i muscoli, i reni e il sistema endocrino, gli organi comunemente colpiti nelle malattie metaboliche e degenerative.

Lo stress ossidativo che danneggia il mitocondro diviene, riferimento prioritario del nesso di causalità delle più recenti malattie metaboliche.

Ciò si traduce in un progressivo accumulo di mutazioni somatiche del mtDNA e nel declino della funzione mitocondriale che spiega l'invecchiamento, l'insorgenza ritardata ed il decorso progressivo delle malattie degenerative del sistema nervoso centrale, del cuore, dei muscoli e dei reni.

Il metabolismo calorico mitocondriale anomalo, porta, oltretutto, a disfunzione endocrina ed a sintomi come diabete, obesità e malattie cardiovascolari.

La variazione nelle sequenze dei geni del mtDNA, porta ad indentificare vari tipi di mutante.

Uno di questi, il tRNALeu, qualora sia presente tra il 10-30% del mtDNA, causerà il diabete mellito di tipo I o di tipo II, ma quando lo stesso sia presente in percentuali più elevate, si potranno sviluppare cardiomiopatia ed episodi simil-ictus.

Le varianti più lievi di mtDNA possono influenzare il metabolismo calorico e provocare anomalie metaboliche come diabete, obesità e/o influenzare gli organi più esigenti dal punto di vista energetico come il cervello portando a malattie degenerative ad esordio tardivo, come disturbi psichiatrici, morbo di Parkinson (PD) e la malattia di Alzheimer.

Il metabolismo calorico mitocondriale aberrante porta anche a deregolamentazione metabolica, disfunzione endocrina e sintomi come diabete, obesità e malattie cardiovascolari: il rilascio nel flusso sanguigno di poli-

peptidi (N-formilmetionina mutante) del mtDNA, può iniziare la risposta infiammatoria, contribuendo alle malattie autoimmuni (ad es. Sclerosi multipla e diabete di tipo I) e possibilmente anche alla componente infiammatoria delle malattie degenerative ad esordio tardivo.
L'mtDNA possiede un tasso di mutazione molto elevata.
Le femmine di mammiferi hanno sviluppato un sistema di selezione intraovariana che distrugge i proto-ovociti con i più grandi difetti mitocondriali.
Lo stress, evento multifattoriale ma con risposte ormonali ben codificate, potrebbe causare l'accumulo prematuro di mutazioni neuronali del mtDNA somatico, declino bioenergetico, infiammazione mtDNA indotta, perdita sinaptica, demenza.
Disfunzione mitocondriale è stata documentata nei disturbi psichiatrici e sono state notate mutazioni mtDNA cerebrale in pazienti con condizioni psichiatriche.
Test di laboratorio condotti sui topi ai quali erano state introdotte mutazioni del gene mitocondriale, hanno dimostrato che i difetti mitocondriali causano malattie metaboliche e degenerative.
In questo paragrafo è stato dimostrato il ruolo centrale bioenergetico del mitocondrio e come le alterazioni del mtDNA, dovute a fattori ambientali, in primis lo stress e l'alimentazione/infiammazione, possano concorrere nell'eziologia delle malattie metaboliche e degenerative che affliggono l'umanità.
Stress personale e sociale, cibo non idoneo, infiammazione e iperventilazione cronica, influenzano negativamente il DNA mitocondriale, che è più sensibile agli insulti epigenetici.
Lo stress percepito è la somma dello stress psicologico (lavoro, vita affettiva, ecc) e di quello derivante da fattori ambientali (cibo, metalli tossici, sostanze chimiche nocive).
L'uomo moderno è vittima delle proprie conquiste: abbiamo raggiunto il benessere personale, almeno nel mondo industrializzato.
Case con ogni tecnologia, servizi, cure mediche, cibo proveniente da ogni angolo del pianeta, mezzi per muoverci sia localmente che a livello globale in pochi attimi. Ma, appunto, tutto questo, ci sta portando all'involuzione.
Il nostro cervello, è stimato, stia perdendo dimensioni e capacità cognitive ogni anno che passa.
La pessima qualità del cibo, che al 90% è frutto di processazione tecnolo-

gica più la mancanza cronica di movimento (statisticamente stiamo seduti per l'80% del nostro tempo, perfino in palestra!) sono le motivazioni principali di una buona percentuale delle odierne patologie cronico degenerative, che affligono la nostra capacità di generare energia, attraverso l'organo ad essa deputato, il mitocondrio.
In aggiunta, queste combinazioni fanno sì che l'uomo moderno soffra di patologie ancora sconosciute nell'eziologia, ma per le quali abbiamo studiato prontamente nuovi farmaci per curarne i sintomi. Pensate alla fibromialgia.
Uno studio di ricerca di Coplan et al del 2015, pubblicato sul prestigioso giornale di neuropsichiatria clinica di Washington, identifica nella sigla **ALPIM** la sindrome che descrive il disturbo dello spettro comprendente di base l'ansia e quattro domini: dolore cronico, lassità articolare, disturbi del sistema immunitario, disturbi dell'umore.
In questa sindrome è riassunta la ragion d'essere della medicina PNEI, psiconeuroendocrinoimmunologia, e come, il neurofisiologo Antonio Damasio, sia stato pioniere nel descrivere e provare come emozione e ragione siano inscindibili, come mente e corpo siano un tutt'uno.
Stress, nutrizione, infiammazione e iperventilazione sono strettamente correlate e collegate e ad oggi, purtroppo, in un circolo vizioso.
Usciamo di casa e ci rechiamo in macchina al lavoro. Lo smartphone segnala la notifica di una mail, il nostro capo ci aspetta in ufficio per riunione urgente sul lavoro che stiamo portando avanti, prevediamo guai.
Questo evento scatena da subito una cascata neuroendocrina ed ormonale. Il sistema simpatico del "flight or fight" si attiva.
Adrenalina, cortisolo, aldosterone in produzione e in circolo, il battito cardiaco accelera, la circolazione sanguigna viene deviata dalla digestione di cappuccino e brioche alla periferia, ai muscoli, per preparare la lotta o la fuga.
Nel frattempo giungiamo all'ennesima rotonda e mentre la percorriamo (l'Europa fornisce molti fondi per le rotonde, rotonde dappertutto) la macchina alla nostra destra si infila nel traffico senza rispettare la precedenza.
Ennesima reazione! Imprechiamo, ed alla fonte di stress che ci stava già alterando (il capo) ne subentra un'altra, che rinforza l'attivazione di flight and fight. In tutto ciò, però, non vi è la parte più importante e fisiologicamente conseguente: la fuga o l'attacco! Noi siamo ancora comodamente

seduti in macchina e non vi è nessuna attività fisica che vada a terminare tutta l'attivazione di allerta che è funzionale e fa parte del nostro DNA.
Questo vuol dire che non vi è la fase importante di disattivazione nervosa, che assorba e concluda l'attacco o la fuga.
Ad esempio: durante l'assetto appena descritto, si attiva un'iperventilazione acuta che, come risultato fa sì che venga dispersa molta anidride carbonica.
Questo gas endogeno, talmente importante, che fu denominato primo ormone del corpo da Haldane e Priestley sul Journal of Physiology nel 1905, ci serve per scambiare efficacemente l'Ossigeno ai tessuti.
Dovrebbe essere sempre ad una percentuale ottimale.
Ma in realtà questo ormone, la CO_2, la stiamo disperdendo con l'espirazione all'esterno! E questo perché, in caso di pericolo reale e non di una mail o di una mancata precedenza, noi avremmo corso, saltato ostacoli fino ad arrampicarci su di un albero (i più fortunati!). Non avendolo fatto il risultato è impattante: non abbiamo più la CO_2 necessaria, avendola espulsa con l'iperventilazione, le nostre cellule hanno meno Ossigeno e quindi contribuiranno a richiederne di più, incrementeando la ventilazione, con conseguente aumento di radicali liberi (dRoms: marcatori ematici dei radicali liberi) e stress ossidativo tanto avversi al mitocondrio.
Il cortisolo in circolo ha come esiti il catabolismo muscolare, l'aumento della glicemia, con rapido intervendo del pancreas per ristabilirne il livello attraverso l'insulina e un aumento della fame per gli zuccheri non indifferente a livello del sistema nervoso centrale.
I glucocorticoidi prodotti in eccesso influenzano le funzioni cerebrali, il comportamento, l'umore e inoltre induce un cambiamento epigenetico della cellula adiposa: il grasso bruno, ricco in mitocondri e quindi cellula attiva nella creazione di energia per il movimento, shifta in cellula di grasso bianco, viscerale, portando come risultato la perdita per apoptosi di elevata percentuale di mitocondri: la cellula diventa inattiva energicamente.
Risultato? **ALPIM**!
Questa condizione è giornaliera e costante, per tutta la vita.
Si chiama stress, iperventilazione, iperglicemia, iperinsulinemia in cronico.
L'iperglicemia e l'iperinsulinemia non sono solo diretta conseguenza dell'attivazione dello stress "mentale", ma anche dell'alimentazione.

Uno dei maggiori paradigmi che la cultura ci sta imponendo è che dobbiamo scegliere gli alimenti in base a uno dei benefici che il nutriente proposto può offrire. Ad esempio: assumi i cereali integrali perché ricchi di fibre (ndr: l'integrale in Italia non sempre è integrale, la legislazione in materia permette di raffinare il chicco, per poi riaggiungerne il cruschello e denominarlo integrale in etichetta, quando invece frutto di doppia raffinazione), ma anche la cicuta contiene molta vitamina C e non possiamo assumerla perché velenosa altrimenti, come Socrate insegna ,moriremmo.
Molti degli alimenti che troviamo regolarmente sulla nostra tavola sono composti anche da antinutrienti, spesso termostabili e allergeni. Queste sostanze sono oggi correlate dalle evidenze scientifiche, a praticamente tutte le patologie cronico degenerative, infiammatorie e autoimmuni.
È interessante portare all'attenzione del lettore un ulteriore fattore di come, l'origine di tutte le patologie autoimmuni e di molte patologie neurodegenerative (Alzheimer, Parkinsons, autismo ecc) , siano da attribuire anche ad un intestino che gocciola "Leaky Gut".
Antonio Fasano, medico pediatrico e gastroenterologo si è reso autore della scoperta, unitamente al suo staff, della Zonulina, la proteina che modula le giunzioni dei microvilli intestinali al fine di proteggere la parte più accessibile dal mondo esterno, il tubo ingerente-digerente.
Ebbene: allergeni, vaccini, antibiotici, medicinali e stress, sono i responsabili della completa attivazione della zonulina, che fa aprire del tutto le "Tight Junctions", giunzioni strette dei microvilli (Celiachia Fasano, la sindrome Gaps Mc Bride, Perlmutter)
Una review del 2015 ad opera di Picard et al, riporta come lo stress induca mediatori metabolici e neuroendocrini alla ricalibrazione strutturale e funzionale dei mitocondri. I difetti mitocondriali primari colpiscono il cervello, il sistema endocrino e il sistema immunitario, che svolgono un ruolo nei processi psicosomatici.
A livello cellulare, la segnalazione mitocondriale influenza l'espressione genica e le modificazioni epigenetiche modulando il tasso di invecchiamento cellulare.
Lo stress ossidativo colpisce soprattutto il cervello, che essendo ricco di mitocondri e consumando una elevata percentuale di energia del corpo, risulta essere il distretto più colpito.

Le due patologie neurodegenerative più rilevanti e presenti nel mondo industrializzato sono l'Alzheimer, denominarto dagli scienziati della Brown Medical School di Providence, diabete di tipo 3 e il morbo di Parkinson.
Come spiegano nel loro studio di ricerca Sonia Gandhi e Audrey Abramov, Mechanism of Oxidative Stress in Neurodegeneration, tutte e due le patologie sono accomunate da una perdita progressiva di neuroni e un comune aumento dei marker relativi alla perossidazione lipidica - infiammazione - e danno ossidativo proteico, sotto forma di proteine carboniliche, rispettivamente nei lobi frontali e nell'ippocampo nell'Alzheimer (ma non nel cervelletto).
Queste evidenze scientifiche ci portano ad approcciare al prossimo paragrafo che ha lo scopo di mostrare le ultime ricerche inerenti la migliore attività fisica da compiere per ottimizzare la rendita energetica e la biogenesi del mitocondrio.
Come il movimento sia correlato all'ottimizzazione del DNA mitocondriale attraverso l'esercizio fisico personalizzato.
Uno studio di ricerca del 2006 ad opera di Elizabeth Meshinkova et al, pubblicato sul Journal of Gerontolgy, dimostrava già il legame tra invecchiamento, innalzamento della resistenza all'insulina, alla perdita di mitocondri del muscolo scheletrico.
Lo studio descriveva come l'esercizio fisico migliorasse l'attivita della catena di trasporto dell'energia mitocondriale e innalzasse la sensibilità all'insulina, con conseguente diminuizione dell'insulina a digiuno, sintomo di un rallentamento dell'attività del pancreas.
È ben consolidato il fatto che l'esercizio fisico regolare, non stressogeno, compiuto con movimenti rispettosi della "macchina uomo", producano un effetto positivo sulla maggior parte dei sistemi del corpo, riducendo il rischio di patologie quali diabete di tipo II, cancro e malattie cardiovascolari.
I muscoli scheletrici di individui che compiono movimento possiedono più capillari, mitocondri e una migliore capacità di imagazzinare carboidrati e ossidare il grasso.
I mitocondri aumentano fino al 50% in più dopo solo 6-8 settimane di allenamento (Henriksson, 1977; Tarnopolsky et al, 2007; Tonkonogy et al, 2000).
La qualità e la quantità mitocondriale sono correlate a molti degli effetti positivi sulla salute riportati dopo l'allenamento. L'alto contenuto mitocondriale è fortemente correlato con la capacità ossidativa muscolare e le pre-

stazioni di resistenza.
Anche se è risaputo che l'allenamento di resistenza (camminare per 20' è un allenamento di resistenza) aumenta il contenuto mitocondriale, non è chiaro quale tipo di allenamento sia il più efficace per promuovere la biogenesi mitocondriale.
Bishop et al nel 2004 hanno messo in discussione l'individuazione dello stimolo allenante ottimale per indurre la biogenesi mitocondriale.
Una certezza comune era che l'allenamento di resistenza aumentasse la biogenesi mitocondriale come diretta conseguenza dell'aumento della capacità aerobica, mentre l'allenamento di sprint promuove la forza e la capacità anaerobica (kubukeli et al, 2002).
Tuttavia studi recenti hanno dimostrato come anche l'allenamento di alta intensità e volume ridotto si sia dimostrata una strategia efficace nel tempo per promuovere la biogenesi mitocondriale (Barnett et al, 2004; Burgomaster et al, 2008; Gibala et al, 2006; Mc Dougall et al, 1998).
La ricerca di Niklas Psilander, grazie agli sviluppi nei metodi molecolari, ha permesso di studiare gli adattamenti iniziali all'allenamento grazie alla misurazione dell'espressione genica di mRNA di geni indotti dall'attività fisica.
Identificato in PGC-1alfa il gene regolatore chiave della biogenesi mitocondriale, il passo successivo dello studio di ricerca è stato di settare cinque diverse modalità di allenamento ed effettuare biopsie prima e dopo, al fine di rilevare in quale di esse vi fosse più presenza di PGC-1alfa.
Lo studio 1 prevedeva 90' di attività continua ed intervallata in soggetti non allenati.
Da questa ricerca è risultato evidente come gli sprint ripetuti aumentino gradualmente il contributo aerobico e la capacità ossidativa dei muscoli.
Come insegna Mike Boyle, pioniere nell'allenamento e della preparazione fisica d'oltreoceano, la capacità aerobica è il frutto della somma di tanti blocchi di capacità anaerobica
È stato dimostrato che 4-6 sprint aumentano la biogenesi mitocondriale in misura simile a quella del ciclismo di lunga durata (90-120' al 65% del V02 max).
Tuttavia, come riporta l'autore dello studio, soggetti non allenati rispondono bene a tutti gli stimoli ed è possibile che l'intensità e la durata dell'esercizio siano di minore importanza per questo gruppo.
Lo studio 2 prevedeva attività di sprint a volume ridotto ed uno d'intervallo

a un volume elevato in soggetti altamente allenati, oltre alla correlazione allenamento di endurance con allenamento contro resistenza.
Lo studio 3 attività concomitanti tipo ciclismo e pesistica in soggetti non allenati.
Le evidenze dei due studi sono state che, se le esercitazioni contro resistenza (pesi) e di endurance erano eseguite in sessioni di allenamento separato, non vi erano cambiamenti nel contenuto mitocondriale.
Altresì, quando l'allenamento contro resistenza è stato eseguito immediatamente dopo quello di endurance, è stato notato un aumento dei marker di biogenesi mitocondriali.
Lo studio 4 prevedeva esercitazioni con livelli di glicogeno basso e normale in ciclisti allenati.
Lo studio 5, studio a lungo termine a dispetto dei precedenti, ha previsto otto settimane di allenamento concomitante (ciclismo e pesistica) in ciclisti allenati.
In questo studio, la finalità della durata maggiore è stata quella di verificare un'eventuale aumento della biogenesi mitocondriale e della performance.
A dispetto di un consumo consigliato (Burke 2010) di alti carboidrati prima di una prestazione di resistenza, questa ricerca ha dimostrato che è più vantaggioso, o almeno non svantaggioso, eseguire un allenamento di resistenza in uno stato di "basso glicogeno". Ma in questo studio non vi è stata nessuna correlazione tra glicogeno basso e aumento della biogenesi mitocondriale, ecco per cui la motivazione dello studio 4.
Lo studio ha coinvolto in modalità separata sia soggetti non allenati che atleti altamente qualificati.
L'esito finale dello studio 4, comparato agli altri è stato:
il lavoro di qualità svolto, piuttosto che l'intensità dell'esercizio, è importante per la biogenesi mitocondriale in soggetti non allenati.
Questo assume importanza e valore nel settore del fitness, quando in presenza di soggetti "decondizionati". Sarà opportuno farli approcciare ad un lavoro basato sulla qualità della respirazione per poi progressivamente fornire stimoli di movimento che abbiano richieste di energia ripristinata attraverso la via aerobica: mobilità articolare e schemi di movimento base in primis.
Con il tempo, parallelamente all'aumento delle capacità di movimento e

di energia, la strategia deve di somministrazione di esercizi deve andare verso l'interval training, con moderato aumento dell'intensità dato dall'allenamento con i pesi, eseguito subito dopo l'attività di "endurance". Lo studio ha dimostrato che tale modalità, Endurance + Pesi, abbia aumentato di quasi 2 volte la biogenesi mitocondriale!

È pur vero che, come dimostrato da Wilkinson et al nel 2008, il solo allenamento di resistenza con i pesi nei soggetti non allenati, possa indurre la biogenesi mitocondriale.

Quindi nel soggetto non allenato un ideale protocollo di Fitness potrebbe essere così sintetizzato: 2 allenamenti settimanali contro resistenza - anche il proprio corpo è un peso durante l'esecuzione di schemi base, tra i quali l'accosciata - guidato da un efficace Coach del movimento e 2 volte a camminare per 30' per poi unirla ad una sosta con allenamento contro resistenza.

Lo studio 4 ha ipotizzato che la biogenesi mitocondriale aumentasse in esercitazioni compiute a basso livello di glicogeno.

È dimostrato che tale condizione sia un attivatore molto potente del principale regolatore della biogenesi mitocondriale, PGC-1 alfa, confermato in confronto anche alla ricerca di Mathai et al del 2008. Ma è anche riscontrato come l'aumento del livello di forma fisica sia associato ad alti livelli di glicogeno ed al risparmio dello stesso durante l'attività (Burgomaster et al 2008).

La ricerca di Psilander mostra evidenze significative.

L'efficacia dell'allenamento ad intervalli, magari di endurance e pesi combinati, può indurre la biogenesi mitocondriale per la conseguenza della sua capacità di esaurire efficacemente alcune fibre muscolari del loro glicogeno.

In atleti specializzati sono necessari 3-5' di esercizio fisico intenso ed intervallato per generare biogenesi mitocondriale PGC -1 alfa.

APPROFONDIMENTO

Strength & Conditioning

ALLENA LO STACCO - MANTIENI LO SQUAT

Questo è un mantra che accompagna la mia carriera da preparatore di Strength & Conditioning da almeno inizi anni duemila.

L'atleta di cui riporto parte del CRF è Leonardo, Cintura nera JUDO Categoria 90 kg Master. Plurimedagliato italiano e mondiale, appartenente alla nazionale italiana Judo, Obiettivo: consolidare la sua Leadership di categoria nel circuito italiano e salire di gradino sul podio mondiale.

Da test e valutazione, risultano vari punti su cui focalizzare l'allenamento al Movimento, per consentire un implemento di Performance.
Senza entrare a fondo nei particolari, Leonardo presenta Programmi Motori attuati su Pattern di Movimento con deficit del posizionamento del Centro di Massa e punti di generazione forza non scaricati ottimamente a terra, ma nella parte superiore del corpo (P/F P/M di REMOVE© process).
Questa condizione limita l'enorme potenziale di energia a disposizione dell'atleta, influenzato, infine, da disfunzioni strutturali in un piede, acquisite nel tempo, che ne limitano la dorsiflessione e la fase di toe off.
L'analisi del sistema nervoso periferico ci dà ulteriori indicazioni di programmazione e somministrazione del lavoro, da seguire attentamente, seduta dopo seduta.
L'atleta viene reso consapevole del percorso che ci aspetta, fase iniziale di Coaching importantissima e spesso sottovalutata.
Oltretutto Leonardo è un Coach a sua volta e quindi il livello di comunicazione si alza.
Condividiamo passo passo i primi esercizi di gestione del centro di massa e di riposizionamento del piede a terra, secondo la metodologia di Life & Earth Line©.
L'atleta si allena senza scarpe naturalmente, ma non perché il suo sport lo preveda...
Nel mentre lavoriamo sul Movimento, inseriamo la programmazione di Forza a base Fenotipica del programma BE-MOVE Strength & Conditioning.
Per le sue condizioni di appoggio bipodalico, la fase suddetta prevede un veloce passaggio di stacco con quadra bar preceduto da un F/P Functional Pattern di Squat, declinato attraverso vari esercizi di hip hinge, wall squat, toe touch squat.
Passeremo rapidamente, acquisito l'obiettivo previsto sulla generazione di forza, attutato con check tramite CHAIN START© (esatto, niente test sulla quantità di carico) ad esercizi monopodalici "Rotatory Off" illustrati e spiegati nell'ultimo corso di PREGAIT© a Pescara.
L'atleta, mi fa notare che, precedentemente veniva allenato con un rialzo sotto i piedi, causa la limitazione di flessione di una caviglia, come precedentemente scritto.
Chiaramente non useremo questo trick.
Le considerazioni sono molteplici.
1) il metodo di rialzare entrambe i talloni, usato chiaramente in pesistica (ho ancora le mie adidas da gara con rialzo di 4cm) è valido nel caso in cui dobbiamo scegliere per un compromesso.
Dispongo dell'atleta per poco tempo, una veloce fase di off season, devo farlo uscire dal mio centro più forte.
Allora scelgo il trick del rialzo.
Non condivido -opinione personale -questa opzione per due motivi.
Il primo è che in Italia non lavoriamo con atleti che si appoggiano a centri di Strength & Conditioning per le fasi off season. Non è la nostra cultura.
Esistono pochi e rari casi.
In Italia la preparazione usualmente viene erogata nella stessa società dove si esegue

la Performance.
Dal 2014 siamo provider della scuola di Strength & Conditioning di Mike Boyle e attraverso la certificazione CFSC stiamo formando tanti colleghi preparatori, non solo nella metodica assolutamente efficace di Boston, ma soprattutto nell'acquisire consapevolezza che le modalità di programmazione in Italia devono necessariamente seguire "regole" diverse, fino a che non riusciremo a far diventare il Coach di Strength & Conditioning una figura necessaria nell'equipe di professionisti che seguono atleti e squadre di atleti.
Ho molti colleghi e amici che stanno lavorando bene in tutta Italia, da Nord a Sud, fuggendo l'idea della moda del momento ma adattando programmi e metodi acquisiti sulle reali necessità dell'allievo e soprattutto sulle realtà italiane.
E le differenze si vedono.
2) La seconda motivazione per la quale non uso il rialzo del tallone è perché un piede è diverso dall'altro, possiede libertà e controllo neurologico diverso e quindi alzarli entrambi mi risulta di una banalizzazione tale da spingermi a pormi domande più approfondite sulla reale necessità.
Per iniziare a levarsi qualche disconoscenza biomeccanica, consiglio di leggere il capitolo del libro DCSS di Paolo Evangelista dedicato al rialzo.
3) HABITS: necessitano 3 settimane per creare un habit di movimento neurologica.
Ricordiamoci che ogni esercizio, ripeto, ogni esercizio, soprattutto se ripetuto nel tempo, comporta conseguenze adattative, neurologiche e tissutali, nel tempo.
Il tacco elevato e a volte tutto il piede con le famose lastre, sposta il centro di massa del corpo, e semplicemente, ti abitua a tenerlo in un punto che non è funzionale alla Performance richiesta, e aggiungo funzionale a nessuna Performance richiesta; non faccio accenno al common people e alle sue performance, "mettere forza su disfunzione" come cita Mike Boyle è un errore continuo e ciclico: se la caviglia non si muove non si deve mettere forza. Punto.
Tiriamo le somme.
L'allenamento "functional" è sempre funzionale a qualcosa, ma bisogna essere a conoscenza, approfondita tecnicamente, a cosa lo è.
Vogliamo veramente continuare ad essere ottimi allenatori di compensi?
Con Leonardo, che seguiremo non sicuramente per l'off season, ma, come con tutti i miei allievi atleti Pro, per tutto l'anno, per anni, abbiamo deciso di lavorare seriamente ed eticamente sul suo centro di massa, ottimizzando la presa a terra di un piede che presto scaricherà tutti i cavalli motore aumentati allenando Stacco e mantenendo il Pattern di Squat.

RITMI DI MOVIMENTO

I cervelli sono dispositivi predittivi e i loro poteri in tal senso emergono dai vari ritmi che generano perpetuamente.

Lo scopo è sintonizzare l'ambiente interno, partendo dal cervello per farlo diventare un osservatore esterno, dell'ambiente.
Questa parte del libro è ad oggi innovativa e si rifà a referenze sia scientifiche, che alla biologia, ma è altresì molto giovane sotto il profilo della sperimentazione legata al Movimento del Bodyworker. Per esempio...
Un esempio conosciuto di ritmo è la camminata. Conosciuto sì, ma mai posto sotto attenzione in relazione all'ambiente interno del SN.
la camminata bipede è una serie periodica di cadute in avanti, interrotte regolarmente da estensioni alternate di ciascuna gamba Questo esercizio, senza sforzo, è reso naturale dagli oscillatori del midollo spinale.
I nuovi indirizzi delle neuroscienze ipotizzano che gli oscillatori possano essere utilizzati per una sovrastante serie di funzioni: quelle cognitive.
E ci torna in mente lo Skill Man©, modello di processo operativo dei concetti di Movimento dell'Academy di BE-MOVE
Lo SKILLMAN, riporto qui uno stralcio del capitolo del libro scritto per il libro «Come ringiovanire invecchiando» del dr. Soresi (UTET) "in principio era l'azione". Lo "Skill Man" e l'Embodied Cognition: come corpo e mente siano un tutt'uno.

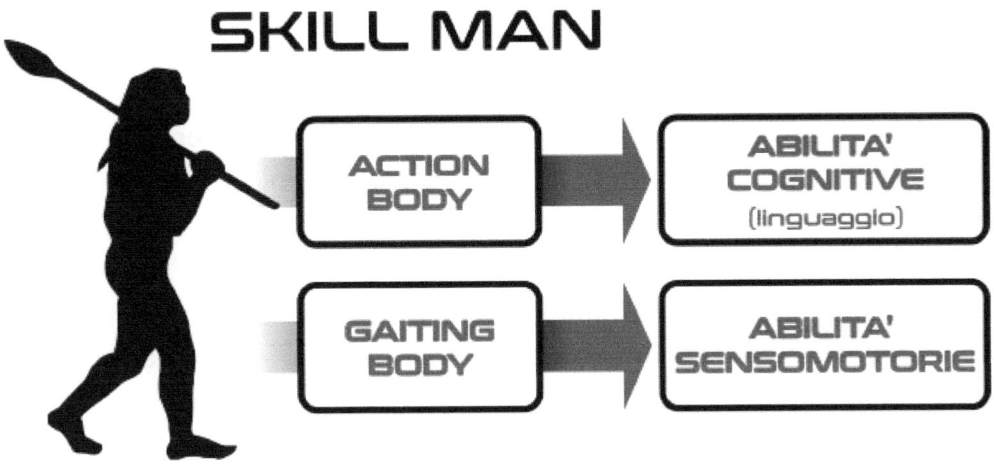

L'indirizzo delle scienze cognitive attuali viene reso chiaro con una dichiarazione del neuroscienziato colombiano Rodolfo Llinas: " lo sviluppo del sistema nervoso è necessario primariamente per orchestrare azioni e non per attuare i processi cognitivi detti pensieri.
Per chi non è dotato di sistema motorio, percepire non ha alcun senso.

Il neuroscienziato sudamericano porta come esempio le ascidie, animali marini simili alle spugne. Alla nascita sono dotate di un cervello, un midollo spinale e la capacità di muoversi.
Al momento in cui raggiungono il luogo da dove non si muoveranno più, per tutta la vita, che sia uno scoglio o lo scafo di un relitto, la prima cosa che fanno è quella di ingerire e riassorbire il proprio cervello. In assenza di movimento la percezione diventa un inutile dispendio energetico.
Ogni spiegazione odierna dei processi cognitivi effettuata da neuroscienziati, filosofi, psicologi e psichiatri, dovrà valicare i confini del cervello, per tenere conto anche del corpo e dell'ambiente, incluso quello sociale.
La realizzazione concettuale dell'Embodied cognition è che"non siamo dotati di un cervello che pensa, bensì di un cervello che agisce" e lo fa attraverso il movimento.
«Questo adattamento è stato la chiave del passaggio evolutivo che è servito allo Skill Man per sopravvivere all'ambiente e nell'ambiente oltre 3 milioni di anni fa; come riportano gli antropologi, la contemporanea encefalizzazione e crescita del cranio, insieme alla creazione di strumenti per l'approvigionamento di cibo qualitativamente superiore, quale il midollo osseo degli animali, ha creato le condizioni per la nascita dello spazio tra laringe e faringe, da cui: il linguaggio.
In principio era l'azione: il soma, la sua forma, acquisita dopo innumerevoli esperienze ed errori, ci racconta come,grazie ai neuroni specchio, i nostri progenitori hanno preso decisioni, pensato, agito o semplicemente creato gruppi solidali tra uomini e donne (ndr: l'uomo è l'unico mammifero che non entra in competizione quando la donna attraversa il periodo delle mestruazioni).
Lo sviluppo ontogenico del bimbo riassume in undici mesi lo sviluppo filogenetico della razza Homo. Il sistema "sensorimotorio" - movimento- ha da sempre contribuito allo sviluppo e alla maturazione del cognitivo».
Mente e Corpo in azione:
Il cervello si attiva per lo scopo dell'azione e indirizza la percezione con-quella finalità. Se ci limitassimo a considerare la percezione come modalità di raccolta e immagazzinamento dati, saremmo limitati nella conseguente attività di azione. Pensate di essere in un bosco, tutta la percezione è per l'azione. Gli occhi si muovono nello scandagliare il terreno per procedere nel cammino.

La ricerca visiva del tragitto e il nostro passo sono un tutt'uno: la circolarità tra percezione, cognizione e azione (brain/breathe/fascia) sono in completa sintonia mente corpo.
Andando avanti nel sentiero un ramo si offre come appiglio e, scorgendo un varco tra i rovi il nostro corpo si muove in sincronia senza rallentare il passo: tutta l'azione è per percepire!
Questo è quello che dovrebbe accadere in una condizione di vita personale e sociale ideale.
Nei tempi moderni, purtroppo, il nostro stile di vita quotidiano si attesta sempre più verso "posture sostenute e movimenti ripetuti". Ma quali saranno gli effetti sul nostro "matrix" genetico ed epigenetico conquistato dopo tanti anni di adattamento evolutivo specie specifico?
Uno o molto più probabilmente tutti, tra i componenti del sistema"brain - breathe - fascia", possono incorrere in deficit funzionale.
(Per leggere il capitolo completo e approfondire lo SKILLMAN e le relazioni del Movimento con le neuroscienze, riferirsi al libro «come ringiovanire invecchiando» Enzo Soresi UTET editore.)

APPROFONDIMENTO

L'ape non appena si avvicina ad un fiore, riesce a sentire se è appena stato visitato da un'altra ape che ne ha svuotato il nettare. Quindi può decidere, ancora in volo, di cambiare fiore.
Questo può avvenire grazie al campo elettromagnetico che il fiore emette e che l'ape riceve attraverso i peli sulle zampe. (Sutton et al 2016 Mechanosensory hairs in bumblebees (Bombus terrestris) detect weak electric fields PNAS
Sai che succede anche a noi? Interagiamo attraverso campi elettromagnetici.
Il sapere come questo sia collegato a Movimento, Salute, Benessere, Performance, è un cammino che va avanti dal 2017!
E presto sarà a disposizione di tutti.
#bodyworker del movimento

GLI OSCILLATORI

Lo scopo degli oscillatori è quello di concretizzare una delle prime regola dell'organismo quale siamo: risparmio di energia.
Syn e chronos: «lo stesso» e «tempo», ovvero gli oscillatori neuronali, centrali e periferici, quando raggiungono la sincronia, fanno compiere il lavoro nell'ambiente senza sforzo.

«compromettili e saremo trattati per l'epilessia, il Parkinson, il disturbo del sonno e altre malattie cognitive basate sul ritmo», come cita G. Buzsaki.
Ad esempio, anticipando la parte Movimento di cui tratterò più avanti, la struttura subtalamica della locomozione, appartenente al generatore di ritmo mesencefalico, prende informazioni dal nucleo pallido e dalla corteccia premotoria ed è collegata in uscita con la regione locomotoria mesencefalica e con la *sostanza nigra*. A questo centro è indirizzata l'azione dell'atto locomotorio «Forward Locomotor Movement» (R.H., 2020 via mail) che produce la deambulazione.
Nessuna funzione vitale esiste senza ritmo, metrica, oscillazioni, frequenze.
Il primo oscillatore di cui viene riportata la scoperta da Buzsaki nel suo libro e ripresa poi da Porges nella sua teoria, è l'oscillatore cardio polmonare.
Il fisiologo Lissak, allievo di Loewi, e il medico suo assistente Grastyan negli anni '70, avevano fornito la prima prova che un neurotrasmettitore viene rilasciato all'incrocio (sinapsi) tra il nervo vago e il muscolo cardiaco.
Nelle lezioni che seguirono alla facoltà di medicina, Grastyan parlava di come il cervello, come il movimento e la cognizione, influenzino e controllino i suoi input, piuttosto che il contrario.
La sua idea chiave era che il controllo nei sistemi viventi inizia con l'output.
Soleva ripetere che anche negli animali più complessi, l'obiettivo della cognizione è l'azione.
In effetti i primi sistemi biologici non avevano alcun input, non ne avevano bisogno.
Veniva usata un'uscita motoria, economica, una semplice contrazione dei muscoli. Questo era molto semplice nell'ambiente marino, dal quale ci siamo evoluti filogeneticamente, in quanto era ricco di cibo.
Le forme di vita più complesse si sono evolute da questa base di movimento di partenza, modificando la semplice uscita ritmica.
Thomas Myers nel suo libro ci illustra come la linea fasciale laterale sia correlata e direttamente discendente dai nostri antenati marini. Tant'è che la stessa, decorrendo tutto il corpo lateralmente, termina in un «abbraccio» intorno all'orecchio, sede di equilibrio vestibolare, che si realizza nei riflessi vestibolari.
L'esempio di Thomas Myers riporta la lampreda. Se tagliata la testa al pesce e messo in acqua, lo stesso, per effetto di un riflesso neurofisiologico,

iniziato e «abilitato» dagli oscillatori spinali, ondeggia sinistra-destra, nuotando in acqua.

E non ha la testa!

Questo è un movimento che ritroviamo preciso nello sviluppo ontogenico dei nostri bambini e che in Academy abbiamo denominato «Creep Crawling». È un pattern primario che precede la camminata, è simbolico del rettile ed è effettuato sul piano frontale.

L' ambiente marino ci mostra come un pesce, predatore e dotato di alto quoziente intellettivo, il delfino, stravolga evolvendolo, questo pattern. Ah, dimenticavo, il delfino è un mammifero...

Infatti questo bellissimo tursiope avanza in acqua attivando oscillazioni sul piano sagittale.

Atto di movimento che ontogenicamente compie anche il nostro bambino di prima, ad un certo punto inizia ad attivare i ritmi di movimento sul piano sagittale: il Crawling.

Solo che a differenza del delfino, il bambino usa ancora le linee di trasmissione fasciale laterali, ma le unisce in un movimento anticipatorio del Forward Locomotion, sfruttando le linee spirali.

Il Crawling è una scuola, la stabilità del corpo espressa dall'equilibrio è regolata dall'ampiezza del poligono di appoggio - molto ampio nel gattonamento - e dall'altezza del baricentro - a sua volta molto basso -.

APPROFONDIMENTO

Crawling- Il bambino oscilla in latero laterale e impara il lavoro sagittale. Il crawling dà priorità agli occhi (coordinate spaziali) e al piede per lo sviluppo di una efficace propriocezione. Il vestibolo viene infatti inibito tramite Purkinje e cervelletto, da qui originano infiammazioni vestibolari ecc. Basta far fare propriocezione e labirintite sparisce. Esperimento: inizia ad oscillare a sinistra e a destra. Mentre continui, senza sosta, prova ad inserirci un movimento oscillatorio avanti e indietro. Sorpresa! Ti stai muovendo in sincronia, o almeno ci provi, su una somma di oscillazioni, cercando un ritmo, cercando una giusta frequenza di attivazioni neurologiche.

Questa che formi è un' elica, che richiama sì l'elica del DNA, ma che Movimento parlando, dovrà essere messa in sincronia con un'altra elica, quella podalica. Questo è Movimento e fa parte del Synchro Lab™, quel laboratorio nato in seno a BE-MOVE, dove, con tanti fallimenti e preziosi risultati, attraverso esercizi correttivi, sia di respirazione che di JRP© (Joint Restoring Position) che di Mental Coaching, ci occupiamo di sincronizzare gli oscillatori cardio polmonari con quelli cinestetici (approfondirò in seguito gli oscillatori cinestetici).

Buzsaki ci delizia, descrivendoci la sua sorpresa nell'apprendere dei vari ritmi di frequenza che vari parti del cervello avevano. Uno su tutti l'ippocampo del quale scriverò tra poco: soffermiamoci intanto sulle indicazioni che Lipton ci fornisce in merito a molecole più piccole dell'ippocampo, in modo da avere più chiaro il funzionamento del sistema in seguito.
Tuffiamoci con fiducia nel mare della fisica quantistica.
Bruce Lipton nel suo libro (uno dei tanti che non può non comparire nelle nostre librerie) colloca gli oscillatori nelle componenti base della cellula, nello specifico indirizza gli oscillatori all'importante ruolo funzionale delle proteine di membrana «IMP», membrana che lui stesso definisce «MemBrain».
Secondo Lipton, il segreto della vita non risiede nella doppia elica del DNA, ma nei meccanismi biologici attraverso i quali la membrana cellulare traduce i segnali ambientali in comportamento.
Elica podalica ed elica della camminata? Certo, sempre valido, ma in relazione alle richieste ambientali, alle quali lo Skillman deve fronteggiare adattandosi.
Una delle ragioni per cui l'importanza centrale nella vita cellulare, additata a responsabilità della membrana, sia arrivata tardi al sapere della scienza è solamente perché, come Lipton scrive, fino ai primi anni '50 non esisteva microscopio elettronico in grado di leggere lo spessore della membrana, che è di circa sette milionesimi di millimetro di spessore!
Le caratteristiche di anatomia funzionale della membrana, che fan sì che la stessa sia sia impenetrabile, come invece, dia accesso a molecole e ai segnalatori a cui permette di entrare.
Il «come» risiede nella polarizzazione postiva o negativa.delle molecole fosfolipidiche che la compongono e nelle proteine di membrana IMP (integral membrane proteins), appunto.
Vi sono IMP recettori ed effettori: le proteine recettori vibrano come antenne, sintonizzate su specifici segnali ambientali.
Questi recettori reagiscono ai segnali fisici- ambientali, tipo la presenza di ormoni endocrini, procedendo ad agganciarli come calamite, quando nelle vicinanze.
Queste proteine recettori possono decodificare anche campi energetici come luce, suono e fequenze radio, vibrando come diapason e condizio-

nando l'ambiente cellulare interno rispetto agli stimoli esterni.
Lipton procede più a fondo nella fisica e ci spiega, con parole semplici e affascinanti di come lo stesso atomo sia composto di molecole più piccole e di come le stesse oscillino e ruotino come una trottola, emettendo energia.
Il fisico Rovelli arriva addirittura ad indicare nel tempo che scorre, tra passato presente e futuro, una dipendenza dagli atomi e dal loro movimento oscillatorio, ritmico. Infatti la fisica indica la correlazione tra il calore e il movimento degli atomi, l'unica modalità di misurazione del tempo che scorre, spiegando con un esempio, di come il calore, emesso da atomi in movimento, si direzioni statisticamente, sempre verso parti fredde, atomi fermi.
Un cucchiaio freddo immesso in una tazza di tè caldo. Cosa succede? Il cucchiaio si scalda, non accade probabilmente e statisticamente mai il contrario. Il calore va verso il freddo e non viceversa.
La fisica quantistica, a noi umili Bodyworker del Movimento, oltre ad aprire finestre di pensiero, riempie cascine di «cultura del sistema». Mi spiego.
Descartes, filosofo e matematico, designò le regole della medicina moderna, partendo dalla matematica di cui è stato il riconosciuto fondatore: il corpo risponde come una macchina, a precisi calcoli matematici, mente e corpo sono separati. La concisione dell'immenso apporto di Cartesio è dovuta a motivi «editoriali»...
La fisica newtoniana prosegue le prescrizioni di Cartesio, istruendo medici e biologi a vedere il corpo solo come una macchina fisica. Il corpo può essere conosciuto solo studiandone a fondo le componenti.
Mi piace pensare alla moderna anatomia, che ci ha privato per anni della conoscenza dei ruoli e delle infinite funzioni del tessuto connettivo, soprattutto dell'esistenza delle linee fasciali coinvolte nel Movimento.
Ritornando alla fisica newtoniana, una reazione chimica ne innesca un'altra: azione reazione. Concezione riduzionistica dell'intero corpo. Che è un sistema. Vi è un'intercomunicazione tra i vari distinti componenti del corpo che risiede nell'energia che essi stessi generano, energia misurabile sottoforma di ritmi, vibrazioni, frequenze, hertz.
Ognuno di questi campi elettrici, energia, emessi da ogni tessuto, organo del corpo, produce un campo magnetico, polarizzato, dotato di un Nord e di un Sud.

Essi creano movimento energetico simile e in una stretta analogia figurativa a delle onde prodotte dallo scagliare un sasso nell'acqua dello stagno. Le onde prodotte, si diffonderanno centrifugamente. Immaginate più sassi, più onde.
Ebbene se le curve ascendenti e discendenti delle onde saranno in sincronia, avremo un'interferenza costruttiva, o risonanza armonica. Altrimenti andremo incontro ad una interferenza distruttiva.
Non solo all'interno del corpo, degli organi, si formano queste onde.
Come prima anticipato, possono essere immesse anche dal'esterno attraverso dei suoni, musica, onde elettromagnetiche.
La modalità della risonanza armonica è usata in medicina per far vibrare i calcoli renali, che sono cristalli di calcio solitamente, in modo da farli esplodere e dissolvere, in uso da qualche anno anche in Italia (https://www.ilcentro.it/l-aquila/un-nuovo-macchinario-per-eliminare-i-calcoli-1.34053).
Lipton ci ricollega a Buzsaki e all'ippocampo con le sue vibrazioni di frequenza scoperte in un laboratorio angusto dell'Est Europa, quando ci mostra a cosa siano attribuite le frequenze dell'ippocampo in merito alla funzionalità che lo stesso e altre componenti del cervello assolvono per fronteggiare al meglio l'ambiente.
Per inciso...in formazione con lo Staff che collabora con me, sono solito iniziare con questo concetto: tutto ciò di cui abbiamo bisogno per capire il nostro funzionamento, lo abbiamo già sotto gli occhi. Basta saperlo osservare.
Mai come in questo frangente la modalità di pensiero precedente funziona.
L'elettroencefalogramma: serve a misurare l'attività elettrica del cervello e dei suoi neuroni. Bravo...ma non sono altro che campi elettrici, che generano campi magnetici e da lì oscillazioni, vibrazioni, ritmi, movimento...
E perché non andare a fondo sulla misurazione di queste frequenze? La ricerca porta risultati.
I ritmi del cervello vanno sull'ordine di queste frequenze:
Delta
Theta
Alfa
Beta
Gamma
Le frequenze Delta sono basse, le Beta sono alte.

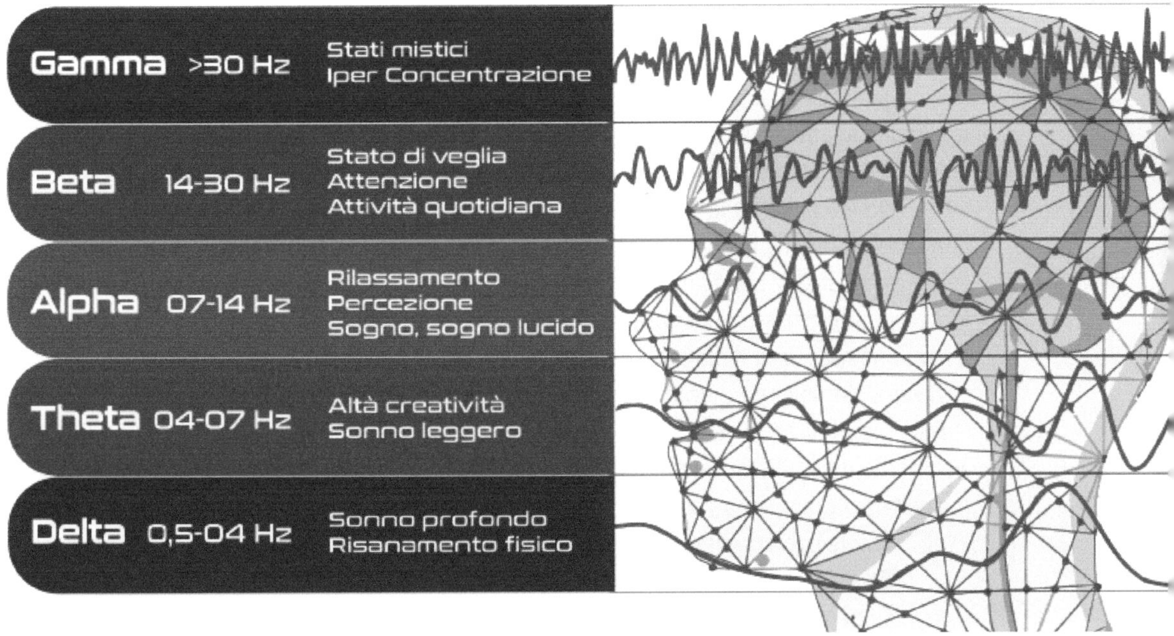

Con le Gamma abbiamo la tigre alle spalle!
La dr.ssa Rima Laibow, da me conosciuta per la sua appassionata crociata contro il Codex Alimentarius, nel suo trattato Quantitative EEG and Neurofeedback, riportato da Lipton, descrive la progressione degli stadi di sviluppo delle frequenze vibratorie dell'attività cerebrale.
Alla nascita e fino ai due anni il cervello lavora alla frequenza più bassa di 0,5 - 4 Hertz, frequenza di onde DELTA.
Questa fase è caratterizzata da risanamento fisico e da sonno profondo.
Tra i 2 e i 6 anni di età il bambino si colloca sulle onde THETA 4 - 7 Hz.
Queste frequenze consentono ai bambini di attingere al massimo delle informazioni ambientali da poter usare per lo sviluppo in corso.

APPROFONDIMENTO

LA PRESA

Alcuni cuccioli di mammifero camminano da subito. Il puledro nasce e trotta, già dal secondo giorno.
Noi veniamo al mondo immaturi, le vie cortico-spinali sono immature, per comunicare con l'ambiente abbiamo a disposizione solamente le espressioni.
L'uomo nasce immaturo , il vantaggio enorme di questo apparente difetto di specie è che siamo dotati di un cervello altamente plastico, che si plasmerà direttamente nell'ambiente;
a differenza di quello del puledro che ha ricevuto tutte le informazioni dentro l'utero materno.

Addentriamoci nello specifico: lo studio del sistema motorio, come impalcatura del sistema cognitivo nella circolarità della triade cognizione - percezione - movimento, negli esperimenti passati, non era mai stato messo in correlazione con l'aspetto dell'atto motorio finalizzato allo scopo dell'azione.

Ecco che, negli esperimenti del prof Rizzolatti, attraverso lo studio del Frontal Eye Field, vennero esperite le proprietà di base delle aree premotorie: tipi di atti motori finalizzati all'azione, tipo "prendere", si attivavano sia quando la scimmia si azionava con la mano destra, la sinistra e addirittura la bocca.

Movimenti diversi, scopo medesimo.

Il bambino nasce con delle capacità motorie innate, che, come illustrerò in breve successivamente, sono programmate su schemi posseduti di "default" alla nascita.

Queste proprietà sono definite da Rizzolatti "Vocabolario Motorio".

Nel merito della PRESA, l'equipe di Rizzolatti osservò che nella scimmia vi erano tre modalità per prendere un oggetto:

- Whole hand prehension: presa con tutta la mano
- Precision grip: presa con indice e pollice
- Finger prehension: presa con tutte le dita.

Le diverse modalità di presa venivano ricondotte ad un'area premotoria denominata F5, che si attiva in base alle affordances ("invito" che deriva dalle caratteristiche) degli oggetti.

Ecco che diventa importante il consolidarsi di un'idea che l'informazione visiva, in relazione allo scopo dell'azione finalizzato nel prendere un oggetto nell'ambiente, venga processata mediante due vie diverse.

La prima via, la ventrale, che tramite le aree temporali, attribuisce il riconoscimento semantico e di decodifica della forma.

La seconda è la via dorsale, tramite la corteccia visiva raggiunge la parte parietale, dove vengono provessati gli aspetti pragmatici legati alla trasformazione visuo motoria e azione conseguente, processo che avviene nell'area parietale superiore

Nel lobulo parietale inferiore vi è l'immagazzinamento dei dati motori complessi.

Tra i due lobuli vi è il solco intraparietale: è un profondo solco cerebrale che divide il lobulo parietale inferiore dal lobulo parietale superiore, e che ospita al suo interno aree visive e visuomotorie, adibite al controllo dei movimenti di mano, di braccio, o dei movimenti oculari.

La parte più anteriore del solco ospita la cosiddetta regione AIP, Anterior Intraparietal Area, dotata di proprietà funzionali particolari.

Infatti, contiene tre tipologie di neuroni. La prima categoria di neuroni è costituita da neuroni visivi, che si attivano ogni qual volta osserviamo un oggetto afferrabile, e che sembrano essere selettivi non alla sua identità, quanto alle caratteristiche, quali dimensione, forma, peso, ovvero a quelle caratteristiche visive che sono cruciali se dobbiamo interagire con esso per afferrarlo.

La seconda categoria di neuroni è quella dei visuo-motori: ogni neurone mostra coordinazione tra selettività visiva e motoria, cioè è in grado di variare la funzione motoria durante l'azione.

L'area AIP programma automaticamente un'azione di prensione, di interazione con quell'oggetto, indipendentemente dal fatto che il soggetto voglia, o possa, effettivamente afferrarlo o meno.

Ancora più interessante è il fatto che un comportamento analogo è stato dimostrato nei neuroni dell'area F5, anatomicamente connessa con AIP.

Il nostro sistema motorio si attiva quindi ogni qual volta osserviamo un oggetto afferrabile e, cosa più curiosa, prepara esattamente l'azione di afferramento adeguata per prendere quel determinato oggetto, sulla base delle sue caratteristiche tridimensionali, della dimensione

Ricapitolando, durante l'osservazione di un oggetto, quindi, l'informazione viene smistata dalla corteccia visiva su due differenti canali cerebrali.

Da un lato, l'informazione viene inviata al lobo temporale, la cosiddetta via ventrale, dove l'oggetto viene riconosciuto e memorizzato, da un altro lato, l'informazione procede verso la via parietale dove viene immediatamente programmata l'azione "prendi".

Rimaniamo nel concetto di esperimento di Frontal Eye Field.

Il neuroscienziato Caruana ha dimostrato, durante l'Eriksen flanker test che le aree premotorie si attivano in tre differenti momenti:

una prima velocissima - 100 ms - attivazione aspecifica che prevede una moltitudine di attivazioni, una seconda, più lenta e incongruente e una terza - 500 ms - durante l'esecuzione della risposta manuale.

Sembra, confermato dagli esperimenti, che il cervello pianifichi automaticamente tutte le risposte, per poi selezionare successivamente l'azione da compiere, come riferisce Cisek, la più vantaggiosa, quale scopo dell'azione finalizzata.

Secondo Cisek quindi, oltrepassando l'approccio tradizionale, secondo cui il cervello prima seleziona l'azione da eseguire e poi la codifica dandone attuazione, in una prima azione cognitiva il cervello processa i dati visivo-sensoriali, prevede diverse azioni potenziali che competeranno reciprocamente per inibirsi, oltre ad essere influite dalle "afferenze" provenienti dalla via ventrale. *(continua a pag. 152 ⇨)*

APPROFONDIMENTO LA PRESA

RAT

Il RAT reactive Agility Test velocizza la realizzazione di un programma motorio -agilità - frutto di apprendimento avvenuto su pattern di movimento.

È altresì necessario sviluppare una capacità decisionale "anticipatoria" e non reattiva.

La si ottiene tramite l'allenamento al movimento, che consiste nell'attivare le giuste sequenze neurofisiologiche finalizzate all'azione motoria, quale scopo dell'attivazione.

Ciò avviene tramite la creazione di immagini di conoscenza e programmi di azione che attraverso la sinergia di neuroni premotori e motori (F1, F5, A/P), attivati in corteccia e cervelletto, fan sì che l'atleta abbia la capacità di creare azione motoria di skill specifica con decisione anticipatoria e non reattiva.

La reattiva RAT potenzia e incrementa l'anticipatoria, ma, va dosata correttamente durante le fasi di preparazione di Strength & Conditioning, in quanto il comando selettivo della luce o del video sul SNC sistema nervoso centrale, potrebbero portare a depotenziare la capacità di autodeterminazione volontaria nel creare movimento, rendendola dipendente dalla reattiva! E soprattutto a livello di stabilizzatori per la posizione verticale, essendo l'occhio stabilizzatore secondario, potrebbe inibire il primario, il propriocettivo.

L'OCCHIO UMANO

L'occhio umano non è perfetto.

La lista dei malfunzionamenti è lunga: obbliga il cervello a continui aggiustamenti e integrazioni, ha la retina rovesciata verso l'interno (l'occhio del polpo è molto meglio, come i quattro occhi del ragno saltatore), ha solo tre recettori per i colori (l'occhio composto del gambero mantide ne ha da otto a dodici), ha un campo visivo ristretto, soffre di aberrazione cromatica, di punti ciechi e di altri antipatici difetti che tutti i portatori d'occhiali conoscono bene.

Il primo occhio non serviva per vedere come vediamo noi oggi, certo, ma per distinguere appena una sorgente di luce, anche solo intravedere una sagoma potenzialmente pericolosa, per cominciare a scorgere contrasti di luci e ombre, poi discriminare figure più nitide e infine vedere oggetti tridimensionali, colori e prospettive nitide. Di gradazione in gradazione, spinti dalla forte pressione selettiva dell'orientamento nello spazio (se hai predatori in giro, meglio avvistarli per tempo), gli occhi si evolsero almeno trenta volte in parallelo in diverse linee di animali (Dawkins, 1986).

E mai due volte nello stesso modo, mai due volte arrivando allo stesso risultato (occhi a lente come i nostri e quelli dei polpi, occhi a tubi multipli, occhi a buco di spillo, occhi composti ecc.). Accumulando gradualmente piccole variazioni utili ed ereditarie, si passò da occhi rudimentali e imperfetti a occhi sempre più complessi e apparentemente perfetti. Non perfetti in assoluto, ma comparativamente più perfetti. (liberamente tratto dal libro Imperfezione, Telmo Pievani).

L'evoluzione è un "tinkering", un aggiustamento continuo dell'esistente, che lavora sull'inerzia progressiva dell'evoluzione.

Animali morfologicamente molto simili, seppur diversi come noi è lo scimpanzè, possono avere un corredo genetico uguale al 98%. Pensa che noi abbiamo ancora i resti archeologici di tre geni che negli antenati rettili permettevano la produzione del tuorlo nelle uova; infatti nei primi stadi di vita dell'embrione si forma un sacco del tuorlo vestigiale che poi sparisce nelle settimane successive...

Facendo un passo nel tempo, indietro, arriviamo a cavallo tra l'Homo Abilisi e l'Homo erectus, i quali hanno prodotto i primi strumenti in una sinergia evolutiva occhio-mano. Ricordiamoci che a differenza dei pesci abbiamo sostituito, creando un'angolo retto con il "tubo digerente", la bocca con la posizione degli occhi. Questo ha permesso la formazione dei polmoni e lo spostamento della laringe in una pregressa visione di sviluppo del linguaggio quale triade perfetta dell'Homo Sapiens insieme appunto al linguaggio e alla neotenia di Louis Bolks.

I POLMONI

Nel passaggio da pesci a mammiferi è stata cruciale una mutazione.
Una parte dell'esofago permette di inalare l'aria al posto delle branche e piano piano, mutazione dopo mutazione, questa parete diventa un diverticolo vascolarizzato, direttamente sopra l'apparato digerente. Poi diventa una vescica che ritmicamente si riempie di aria e infine un polmone, una coppia di polmoni.
Come illustra Thomas Myers nel suo libro magistrale, se potessimo estrarre integri i sistemi del nostro corpo, potremmo farlo solo con tre:
il sistema nervoso, quello circolatorio e quello fasciale. E sono tutti tubi!
Nell'evoluzione un tubo digestivo è diventato anche un tubo respiratorio e quest'ultimo è diventato a sua volta uno strumento di produzione vocale.
Vediamo come sono collegati il linguaggio e la mente.
L'uso di strumenti si situerebbe , curiosamente, tra l'evoluzione del bipedismo e l'emergere del linguaggio.
Questo integrarsi tra strumento e linguaggio chiama in causa le abilità sensorimotorie dello Skillman e le rispettive capacità astratte di ragionamento: L'intelligenza simbolica.
Tuttavia soltanto per la nostra specie, Homo sapiens moderno, sembra certa la presenza della capacità di pensiero simbolico, come dimostrano le sue sofisticate produzioni artistiche e ornamentali, le sue complesse sepolture dei morti, e in generale la sua ricchezza culturale, testimoniata anche dall'elevata diversificazione degli artefatti in varianti locali.
Tattersall definisce la "capacità umana" - quella differenza di capacità tra Homo sapiens attuale e i nostri progenitori - nei termini di quelle che in Biologia si chiamano "qualità emergenti", per mezzo delle quali in sistemi complessi una nuova combinazione di caratteristiche, produce casualmente un risultato inatteso, non precedentemente osservabile o prevedibile
E il migliore esempio di tale emergenza è proprio il cervello umano. Ciò che è accaduto nel corso dell'evoluzione è che abbiamo acquisito nuove capacità, non in sostituzione, ma in aggiunta a quelle vecchie.
È grazie al linguaggio che la nostra mente ordina i suoi contenuti in categorie astratte: il linguaggio articolato permette infatti il compimento di certi tipi di associazioni (i riferimenti simbolici) non solo tra parole e oggetti del mondo, ma anche tra parole e altre parole o concetti astratti.
Per questo motivo il linguaggio articolato è sinonimo di pensiero simbolico. Il cervello umano è stato quindi "ex-attato" (cooptato funzionalmente) per il linguaggio e il ragionamento simbolico.
Anche per T.W. Deacon nel corso dell'evoluzione umana emerse una fondamentale correlazione tra l'utilizzo del linguaggio articolato e l'aumento di volume del cervello,

soprattutto nella regione prefrontale (prefrontalizzazione).
Al tempo stesso, si è notata l'esistenza di una corrispondente evoluzione linguistica: come gli organismi, anche le lingue si evolvono, adattandosi per sopravvivere alle richieste, cognitive e comunicative, dei loro ospiti umani. L'uomo moderno, in quanto specie simbolica, è il prodotto di questa "simbiosi evolutiva", di questa "coevoluzione" tra linguaggio e cervello, tra evoluzione culturale ed evoluzione fisica.
Aggiungendo il punto di vista delle neuroscienze a questa magnifica capacità evolutiva dell'uomo, si riesce ad apprezzare ancora di più, a seguito di studi effettuati da Caruana e Orban, come via sia un recente sviluppo filogenetico che riconducendo alle aree sensitivo motorie sopra descritte, l'utilizzo degli strumenti attiva un circuito specializzato unicamente dedicato all'utilizzo di utensili!
Addirittura più sensazionale furono gli esiti dello studio del neuroscienziato giapponese Iriki, il quale mostrò come neuroni bimodali del solco intraparietale anteriore, caratterizzati dalla presenza di campi recettivi sia somatosensoriali che visivi intorno alla mano, espandevano il campo recettore visivo fino ad includere l'intero strumento durante l'utilizzo. Bastava che lo sperimentatore si avvicinasse allo stesso strumento, perché i neuroni bimodali si attivassero come se stesse realmente toccando la mano del soggetto!!
Questa panoramica antropologo - scientifica ci porta diretti al titolo dell'articolo.
La presa per essere portata a termine necessita delle dita, classico esempio di exaptation (riuso a partire da una forma già esistente).
Le dita negli arti erano già presenti in pesci con le pinne lobate che si trascinavano sui bassi fondali fangosi, ben prima di diventare un adattamento cruciale per camminare sulla terraferma.
Penne e piume si evolsero nei dinosauri teropodi per funzioni connesse alla termoregolazione, alla selezione sessuale e al bilanciamento della corsa, prima di essere proficuamente riutilizzate per il volo planato e poi per il volo attivo.
Il risultato è che ancora oggi molti uccelli usano le loro piume sia per librarsi in volo, sia per regolare la temperatura corporea, sia per esibizione e corteggiamento.
Dalla termodinamica all'aerodinamica quindi, gradualmente, ma si può anche tornare indietro: gli struzzi e i rarissimi pappagalli neozelandesi kakapo non usano più le ali per volare ma le riusano per bilanciare la corsa, esibire la propria forza, corteggiare, e per fare ombra ai piccoli. Quindi il 5% di un'ala non era un'ala. E le ali non si sono evolute per volare.
Il nostro è un cervello selettivo e come tale parziale. Percepiamo l'ambiente, siamo dotati di un sistema nervoso che "simula" e che taglia preventivamente una buona percentuale di dati e informazioni che provengono dall'ambiente, a garanzia di rapidità nelle scelte ed economicità nel mantenimento delle funzioni.
Puntiamo perciò tutto su visione e tatto, un po' meno sull'udito e lasciamo in subordine l'olfatto seppur anatomicamente considerato, nei tratti olfattori, una protuberanza, un' appendice del Sistema Nervoso stesso.
Puntando sul tatto, osserviamo come nel processo ontogenico si sommano gli stadi di

attuazione dei programmi motori dedicati alla funzione, così importante nello sviluppo delle vie corticospinali, implementate appunto dalla linea diretta dello sviluppo cognitivo con quello manuale.
Il periodo in disamina è quello senso-motorio che va dalla nascita ai 2 anni ed è di grande importanza perché verranno elaborate le sub-strutture cognitive che formeranno la base del costrutto percettivo e intellettivo.
Lo stadio di riferimento è quello che va dal 3 all' 8 mese, denominato stadio delle reazioni circolari (Jean Piaget).
La coordinazione tra la visione e la prensione permette al neonato di afferrare e manipolare tutto ciò che vede nello spazio circostante.
La reazione circolare secondaria si contraddistingue dalla primaria perché diretta agli oggetti.
Questo stadio importantissimo è correlato al movimento fine e allo sviluppo successivo in un continuum che Piaget associa allo sviluppo embrionale definendolo "embriologia mentale".
In questa fase i punti fissi degli arti superiori sono sul torace attraverso la spalla e i punti mobili sull'omero e da lì su ulna, radio, carpo. Questo fa sì che vi sia "facilitàzione" di competenza nel movimento per il Sistema Nervoso.
Poi, al momento in cui il bambino punta gomiti e braccia a terra, oltre alle gambe, il punto fisso si sposta e si posiziona - invertendosi - sugli arti.
Questo è il momento in cui prendono il via i "bipedism attempts", tentativi di bipedismo. Il bimbo ruota e rotola su sè stesso, mimando i programmi motori che compirà da lì a pochi mesi.
Questa fase è talmente importante e necessariamente da adattare ad un allievo in recupero del movimento, che in Academy l'abbiamo codificata in un semplice protocollo, con una serie di esercizi lineari e integrabili alle riabilitazioni da trauma o patologia, che gli allievi effettuano con i riabilitatori professionali, i fisioterapisti (infatti il metodo è stato sviluppato negli anni proprio grazie alla consulenza e guida della dr.ssa Valentina Vivoli, studiosa del Movimento e fisioterapista con anni di esperienza clinica nelle disprassie nei bambini e preadolescenti).
La metodica è denominata RE-MOVE© e consta già di recuperi importanti su atleti professionisti. L'ultima applicazione in ordine di tempo, è quella svolta sugli esiti di frattura di una clavicola di calciatrice attaccante Top Series, Nazionale Italiana.
Prima di arrivare all'importanza della presa e della specificità e allenabilità delle impugnature, occorre delineare le funzioni del complesso "arto superiore" al servizio di movimenti fini e complessi che la mano può compiere.
La leva del braccio è svantaggiosa. Questo vuol dire che nell'evoluzione abbiamo dato priorità al ROM di movimento e alla velocità del gesto rispetto all'espressione di forza.
Spieghiamo il concetto: un deltoide che si inserisce distalmente sull'omero in posizione ravvicinata alla gleno omerale potrà generare, a discapito di una minima contrazione muscolare e di un ridotto movimento, un movimento distale ampio e veloce.

LA STORIA DI "LARA"

Lara, un bellissimo viso e un altrettanto bellissimo sorriso. È arrivata in studio per chiedere informazioni.

Il neurologo le ha prescritto di fare movimento per una diagnosi di Sclerosi Multipla.

Lara esegue una ricerca sul web e trova noi: Be-move.

Katia: "durante il primo incontro quando ho cominciato ad ASCOLTARLA , abbiamo parlato, ovviamente, del motivo principale per cui era lì, poi, con domande mirate e basate sul concetto di 'Empatia', siamo arrivate al bisogno secondario.

Lara ha seguito il consiglio del medico neurologo, ma se fosse entrata in una 'palestra' comune per fare movimento e si fosse trovata davanti una 'venditrice' di 'numero tessera' e 'spazi', avrebbe deciso di iscriversi?

Anche se la risposta ipoteticamente fosse si ... che tipo di movimento avrebbe fatto?

Con quali risultati ? E che tipo di risultati?

Quanto sarebbe durata la sua frequenza senza uno scambio di feedback e una iperrelazione?

Quanto è importante avere una formazione che ci permetta di rientrare nella categoria del BODYWORKER e avere anche competenze di relazione di aiuto?

Perché possiamo essere degli ottimi trainer e avere eccellenti competenze, ma se non le sappiamo comunicare, se non sappiamo andare oltre il bisogno primario, se non sappiamo ascoltare, se non conosciamo le domande giuste, se non le sappiamo porre con la giusta tonalità, con la giusta tempistica ... e se non sappiamo dare delle risposte a queste domande, tutto il nostro sapere potrà 'arrivare ' a Lara?

E, quante 'Lara ' ci sono? Quante da domani dovranno vedersi adattare i loro bisogni ai servizi di una palestra?

Lara decide di comiciare quello stesso giorno ed viene affidata ad Adriana, Bodyworker specializzata in metodi PMT© Movimento, BPT ©Movimento con dolore e JRP ©Riposizionamento neuro-articolare

Adriana: "la sclerosi le dava già sintomi quali, stanchezza, neurite occhio dx e anestesie al risveglio delle estremità del corpo".

Nella valutazione ectoscopica della cliente abbiamo individuato il preciso Matrix con metodica JRP©.

Il primo obiettivo è stato quello di adattare il programma di movimento al suo stato di anestesia neurologica, ridandole consapevolezza del proprio corpo in metodica Bottom-Up. "Da una mente che pensa ad una mente che sente"

A seguito di riunione tecnica, abbiamo strutturato il programma di Movimento di Lara, consistente in diverse Milestones di verifica risultati intermedi.

Il 14 febbraio 2020 abbiamo iniziato il percorso in studio, lavorando sul riposizionamento del diaframma con metodica JRP©(riposizionamento ZOA), che le ha concesso maggiore libertà di movimento sui "gates" del movimento.

Secondo step, sempre tramite metodica JRP©, abbiamo lavorato insieme per il ripristino della capacità di Forward Locomotor Movement© tramite le oscillazioni cinestiche.

Lara è passata da un tempo di verticalità in tonico di 10" per gamba ad un tempo di 30" per gamba, implementando i Rom e il controllo settoriale di lavoro dei Movement Gates. (Tutti i dati sono inseriti nel CRF, per verificarne l'adattamento in cronico).
Già alla seconda lezione il feedback di Lara è stato quello di avere una miglior percezione del corpo rispetto all'ambiente esterno, di essere contenta a fine lezione e di iniziare a percepire nuovamente il suo corpo.
Ha voglia di re-imparare a muoversi.
Causa Covid, abbiamo continuato il lavoro, tramite lezioni online, e il report di Lara ad oggi è il seguente (autorizzazione ai sensi normativa vigente):
"Da quando ho iniziato ho sentito una forte differenza in positivo, soprattutto per quello che riguarda la stanchezza e il movimento. Ultimamente si sono ridotti drasticamente gli episodi di "ritorno" dei sintomi della neurite, infatti sempre meno spesso mi si offusca la vista dopo/durante attività fisica.
Anche i mal di testa sono ormai quasi scomparsi.
In sintesi, mi sento molto più "capace" di muovermi».

APPROFONDIMENTO LA PRESA

BRAIN STORMING

"Tempesta del cervello"

Tecnica di gruppo inventata tra gli anni '40 e '50 da Alex Osborn.
Consiste in una discussione di gruppo incrociata e guidata da un tutor (solitamente), il cui scopo è far trovare ed emergere il maggior numero di idee possibili su un argomento precedentemente definito.
A me piace usarlo con lo staff di BE-MOVE, in una fase specifica del Problem Solving.
Sei stato presente ai corsi di formazione di Academy, ti sarai sicuramente trovato dentro una "tempesta di cervelli" senza rendertene conto e, magari, eri uno dei "divergenti", figura alla quale si attribuisce un peso elevato, che alza il livello qualitativo della tempesta. Strano vero?
Assisto come tutti in questo periodo a molti webinar.
Sorrido quando vedo come gli "speaker" (li chiamo così perché presentano la trasmissione di altri, o i loro capi o da chi hanno copiato il metodo) reagiscono ai divergenti... gli chiudono il microfono o ignorano lo script della domanda...
Altresì molti "colleghi" formatori si preparano solo sul taglio preventivo alle obiezioni, usando linguaggio generativo unito a quello evasivo (Milton Model).
Forse perché sono insicuri sul "maneggiare la materia che insegnano"?
Pensare che io cerco proprio i divergenti...
Come puó esserci crescita, confronto e diciamo pure sfida, se l'altro non ha valore a prescindere? Se lo tagli, se lo "obiezioni" anticipatamente?
Sarebbe come svilire l'avversario, renderlo debole, pugnalarlo prima, come in un celebre film.
Scordando ció che lo Sport dovrebbe insegnare nella vita: tu vali grazie alla presenza

del tuo "avversario" e più te lo scegli di vaore e più sei degno di sfidarlo e soprattutto di ringraziarlo per averti offerto la possibilità di metterti alla prova.
Per questo ci sono Formatori e Speaker...

APPROFONDIMENTO

(⇨*continua da pag. 145)*Per assicurarsi questa capacità, l' "inerzia" evolutiva ci ha dotato di un braccio esile dal punto di vista muscolare, ma con elevata presenza di binari fasciali, profondi (setti mediali e laterali) e superficiali (tendini del tricipite e del bicipite). Infatti, il muscolo lo ritroviamo a ridosso dell'avambraccio a dare forma ai muscoli estensori e flessori delle dita, muscoli che nel tempo hanno lavorato profondamente nella realizzazione del binomio evolutivo vincente mente - mano.
Non a caso la spalla, pur essendo un'articolazione fortemente instabile è la più mobile del corpo è anche attraversata da muscolatura ad elevata percentuale di fibre bianche, fibre che ci rappresentano possibilità di espressione di forza e velocità.
Infatti la spalla può sostenere carichi elevati ma per poco tempo. Viene in mente niente? Lo scagliare una lancia dotata di una punta acuminata? O lo spostamento di un carico ingombrante con l'aiuto delle gambe..
Thomas Myers ci indica chiaramente come le linee fasciali superficiali e profonde, rispettivamente anteriori e posteriori, intervengano nell'equilibrare questo complesso articolare, così mobile quanto instabile.
Riuscire ad afferire un'algia alle vertebre cervicali, o un deficit di prensione su impugnatura a 5 dita con mano semipronata, con correlata disfunzione del gomito, ad una linea profonda posteriore (elevatore scapola) o ad una superficiale (trapezio), fa la differenza in un allievo, che a causa di continuate prese scorrette finisce con i movimenti ripetuti ad influire su comparti di "servo assistenza biomeccanica come il gomito, o su vertebre importantissime quali le cervicali.
Un test semplice e di facile esecuzione è quello descritto dalla Sahrmann nella valutazione della disfunzione dei muscoli stabilizzatori del polso durante un'estensione delle dita. Questa disfunzione di competenza la troviamo in studio a 9 allievi su 10 ed è quasi sempre riferibile all'attività lavorativo-sociale.
Impugnare penne, mouse, manopole dello scooter, volanti, cellulare: utensili consueti che purtroppo prevedono molto spesso una flessione del polso ed a conseguire un aggravarsi di presumibile preesistente disfunzione apicale a gomito e spalla.
Pensate che mediamente gli utenti delle palestre hanno a che fare con impugnature dei macchinari o dei cosiddetti attrezzi funzionali, senza essere prima passati da una valutazione complessiva sulle linee fasciali, sul posizionamento della scapola rispetto al torace, alla testa e all'omero.
È nostra abitudine controllare la forza distribuita nelle 5 dita con un esercizio banalissimo, la stretta di mano; esercizio che fornisce informazioni praticamente infinite sulla correlazione psico-emotiva del soggetto
Spesso chi scrive riesce ad indovinare l'attività lavorativa a seguito di stretta di mano

ed eventuali algiè correlate alla spalla e alle cervicali.
Una delle esperienze formative che ricordo con maggior gioia è la consulenza continuativa messa in essere a vantaggio di una forte squadra di Brazilian jiu jitsu di Firenze. Oltre alla banca dati redatta sui tanti lottatori agonisti in merito al movimento e alla respirazione (che mi permette ancora oggi di avere specifici "skill deficit"), ho applicato una metodica di lavoro sulle impugnature molto particolare ed efficiente, dato la richiesta sport specifica di non usare il pollice in opposizione.
Nel frattempo, seguendo alcuni atleti della stessa scuola che erano fighter e lottatori di MMA, ho chiuso il cerchio a livello di controllo e sviluppo forza e resistenza, sia nelle prese che nei colpi portati a mano coperta da guanti di varie once e quindi più o meno "chiusa". Pensavo, come può capitare a chi legge adesso, che sviluppare la forza nella chiusura della mano e nella estensione delle dita, non servisse alla forza espressa in un veloce pugno.
Sbagliavo. La riprova è l'atleta pro Mustapha Haida. Con lui lavoriamo tantissimo sui vari tipi di presa, nel controllo, nella forza e nel mantenimento della mobilità.
Grazie a Mustapha ho potuto conoscere e assistere in sala operatoria ad uno dei chirughi più innovativi ed efficaci che oggi la nostra chirurgia della mano di metta a disposizione, Loris Pegoli.
Forte dell'esperienza accumuluta nei giorni di dissezione a Denver sotto la guida dei maestri Myers e Garcia, osservare i cinematismi delle dita e del polso, le fasce e le relazioni con le ossa del carpo, su paziente vivo, mi ha certamente aiutato a capire più profondamente l'importanza del lavoro sulle 5 dita e sulla fascia specifica.
In studio BE - MOVE abbiamo da tempo messo in pratica in studio, una metodica di lavoro sulle impugnature.
A partire dalla valutazione, approcciamo sempre alle disfunzioni della spalla, della mano, delle linee fasciali relative.
In presenza di dolore, sia cervicale che del braccio, fino alla parte alta del busto (vertebre toraciche), poniamo subito in atto esercizi specifici al recupero della competenza del Sistema Nervoso e della/e posizioni articolari.
A livello di attrezzi alterniamo prese con impugnatura di vario tipo usando tutto ciò che possiamo recepire sul mercato a livello di densità, superfici e materiali.
Come scrivevo nel post qui riportato
È basilare conoscere il corpo umano. La nostra professione ci permette l'onore di essere a contatto con allievi a cui desideriamo e possiamo cambiare in meglio la qualità della vita, prendendoci cura della loro salute di movimento e direttamente del loro assetto psico-emotivo in una visione Embodied Cognition, mente e corpo incarnati.
Sappiamo benissimo che il movimento migliora il cognitivo, il cervello, attraverso il rilascio di neurotrasmettitori, ormoni, citochine messaggere, miochine antinfiammatorie e BDNF.
Addirittura recenti scoperte ci illuminano in queste "teorie" legate all'evidenza esperenziale.

Nel 2016 il team di neurobiologi coordinati da Michael Greenberg alla Harvard Medical School ha pubblicato su Nature alcuni risultati sperimentali in merito all'evoluzione del cognitivo nell'uomo.

I ricercatori hanno messo in coltura neuroni umani e di topo, confrontando le loro reazioni a una stimolazione che simulava un'accresciuta attività neurale.

Hanno così osservato quali geni nelle due colture in vitro venivano maggiormente sollecitati dall'attività neurale eccitata.

Molti geni, risultavano essere gli stessi nelle due specie, come previsto in base alle somiglianze genetiche tra i topi e noi. Uno in particolare invece, che interessava quasi soltanto la neocorteccia, mostrava una differenza cruciale:

è il gene dell'osteocrina, noto per il suo ruolo essenziale nella crescita delle ossa e nel funzionamento dei muscoli nei vertebrati.

L'espressione di questo gene non è presente nel cervello del topo.

Fa il suo lavoro nelle ossa e nei muscoli, ma nulla nel cervello del roditore.

Al contrario nelle colture neurali umane viene fortemente espresso nella neocorteccia, e soprattutto nei neuroni maturi della corteccia in fase di sviluppo.

Che ci sta a fare un gene deputato a ossa e muscoli nel bel mezzo della parte del cervello coinvolta nelle funzioni cognitive più complesse, tra cui pensiero e linguaggio?

I ricercatori hanno scoperto i cambiamenti genetici che permettono all'osteocrina di attivarsi nel cervello dei primati più simili a noi, ma non in quello degli altri mammiferi.

Il gene nel corso dell'evoluzione ha subito una commutazione funzionale.

È stato riutilizzato, o riciclato, per regolare la forma dei dendriti, per promuovere l'allungamento degli assoni e per favorire altri cambiamenti strutturali che i neuroni subiscono durante il periodo di apprendimento (Ataman 2016).

Serve adesso altro per affermare che corpo e mente sono la stessa cosa?

L'onere che dobbiamo sostenere come Bodyworker del Movimento è quello di implementare continuamente le nostre conoscenze e competenze. Assimilare e Accomodare, imparare e apprendere, apprendere ad apprendere, formarsi continuamente.

Il Bodyworker del Movimento è una figura professionale che ad oggi in Italia non è "capita", benché venga accettata come tale e accostata al nome del professionista nella quarta copertina di un libro italiano (Come ringiovanire invecchiando, Enzo Soresi, Utet).

Ho la fortuna di lavorare con maestri che la riconoscono, sia in Italia che oltreoceano ed ho imparato che sta solo a noi meritarci questo riconoscimento.

Ma per ottenerlo serve dedicare nel planning giornaliero lavorativo almeno un terzo delle ore lavorate ad ore di studio, formazione, lettura, tutoring, coaching, mentorship.

Lo stimolo e l'augurio che faccio a te, lettore, che sei arrivato fino alla fine dell'articolo, è quello di compiere ogni giorno un passo verso l'ottenimento del tuo WHY.

Quello è il vero successo personale.

"mentre gli affari sono un gioco di numeri, il vero successo si misura in termini di ricchezza emotiva: amicizia, disponibilità, apprendimento; in altre parole: chi muore dopo aver raccolto le maggiori gioie, risulta vincitore". (Dale Dauten)

Riferimenti bibliografici
Il Cervello in Azione, Borghi, Caruana, Il mulino UPM
In te mi specchio, Giacomo Rizzolatti, Antonio Gnoli, Rizzoli
Imperfezione, una storia naturale, Telmo Pievani, Cortina Editore

Buzsaki ci racconta che apprese delle oscillazioni «Theta» dell'ippocampo, in forma esaustiva, non a lezione, ma alle discussioni periodiche che aveva a pranzo con il dr Grastyan, discussioni che a volte si protraevano anche per diverse ore.
Il primo incarico di Bazsaki fu quello di esaminare la variabilità delle risposte evocate nell'ippocampo e nella corteccia uditiva in risposta a stimoli sonori in funzione del comportamento.
Scoprirono che il fattore più importante nel prevedere la variabilità delle risposte cerebrali evocate era la variabilità dell'attività cerebrale di fondo.
Buzsaki ci dona un prezioso regalo: l'approccio informale al pranzo-seminario alla scienza è difficile da sostituire con le lezioni formali o la lettura di densi articoli scientifici. Questa condizione dell'apprendimento la conosciamo molto bene in Academy, ed è per questo che abbiamo costituito settori di e-learning informali e durante i corsi tenuti nei vari centri in Italia, riteniamo importante organizzare un incontro informale intorno ad un tavolo dove si pranza o si cena, continuando a discorrere gli argomenti di lezione.
L'idea che l'obiettivo principale del cervello è controllare il movimento è stata ripetuta e enfatizzata da più studiosi nel tempo.
L'unico mezzo del cervello per interagire con il mondo è il sistema motorio, che sia per cercare cibo o per comunicare tramite parole, gesti.
I libri di Gallistel (1980) -consigliatissimo - e Llinàs (2001), discutono di questo punto in maniera eloquente.
Ciò che rende il cervello così speciale e fondamentalmente diverso da tutti gli altri tessuti viventi è la sua azione organizzata nel tempo. Questo dominio temporale è il «dove» l'importanza della ricerca sugli oscillatori neuronali è stata indispensabile, soprattutto correlata alla capacità - infinita- del cervello di stoccare, codificare e richiamare informazioni, episodiche e non.
Il lavoro di ricerca è riferibile ai primi articoli in materia; Berger nel 1929 ha codificato e misurato le oscillazioni dell'elettroencefalogramma, individuando onde da 90 millisecondi fino a onde da 35 millisecondi, meno ampie.
Il ricercatore riferisce che il campo elettrico (e quindi magnetico conse-

guenziale) generato d a milioni di neuroni che scaricano nella corteccia cerebrale è 10 mila volte più piccolo di quello fornito da una batteria AA.
Il ritmo più ampio venne definito «alfa», soggetto ad occhi chiusi, sveglio e calmo. Mentre il «beta» era stato riferito ad onde ad ampiezza più breve, occhi aperti.

ASPETTI PERIODICI DELLA NATURA E RELAZIONE CON GLI OSCILLATORI

La natura è sia periodica che perpetua. La legge della «periodicità» regola tutte le manifestazioni della vita.
La periodicità si riferisce ad uno schema o ad una struttura che si ripete nel tempo o nello spazio.
Ciò che sale dovrà scendere.
Il sole sorge e tramonta.
Senza periodicità non c'è tempo, senza tempo non c'è presente, passato e futuro. Come anticipato, il concetto del tempo è strettamente legato al calore.
Ebbene, nei sistemi viventi la periodicità delle vite individuali dà origine alla continuità della vita sulla terra, al punto che una parte della cultura umana è la celebrazione della periodicità della vita.
Le religioni ebraica e musulmana sono in sintonia con il ciclo lunare. I cristiani hanno adottato un calendario solare.
Periodicità, oscillazione, ritmo (etimologia latina: flusso) e processo ciclico sono sinonimi che si riferiscono allo stesso fenomeno fisico.
Oscillazione è il termine preferito in fisica, gli ingegneri parlano di generatori ciclici o periodici. Neurologi e neuroscienziati usano i termini «ritmi cerebrali».
Il riferimento agli oscillatori nel cervello è recente, questo può aver portato a disconoscere le funzioni del sistema uomo proprio perché non usavamo la parola adeguata per descriverlo.
Come approfondisco nell'articolo seguente, l'uso della parola giusta, la conoscenza della parola corretta, porterà a formulare il pensiero che è la base del processo cognitivo dell'uomo, l'unico mammifero che pensa tra sé.
Nel nostro campo, dei Bodyworker, individuare le funzioni nelle parole «oscillazioni» «ritmo» «fluidità», ha consentito il disvolgersi di concetti innovativi nel capire e codificare operativamente il Movimento e la sua valutazione.

Oggi è ampiamente riconosciuto dalle neuroscienze che, la capacità del cervello di generare e percepire informazioni temporali è un prerequisito sia per l'azione che per la cognizione (cfr lo Skillman).
Queste informazioni temporali sono incorporate in oscillazioni che esistono in scale temporali diverse e misurabili attraverso i domini delle frequenze (spazio) e del tempo.
Le oscillazioni possono essere concepite e visualizzate in termini di spazio e tempo e come vedremo più avanti, misurate.

APPROFONDIMENTO

In studio impostiamo ogni programma rieducativo e regolativo di ogni cliente con il metodo «The Habits», basato su un conceto e diversi requisiti per poterlo realizzare.
L'individuo che si fida e affida a noi necessita, con tutte le cautele del caso, di essere guidato nel nuovo percorso di decisione e azione in merito agli scopi che ci ha manifestato durante la prima fase di incontro-intervista.
Lo scopo del metodo è quello di rendere proattivo, agente di se stesso, il cliente, responsabilizzandolo nel continuare a perpetrare la scelta fatta, danfogli continuità che si attua attraverso l'esecuzione di compiti giornalieri, condivisi insieme.
Quello che segue è un esempio di Flowchart del processo delle Habits che fa parte degli asset di BE-MOVE srl.
«L'obiettivo delle habits è quello di rendere continuativo il percorso individuale di miglioramento personale, innescato in Studio, al fine di raggiungere il risultato in tempo minore e pienamente.
L'applicazione giornaliera delle habits è il requisito base per poter consolidare e fortificare il risultato raggiunto e fare da fondamenta per il successivo.
IL PRIMING
Innesca il tuo stato emozionale per la giornata
Questo è il momento più importante, dove ti prendi cura di te.
1) RESPIRAZIONE ____
Connessione corpo e mente. Antidoto a stress, ansia e depressione.
2) RENDI GRATITUDINE PER 3 ASPETTI DELLA TUA VITA
Antidoto a rabbia e paura. 2 esperienze accadute, grandi. 1piccola (tempo)
3) LEGGI 10 PAGINE DEL LIBRO CHE HAI SCELTO ________________
THE REST - il riposo notturno -
Dai il via libera alla cascata ormonale che potenzierà il tuo riposo
Questo è il momento in cui ti approcci alla fase di ricarica di energie mentali e fisiche
SPEGNI il Wi-Fi
SPEGNI LA TELEVISIONE ALMENO 2 ORE PRIMA DI ANDARE A DORMIRE
SMARTPHONE E PC DEVONO AVERE ATTIVATA LA FUNZIONE "NIGHT SHIFT"
Ogni dispositivo elettronico ed elettrico (telefono, lampada collegata alla presa) devo-

no distare almeno 2 metri dal letto.
Se non puoi fare a meno di vedere la TV indossa gli appositi occhiali riproducenti spettri luce notturna
Il consiglio successivo è quello di cominciare ad azionarsi nell'ottica di regolare i ritmi circadiani.
Svegliarsi all'orario sincrono del sorgere del sole, uscire e guardarlo ad occhi aperti per almeno 5', unendoci gli esercizi del Priming.
Coordinare le proprie attività lavorative e familiari con la possibilità di osservare il tramonto. Per almeno 5', riprendendo gli esercizi di Priming
Andare a dormire non più tardi delle 21.30/22 ogni giorno.
Apporre il nastrino adesivo sulle labbra per chi iperventila.
Senza conoscere la forza delle parole, è impossibile conoscere gli uomini".
Confucio
Abbiamo conquistato l'uso della parola in anni di evoluzione.
Il tutto si deve riferire allo sviluppo allometrico del cranio.
L'uomo di Neanderthal ha avuto uno sviluppo lineare, con riduzione relativa della lunghezza e della larghezza dei lobi occipitali, sviluppo sagittale e accorciamento dell' accordo parietale.
Il Sapiens ha avuto uno sviluppo parietale notevole e conseguente capacità di pensiero simbolico.
L'abbassamento della laringe ha favorito un ampliamento dello sviluppo faringeo e conseguente capacità di articolare il linguaggio.
I lobi parietali sono legati alla percezione e regolazione dei nostri sensi, al movimento e all'orientamento nello spazio, ma soprattutto alla percezione visiva, alla parola, ai processi informativi e cognitivi (1).
Nessun altro mammifero possiede l'abbassamento della laringe.
Questo crea una cassa di risonanza doppia, la bocca e la faringe.
Così, invece dei suoni nasali e gutturali tipici dei Neanderthal, consente l'articolazione del suono da parte delle corde vocali e la fonazione di vocali orali a,e,i,o,u.
È una trasformazione anatomica rischiosa, funzionalmente, perché impedisce di deglutire e respirare contemporaneamente, esponendoci al rischio di soffocamento.
I nostri figli, fino ai 2 anni di età, mantengono la laringe alta per succhiare il latte senza rischi; dopo la stessa si abbassa e apre lo spazio faringeo all'articolazione del suono, mentre la base del cranio si allarga per accoglierlo. (2)
Ecco un breve excursus di come la capacità di esprimere un linguaggio attraverso le parole, abbia consentito di unirci in gruppi sociali e risolvere i problemi di sopravvivenza, destinandoci al vertice della catena alimentare.
Le parole vengono usate per farci ridere o piangere, possiamo trasmettere le nostre intenzioni più nobili e far conoscere i nostri desideri.
Winston Churchill ha avuto la capacità unica di mandare in battaglia un esercito di giovani ragazzi con il suo famoso appello perché facessero di quell'ora "la più bella

della loro vita".
Suscitò nei sudditi un coraggio senza pari. (3)
Il vocabolario di una persona media va dalle 2mila alle 10mila parole.
La lingua inglese, per esempio, consta di circa 500mila parole: significa che mediamente un individuo inglese usa dallo 0,5 al 2 per cento della lingua!
Di queste 500mila parole circa 3mila descrivono un'emozione
1051 parole descrivono un'emozione positiva
2086 quelle negative!
Circa 264 parole descrivono l'emozione della tristezza.
Solo 105 descrivono l'allegria..
Provate a scrivere su un foglio le emozioni che avete provato oggi e scrivete il numero nei commenti. Facciamo una prova. Arriveremo a 10 emozioni cadauno?
I linguisti, Lakoff insegna, hanno dimostrato che culturalmente siamo plasmati dal nostro linguaggio.
Per esempio nella lingua inglese i verbi sono importantissimi: la cultura inglese infatti si vanta di essere molto attiva e di sapere entrare in azione molto prontamente, ma di contro, come il prof Galimberti ci fa notare, non sono dotati di astrattismo.
Qualsiasi cosa a cui si riferiscono deve avere un riferimento corporale, no-body, every-body.
Per questo nelle relazioni con le culture anglosassoni noi italiani falliamo comunicazione quando la impostiamo sull'astratto, che è retaggio della nostra cultura, rinascimentale soprattutto.
La cultura cinese attribuisce grande importanza alle cose piuttosto che alle azioni; infatti nei vari dialetti cinesi si nota una netta predominanza dei sostantivi sui verbi.
Dal punto di vista della cultura cinese i sostantivi rappresentano le cose che non mutano, che durano, mentre i verbi, le azioni, oggi sono qui, domani chissà.
Anthony Robbins, nel suo libro, da cui sono tratti liberamente questi passaggi, riporta il dialogo con un amico, dove ad un certo punto, stimolato da un frase dello stesso, esordisce con "non proviamo certe emozioni perché non abbiamo le parole per rappresentarcele?".
Se non siamo dotati di un vocabolario ampio, come possiamo rappresentarci ciò che proviamo, sentiamo, di cui abbiamo "estesia" corporea?
La nostra coscienza incarnata...
Pensate che in certi popoli indiani non hanno conoscenza del comportamento che afferisce al concetto e alla parola di "bugia"; questa parola non esiste nel loro vocabolario!
Mentre in alcuni villaggi delle Filippine pare non ci siano le parole che indicano "dispiacere" "odio" e "guerra".
La psicologia cognitiva incentra parte della sua scienza sulla capacità di produrre immagini di conoscenza per attuare programmi di azione.
L'azione è una conseguenza dell'emozione.

"Emovere", "portare fuori", "muovere da", le emozioni sono reazioni a stimoli che muovono l'azione. (4)

Più parole conosci e puoi richiamare dal tuo vocabolario, e più possibilità hai di descrivere e comunicare un'emozione.

Ripenso a una atleta nazionale di pattinaggio che poco tempo fa mi disse: "sono in ansia" e per questo pattino male, i salti non mi vengono bene.

Abbiamo provato insieme a far fluire dal suo corpo, dalla sua "embodied cognition", dalla sua percezione e sensazione "incarnata", un sinonimo di ansia.

Per aspetti di privacy non posso riportare le parole trovate, ma l'esito è stato più che positivo, il pattinaggio è tornato fluido e i salti regolari, questo solo perché la giovane atleta si rappresentava l'emozione in modalità e connotati diversi, più lievi e perciò superabili con pochi strumenti di Coaching.

Le parole che usiamo producono effetti biochimici, cascate endocrine di ormoni e neurotrasmettitori capaci di alterare, in meglio o peggio, le nostre credenze, i nostri stati d'animo, il nostro "stare e azionarci nell'ambiente".

Che vie di uscita abbiamo?

Banale suggerire di procurarsi una di quelle cose piene di pagine e inchiostro...

Gli psicologi dell'infanzia Betty Hart e Todd Risley hanno dato seguito a studi della neuroscienziata Patricia Kuhl dell'Università di Washington - dove la stessa asseriva e dimostrava che i bambini esposti alla lingua attraverso interazioni umane, implementavano il proprio quoziente intellettivo, cognitivo ed emozionale - registrando centinaia di ore di interazione tra bambini e adulti di 42 famiglie appartenenti a varie situazioni socioeconomiche.

I bambini provenienti da situazioni agiate, con genitori professionisti con formazione universitaria, ascoltavano mediamente 2153 parole all'ora dirette a loro.

I bambini provenienti da famiglie a basso reddito e formazione genitoriale media, ascoltavano circa 616 parole all'ora.

Entro il giorno del terzo compleanno i bambini delle famiglie agiate avevano sentito 30 milioni di parole in più dei bambini economicamente disagiati e presentavano un QI elevato. (4)

Tutto questo fa riflettere...

"le parole formano il filo con cui leghiamo le nostre esperienze" Aldous Huxley

Riferimenti bibliografici

1. E.Bruner et al : ENCEPHALIZATION AND ALLOMETRIC TRAJECTORIES IN THE GENUS HOMO: EVIDENCE FROM NEANDERTHAL AND MODERN LINEAGES PNAS; Dec 2003 vol 100 n 26 15335-40
2. Telmo Pievani : HOMO SAPIENS ed ALTRE CATASTROFI; Melteni ed, 2006
3. Anthony Robbins : COME MIGLIORARE IL PROPRIO STATO MENTALE, FISICO, FINANZIARIO, Bompiani 2019 ristampa 1991
4. Erica Francesca Poli : LE EMOZIONI CHE CURANO, Mondadori 2019

Il cevello non elabora semplicemente le informazioni, ma genera anche informazioni.
Il mondo esterno è simulato (cfr Piramide di BE-MOVE) , rappresentato attraverso esperienze, un continuo adattamento di modelli auto generati.
Il cervello è per l'azione, non per il pensiero.
Gli input ambientali sono un requisito assoluto per la creazione di attività cerebrale utile. Il cervello e l'ambiente formano un ambiente unico, accoppiato, in simbiosi, incorporati l'uno nell'altro.
Il ritmo generato dal cervello per l'immersione nell'ambiente è stato dimostrato da Grastyan nel suo esperimento di come erano collegati l'oscillazione «Theta» e il riflesso di orientamento dei gatti. Da qui gli studi sul rapporto comportamentale delle oscillazioni Theta, riferibile ai 2-6 anni di età, periodo durante il quale il bambino si appropria del Movimento bipede, avendo maturato le connessioni cortico-spinali e trovandosi nella fase di sviluppo relativa alla fase di autonomia ed esplorazione, subito conseguente alla fase dello stadio: «senso-motorio» descritto da Piaget.
Importante fare cenno della parte dei riflessi, che fanno da cornice ai movimenti inziali del bambino e che avvengono entro i due anni.
Il riflesso di rooting su tutti. Il bambino muove il capo lateralmente in modo armonico, quando il capo è inclinato nella posizione tipica dell'allattamento, così da facilitare la ricerca del capezzolo materno. Questo riflesso, insieme ad altri, dovrà poi confluire in un movimento decisamente strutturato attraverso le vie piramidali cortico spinali, per dar vita a movimenti di ordine superiore (rif. Vigostkij) e complesso: il Forward Locomotor Move.
Ecco qui il fallimento di molte scuole che lavorano sui riflessi. il movimento deve essere volontario.
Queste sono le fasi dove il desiderio e le credenze si sommano nel diventare la modalità di approccio all'ambiente, attraverso il movimento; le fasi di iniziativa
Queste sono le fasi dove il desiderio e le credenze si sommano nel diventare la modalità di approccio all'ambiente, attraverso il movimento; **le fasi di iniziativa**.
Gli studi di Grastyan hanno condiviso insieme ad altri scienziati, l'opinione secondo cui l'oscillazione Theta dell'ippocampo è associata ad alcune elaborazioni di alto livello degli input ambientali.

La **più influente è stata quella di Vanderwolf del «movimento volontario». La sua tesi era che le oscillazioni Theta si verificassero durante il movimento volontario e intenzionale, al contrario dell'immobilità e del movimento involontario, cioè attività stereotipata.**
Vediamo come il cervello ha sviluppato centri cerebrali efficaci nel gestire le informazioni dell'ambiente, attraverso una vera e propria costruzione di vie comunicative interne simile alle nostre strade, con autostrade, strade statali e scorciatoie create tra i rivoli delle piccole strade di paese.
Il talamo è un hub per la neocorteccia che fornisce scorciatoie funzionali tra le vaste aree degli emisferi cerebrali e riduce la lunghezza del percorso sinaptico tra le varie aree corticali.
L'oscillazione più importante del cervello del risveglio è la famiglia dei ritmi alfa che si manifestano selettivamente in ogni sistema talamocorticale sensoriale e motorio in assenza di input sensoriali. Tuttavia, le oscillazioni alfa non sono semplicemente il risultato di un disimpegno obbligatorio ma possono riflettere l'elaborazione mentale interna.
Per esempio durante il sonno.

APPROFONDIMENTO

Cornelius Hendrik "Caso" Vanderwolf (1935-2015) è stato un canadese neuroscienziato. Cresciuto nella comunità rurale di Glenevis, Alberta , Vanderwolf continuato a guadagnare una laurea dalla University of Alberta e il lavoro laureato completato con Donald Hebb alla McGill University , completando il suo dottorato di ricerca nel 1962 (Buzsaki e Bland 2015). In seguito al completamento del suo dottorato di ricerca, il caso ha trascorso un anno presso il California Institute of Technology con Roger Sperry (1962-1963) e un altro anno con Konrad Akert, il fondatore del Brain Research Institute dell'Università di Zurigo (1963-1964).
Vanderwolf ha trascorso più di 30 anni presso l'University of Western Ontario a London, Ontario , durante i quali ha pubblicato più di 140 documenti sul rapporto di dell'ippocampo, neocorticale, e l'attività corticale piriforme al comportamento e la dipendenza di molte di queste relazioni cervello-comportamento su l'attività di centrali neuroni che rilasciano il sostanze trasmettitore acetilcolina e serotonina . (Whishaw e Bland 1998; Buzsaki e Bland 2015). Già nel 1964, fu tra i primi ricercatori a studiare attentamente la correlazione fra onde di attività del motore e il cervello osservabili. Registrazione dal talamo e ippocampo di ratto comportarsi, ha trovato un rapporto di fiducia fra 'movimento volontario' e ritmica (theta) attività EEG. Questo documento presto (Vanderwolf e Heron, 1964) è stata seguita da una descrizione dettagliata di una varietà di comportamenti motori e dell'ippocampo theta oscillazione (Vanderwolf 1969). Egli ha dimostrato che nel ratto veglia, EEG dell'ippocampo è dominato da the-

taoscillations (6 a 10 Hz, per questo ha coniato un nuovo termine, ritmica attività lento o RSA) durante la locomozione, allevamento, testa esplorativo tornitura, e annusando. Al contrario, in altri comportamenti osservabili come mangiare, bere, governare, e immobilità, theta è sostituito da 'grande ampiezza attività irregolare' (LIA).
Brevemente Sleep è lo stato predefinito del cervello-default, nel senso che si sviluppa come uno stato auto-organizzato o spontaneo senza un supervisore esterno. Il sonno condivide numerose funzioni con uno sviluppo cerebrale precoce autonomo. Entrambi non sono stati omogenei ma evoluzioni di "stadi" in cui le oscillazioni stabilizzano temporaneamente la dinamica del cervello.
È stato ipotizzato per più di un secolo che il sonno può servire a cementare o consolidare i ricordi riproduzione di parti e dettagli dell'esperienza di veglia. Inizialmente, questo servizio del sonno ha contribuito esclusivamente al sonno REM e al contenuto dei suoi sogni. Esperimenti recenti sottolineano l'importanza primaria del sonno ad onde lente nel processo di consolidamento perché le loro dinamiche demografiche condividono diverse somiglianze con condizioni che
favoriscono la plasticità sinaptica Dimostrano che il sonno porta ad un aumento della memoria e delle prestazioni rispetto alla stessa quantità di tempo di veglia trascorsa.
Esperienza stereotipata estesa o che dura tutta la vita, come la meditazione, l'atletica e altre abilità, può portare a un'alternanza quantitativamente misurabile di schemi oscillatori nelle relative rappresentazioni corticali. Senza un allenamento supervisionato, il cervello non sviluppa un senso di relazioni nel mondo reale. Non esiste una ragione a priori per cui la rappresentazione dell'ambiente nel cervello dovrebbero essere tridimensionali.
Un meccanismo chiave in questo allenamento supervisionato sono le sensazioni generate dall'attività muscolare, che iniziano durante la tarda vita intrauterina.

***

IL SONNO E LA DEPURAZIONE DEL CERVELLO

Il sistema linfatico è deputato a smaltire i rifiuti metabolici delle cellule che vengono rilasciati nel liquido interstiziale.
Il sistema linfatico lo aspira e lo incorpora nel fluido linfatico che scorre attraverso i linfonodi per filtrare appunto le scorie e gli agenti patogeni, prima di scaricarlo, attraverso la vena cava, nel sistema circolatorio.
Questo sistema non può occuparsi della depurazione delle scorie e dei metaboliti del cervello perché non può passare la barriera ematoencefalica.
Come si purifica il cervello? Attraverso il sistema glinfatico.
Questo sistema si attiva solamente quando si dorme, soprattutto nelle prime ore del sonno, quelle dove vi è in concomitanza l'acrofase giornaliera del GH (dalle 21/22), parte della notte dove le onde lente assicurano le fasi profonde del sonno più lunghe e quelle REM più corte e meno influenzanti all'operazione di filtraggio.

Le cellule cerebrali hanno la caratteristica di ridursi di dimensione e volume durante il sonno, aumentando lo spazio extracellulare fino al 60%.
Il fluido spinale scorre agevolmente in questi spazi, complice il pulsare costante del cuore, in un ritmo che porta a contributo una sincronia cuore-respiro rigenerativa per il sistema «uomo», riuscendo a smaltire anche la Beta Amiloide (Alzheimer, definito diabete di tipo 3). Queste tossine verranno poi inviate al fegato per essere smaltite.
Jeffrey Iliff Rochester Medical Center
https://www.ncbi.nlm.nih.gov/pmc/articles/PMC3880190/
Le grandi pulizie avvengono nel sonno, «Le Scienze» 18 ott 2016» da Maiken Nedergaard del Centro di Neuromedicina dell'Università di Rochester (New York, USA).

È il layout tridimensionale del sistema muscolare scheletrico che fornisce la metrica del mondo reale al sensorio innescando oscillazioni nel sistema talamocorticale in momenti critici dello sviluppo del cervello che coincidono con l'emergere di connessioni corticocorticali e corticospinali a lungo raggio. Senza la supervisione del sistema muscolare, il cervello non ha alcun senso della forma del corpo.
Allo stesso modo, l'azione controllata dal cervello è probabilmente necessaria per altre abilità percettive, come la visione e l'orientamento spaziale. Brevemente Il modello di campo più caratteristico della neocorteccia attiva e sveglia è l'oscillazione gamma. A causa della sua bassa ampiezza, la natura oscillatoria di questo modello EEG era difficile da rivelare dai primi registratori meccanici di penne, per questo motivo il modello EEG del cuoio capelluto in fase di veglia era generalmente definito "desincronizzato". Le oscillazioni gamma sono onnipresenti in tutto il cervello
L'ippocampo è il motore di ricerca per eccellenza per il recupero delle informazioni archiviate. In questo ciclo, abbiamo esaminato come le oscillazioni theta dell'ippocampo sono legate alla memoria episodica e semantica, alla "resa dei conti" (o integrazione del percorso), alla navigazione "basata sulla mappa" (o punto di riferimento).
L'ippocampo e le strutture associate sono organizzate in più cicli e fanno parte dell'allocortex, con connessioni reciproche con la neocorteccia. dei neuroni dell'ippocampo è l'oscillazione theta, un ritmo sostenuto associato alla navigazione esplorativa.
Pertanto, forse non è scandaloso affermare che un requisito per comprendere le interazioni tra rete e sistema nel cervello è la comprensione della

natura dell'accoppiamento oscillatorio.

In breve L'elaborazione top-down e bottom-up dei segnali è una semplice astrazione. Nelle reti cerebrali non esiste un "top", poiché l'attività a qualsiasi livello può essere trasmessa ad altri livelli, in ordine crescente o decrescente.

Gli studi di registrazione suL cuoio capelluto umano, profondità e subdurale descrivono costantemente una maggiore potenza delle oscillazioni Theta nelle attività di memoria.La maggiore potenza nella banda theta durante la fase pratica ("codifica") è specifica per gli oggetti recuperati con successo. Tuttavia, i casi di aumento del potere theta osservati in diversi siti corticali sono raramente coerenti tra loro o con l'aumento simultaneo del potere theta nell'ippocampo. Si può scoprire che i ritmi del cervello sono anche i ritmi della mente.

Una nuova storia dovrebbe iniziare qui.

Probabilmente non è sfuggito all'attenzione del lettore che i ritmi come riflessi dei calcoli corticali globali, possano essere alterati da un'ampia varietà di agenti e che queste perturbazioni debbano alterare seriamente le prestazioni cerebrali.

I ritmi sono un **fenotipo robusto** che può essere monitorato e quantificato oggettivamente per la diagnosi e la progressione dei disturbi psichiatrici e neurologici, correlati al movimento: corpo e mente.

Sebbene "ritmopatie", "oscillopatie" e "aritmie" siano state discusse ripetutamente nel corso degli anni (John, 1977; Rensing et al., 1987; Llinás et al., 2005; Schnitzler e Gross. 2005), i nostri recenti progressi nella comprensione dei meccanismi e del contenuto neuronale dei ritmi cerebrali infonde una nuova vita a questi vecchi termini.

I ritmi sono influenzati dalla maggior parte dei farmaci psicotropi e testare i loro effetti sulle oscillazioni neuronali diventerà probabilmente uno strumento diffuso nella scoperta di droghe.

Illuminante è l'esperienza provata dal giornalista e saggista statunitense Michael Pollan nel suo viaggio attraverso le droghe, che ci racconta nel libro «Come cambiare la tua mente».

Il giornalista nella sua cronaca nel mondo delle droghe esplora, anche in prima persona, gli effetti che provocano alla mente, nella misura in cui mente vada a coprire e scoprire il significato della parola Coscienza.

La Coscienza è la nostra inconfondibile sensazione di essere, di possedere, un sè con delle esperienze.
Freud scrisse in «Civilization and its Discontents» «nulla per noi è più sicuro del senso di noi stessi, del proprio IO».
Pollan ci pone l'ipotesi dell'idea che una sostanza psichedelica sia abbastanza potente da disturbare profondamente il sistema che noi chiamiamo «coscienza in stato di veglia», così da spingere allo scoperto alcune delle sue fondamentali proprietà e caratteristiche.
Il contrapposto sono gli anestetici (medicinali in primis), che disturbano, mettono a tacere la coscienza, rendendo esiguo l'accesso ai dati, inerenti a ciò che sta provando l'individuo.
«gli psichedelici saranno per la comprensione della mente quello che il telescopio è stato per l'astronomia e il microscopio per la biologia». Da questa citazione di Grof, Carhart Harris, neuroscienziato, lavora ai correlati neurali dell'esperienza psichedelica:
essendo passato per studi di psicoanalisi, rifugge l'idea di non poter provare scientificamente che **l'inconscio possa essere esplorato**, cosa che purtroppo la psicoanalisi non può fare.
Dalla lettura di un libro «Realms of the human unconscious» di Stanislav Grof, Carhart Harris affronta con passione lo studio che si era prefissato: avrebbe usato le sostanze psichedeliche e il Brain Imagin per dare fondamento alla teoria della psicoanalisi di Freud e Jung.
Nel 2005 si presenta a Beckley - Beckley foundation - e alla presenza della fondatrice Amanda Feilding, condivide con lei le ambizioni in ambito di ricerca della coscienza.
Trovati i volontari iniziano la sperimentazione che da subito fornisce dei risultati:
La psilocibina riduce l'attività del cervello - riduzione del flusso ematico - e tale riduzione è concentrata in una particolare rete cerebrale, la DMN «default mode network».
La DMN costituisce per l'attività cerebrale un hub localizzato centralmente, di importanza fondamentale, che connette alcune regioni corticali a strutture più profonde implicate nella memoria e nell'emozione.
La definizione deriva da un neurologo, Marcus Raichle, della Washington University (Proceeding of the National Academy of Sciences - PNAS -.

Le strutture che definiscono la DMN, seppur ancora oggi non universalmente accettate sono:
La corteccia prefrontale mediale e del **cingolo posteriore, il lobulo parietale inferiore, la corteccia temporale laterale**, la **formazione ippocampale**. Randy et al The Brain's Default Network - Annals of the New York Academy of Sciences 2008.
Raichle aveva osservato che alcune aree del cervello mostravano un aumento di attività proprio quando, mentalmente, i soggetti non stavano facendo nulla.
Ciò che mostrava attività era la DMN, luogo dove la nostra mente si ritira a vagabondare , a sognare ad occhi aperti, a viaggiare nel tempo, a riflettere su noi stessi, a pre-occuparsi.
La coscienza forse scorre tra queste strutture?
Quando il mondo richiede la nostra attenzione, la DMN si attenua, in un alternarsi ciclico di **variazioni di frequenza oscillatoria del cervello.**
La DMN è attiva quando siamo impegnati in attività metacognitive superiori: riflettere, pensare al futuro, ragionamento morale.
Questa parte del cervello, spiega Carhart Harris entra in piena attività nell'adulto.
Questo perché la parte ippocampale si sviluppa attraverso vari stadi, che sono caratterizzati da precise frequenze oscillatorie.
Così come il cervello è un sistema gerarchico, la DMN influenza top-down su altre parti del cervello.
Come un direttore d'orchestra, acquisisce e gestisce l'elaborazione visiva, l'attività motoria, tutte segnalazioni elettriche, (con i rispettivi campi magnetici) ai quali afferisce una priorità.
L'ordine è mantenuto in una cacofonia di «rumore» che altrimenti porterebbe alla malattia mentale.
La DMN sembra aver assurto al ruolo di creazione di costrutti mentali, il moderno «sè» o ego.
Curioso è constatare come la DMN sia quel centro cerebrale che si attiva quando vengono ricevuti dei like sui social (Brewer «Craving Mind»).
I nodi della DMN sono ritenuti responsabili della memoria autobiografica, della conquista di un sè individuale e ben definito.
Il lato negativo è che questa struttura è che creando, facendo percepire,

una presenza di identità individuale, per paradosso funzionale, ti distacca dalla natura, dall'ambiente, dalla realtà.
L'essere un'artista e raggiungere alte vette nella realizzazione della propria **eudaemonia**, può portare altresì a forme distruttive dell'orgoglio e infelicità, correlando questi stati transitori di light depression ai vagabondaggi della mente causati dalla DMN (A Wandering Mind is an Unhappy Mind, Killingsworth e Gilbert).
Gli pischedelici comportano una disattivazione della DMN e portano a provare un'esperienza mistica che molti oggi possono provare a raggiungere attraverso la meditazione, la respirazione olotropica - iperventilazione - di Grof, la deprivazione sensoriale, il digiuno, la preghiera, la pratica di sport estremi, soprattutto quelli ad alto impatto ambientale e aerobici continuativi.
Carhart Harris ipotizza che una scansione cerebrale in certi avvenimenti, potrebbe portare ad un'evidenza di silenziamento della DMN, realizzato attraverso la **diminuizione del flusso ematico cerebrale**
o alterando i ritmi oscillatori centrali che organizzano l'attività cerebrale.
Dal libro della farmacologa e giornalista scientifica Agnese Codignola «LSD» Utet editrice, questo estratto, pubblicato sul blog «neurobioblog.com» articolo dr. Soresi:
«studi controllati, in parte pubblicati ed in parte in corso su varie patologie analoghe a questi casi, sono numerosi ed aprono la porta a possibilità terapeutiche interessanti per la rapidità della soluzione e l'alta incidenza di guariti.
Uno degli studi più significativi riguarda il Dpts (disturbo post traumatico da stress) pubblicato da Rick Doblin della Maps (Multidisciplinary Association for Psychedelic studies) in cui 20 donne con Dpts cronico, da stupro, trattate con ecstasy (Mdma) o placebo hanno avuto beneficio misurabile e duraturo nell'83 % dei casi contro il 25% ottenuto nel gruppo trattato con placebo.
Un analogo studio su 107 pazienti ha portato in tre mesi con la somministrazione di Mdma a 61 casi di guarigioni stabili. Gli studi nella depressione grave con la somministrazione di LSD in sedute controllate in un percorso psicoterapeutico sono già numerosi e lo stesso si può dire per quanto riguarda la terapia con psillocibina nelle dipendenze da alcol e fumo.
Ma cosa succede quando la DMN viene disattivata, in altre parti del cervello?

Le regioni limbiche implicate nelle emozioni e nella memoria, vengono «liberate», aumentando l'attività cerebrale.
Ecco che risulta possibile spesso accedere a traumi, emozioni, rimasti sepolti molto tempo, anni, situazioni ottimali per permettere agli psicoterapeuti un proficuo intervento funzionale.
La DMN interviene non solo sul «Top Down», bensì sembra possa agire come filtro anche sul «Bottom up».
Usando l'attenzione e la percezione il cervello, normalmente, produce simulazioni dell'ambiente esterno, attraverso l'interpretazione delle informazioni, filtrate e integrate da credenze, esperienze precedenti e modelli operanti, generando una ipotesi ben fondata della realtà nella quale poi ci «spinge» ad azionarci come lo studio sul Movimento dello Skillman ci insegna.
Per molti scienziati questi costrutti stessi possono essere intesi come una «illusione» della realtà, seppur la linearità tra i dati offerti dal bottom up e i nostri pre-concetti, dati in memoria, siano una quasi sicurezza di esame di realtà affidabile.
Il fatto di avere una DMN disattivata, causa psichedelici, cosa può succedere? Secondo Carhart - Harris niente di sconvolgente, se non che il cervello, impaziente di dare un senso al veloce flusso dei dati in entrata, salta a conclusioni erronee e a volte ne risulta un'allucinazione.
Il paranoide fa la stessa cosa, imponendo senza pausa, una falsa narrazione al flusso delle informazioni in entrata.
Ma questo lo conoscono bene anche i carcerati indotti in isolamento o i nostri coabitanti di questo mondo malato, che durante la recente pandemia, per esempio, sono stati isolati per settimane intere dentro un tubo di plastica, praticamente estraniati dalla realtà «vera». Si stima che molti di loro abbiano avuto una morte indotta dalla solitudine dell'isolamento.
Il cervello, unità - sistema incredibilmente complesso, dotato di molteplici stati mentali, fa del mantenimento dell'ordine la sua priorità, per evitare il caos.
Il cervello dei nostri cugini antenati mostrava un'architettura e un programma esecutivo di interpretazione della realtà molto più semplice, quasi elementare.
La realtà veniva campionata meno meticolosamente, facilmente indotta

al pregiudizio dalle emozioni di base, da ansie e desideri. Una cosiddetta «coscienza primaria»

Secondo Carhart Harris, con l'evoluzione della DMN è emerso nel cervello umano un modo migliore per sopprimere incertezza ed entropia. La DMN ci fa acquisire un senso coerente del sè e dell'ego e da lì la capacità di ragionamento e pensiero razionale.

Freud definirebbe questa condizione una «coscienza secondaria», che rispetta la realtà, cerca di simularla in una modalità più possibilmente attinente al nostro «reale» raziocinante, minimizzando sorpresa e incertezza, definita «entropia».

FOCUS ENTROPIA

Carhart-Harris, in un articolo ambizioso, espone le sue teorie tra psicoanalisi e scienze cognitive: con la DMN il cervello in età adulta raggiunge un equilibrio, un'entropia controllata, ma ha un prezzo?

L'articolo asserisce di sì. Sopprimere l'entropia serve a promuovere il realismo, la lungimiranza, la riflessione ponderata, il raziocinio.

«The entropic Brain: A Theory of Conscious State Informed by Neuroimaging Research with Psychedelic Drugs; 2014 , Frontier in Human Neurosciences

I bambini piccoli, gli stati psichedelici, le fasi iniziali delle psicosi, il pensiero divergente o creativo: alta entropia, DMN a livello quasi azzerato, inattiva.

Bassa entropia: pensiero rigido, limitato, le dipendenze, il disturbo ossessivo-compulsivo, la depressione, l'anestesia, l'analgesia da stress continuativo, il coma.

In questo ultimo caso vi è un eccesso di ordine a livello cerebrale, che sfocia nei casi dove la ruminazione e la rimuginazione possa portare ad un controllo attivatorio della DMN elevato, che sfocia poi in una completa dissociazione dall'esterno.

Carhart ipotizza che chi soffre di pensiero rigido, , tra cui le dipendenze, le ossessioni e i disturbi alimentari, possa trarre beneficio dall'assunzione di pischedelici, da un innalzamento dell'entropia superiore; come cita Michael Pollan di cosa scrive Carhart: «gli psichedelici possono essere in grado di «lubrificare la cognizione, disorganizzando l'attività cerebrale».

Aumentare l'entropia il sistema torna ad una modalità meno vincolata.

APPROFONDIMENTO NEURO BIOLOGICO CHIMICO

I composti psichedelici, a causa della loro affinità con i recettori serotoninergici 2°, inducono alcuni neuroni corticali (piramidali dello strato V), ricchi di tali recettori, a scaricare in modo tale da DESINCRONIZZARE le consuete OSCILLAZIONI cerebrali nella frequenza delle onde ALFA, quelle che sono state messe in correlazione con l'attività della DMN, specificatamente con l'autoriflessione. In tal modo la bassa entropia si rialza, concedendo la possibilità di uscire da uno stato di dissociazione dall'ambiente sempre più gravoso per la salute.
Come ben descrive Robert Sapolsky nel libro «perché alle zebre non viene l'ulcera»; Castelvecchi editore.
L'amigdala è il net operativo cruciale nella decisione di un cervello che simula, di quanto e come posizionare lo Skillman nell'ambiente.
L'amigdala viene fortemente attivata durante gli stressor principali e invia all'ippocampo una proiezione grande e determinante. L'ippocampo viene ostacolato nelle sue funzioni, tra cui memoria operativa, va ricordato possedere anche funzioni di memoria di movimento. (Mc Caugh Glucocorticoids and the regolation of memory consolidation; Memory ed Emotion.
Le parole di Pollan suonano così particolari, quasi incredibili, ci connettono e avvicinano ad un mondo inesplorato, perché sempre scansato, ci allontanano dalla fisica newtoniana e ci portano verso una concezione dei quanti, che sembra sempre essere più regolatrice e presente del nostro essere «esseri viventi» su questa terra:
«un eccesso di entropia può portare a modalità di pensiero ancestrali e, qualora sia portato all'estremo, alla follia, d'altra parte, se l'entropia si riduce, può ugualmente paralizzarci».
Quest'ultima parola, paralizzarci, è molto simile al concetto di freezing, quello reale, quello con paura. Quest'ultima parola, paralizzarci, è molto simile al concetto di freezing, quello reale, quello con paura.
Paralizzare, freezing, paura, ansia, dissociazione.
Tutte parole che hanno un senso e un minimo comune denominatore: il nervo vago e la teoria sviluppata da Stephen W. Porges.
Tutto inizia nello studio medico del dr. Soresi a Milano, in una tarda mattinata, dopo aver finito alcune visite su pazienti sofferenti di BPCO, cercando di applicare concetti pratici di respirazione Buteyko e JRP per la liberazione del mediastino.

Vedendomi compiere alcuni esercizi, mi consiglia di leggere il libro di Porges, in quanto le relazioni con il metodo JRP e la respirazione, secondo la illuminante visione del dr Soresi, andavano a coincidere con i concetti e la teoria di Porges, in un afflato di tecniche riunite sotto il cappello della psicofisiologia, mondo eccitante e del tutto contemporaneo nel favorire la comprensione dei mediatori fisiologici del comportamento. (da qui si accese una fiammella che poi ha portato a creare il brand BE-MOVE, Behaviour & Movement).

Porges parte dalla ricerca di Peter A. Levine, sul trauma psicologico e sulle terapie su base somatica.

Interessantissimo a livello pratico-applicativo il concetto di «liberazione dell'energia intrappolata» dal trauma, essenza stessa del trauma; noi Bodyworker del Movimento, in questo contesto, abbiamo un ruolo importantissimo.

Apprendere, comprendere, i meccanismi neurobiologici che mediano gli effetti debilitanti di un trauma, risulta di basilare importanza per la modalità di sviluppo del metodo di misurazione, messo a punto da me.

La mediazione delle emozioni dal parte del nervo vago:questo è l'argomento portante degli studi di Porges e della sua teoria che ne è scaturita.

L'emozione è il meccanismo, **lo stimolo** ambientale di interpretazione mente corpo della realtà.

Poi come dice Damasio e la Poli, il come la percepisco, il sentimento, va a creare lo stato d'animo, la credenza, la convinzione che mi aziona nell'ambiente. (metti appunti robbins libro blu).

L'uomo ha due facce della stessa medaglia, come fossero un Giano Bifronte.

I legami di attaccamento e I meccanismi di difesa, come le emozioni siano ricevute dalla corteccia e dal limbico per poi creare i meccanismi di difesa, meccanismi inconsci che riducono l'ansia derivante da stimoli «emozioni» inaccettabili o potenzialmente dannosi. Si tratta di reazioni fisiologiche, neurofisiologiche, che si sono evolute nel tempo.

La filogenesi ci traccia la via, illustrandoci come il nervo vago sia in realtà composto da due sistemi, funzionali, adattivi, epigeneticamente influenzabili oltremisura.

Nei pesci anfibi il sistema dorso-vagale è il primo a manifestarsi, il più arcaico. È responsabile dei meccanismi di freezing - immobilizzazione, caratteri-

stici dei pesci, degli anfibi, dei rettili e nei mammiferi superiori poi.
È relegato alla gestione e regolazione dei processi vegetativi posti sotto al diaframma, i visceri.
Si attiva in caso di pericolo, reale, o almeno così dovrebbe, e porta ad un irrigidimento iniziale, anticipato da una prima fase di rallentamento, che può essere ripetuto ed esacerbato da continui riflessi di orientamento (Sokolov 1963 - Lacey 1967, Graham e Clifton 1966). Questa fase appena descritta la si rileva chiaramente durante le valutazioni del Synchro Lab.
Porta ad un'immobilizzazione completa, ben determinata, che non nasce da una condizione di sicurezza, ma da paura.

APPROFONDIMENTO

L'ORECCHIO E IL MOVIMENTO

L'evoluzione è un TINKERING, aggiustamento dell'esistente, una diversa utilizzazione e regolazione della stessa informazione strutturale (Jacob 2000).
Lavora soprattutto sull'inerzia evolutiva pregressa.
Perciò animali anche assai diversi sul piano morfologico e comportamentale, come gli scimpanzé e noi, possono avere un corredo genetico in realtà molto simile (identico per più del 98%).
Il riutilizzo di strutture già esistenti rende molto frequente in natura la presenza di strutture subottimali, cioè imperfette.
Si apre quindi la possibilità per un secondo meccanismo: parti dell'organismo selezionate per una certa funzione ancestrale, per esempio gli ossicini necessari nei pesci al sostegno dell'arco branchiale, vengono "riadattate" a funzioni nuove, andando a sostenere la mascella (consentendo la masticazione nei primi tetrapodi terrestri).
Le tre piccole ossa dell'orecchio medio dei mammiferi derivano da quelle che negli altri vertebrati e sospendevano al cranio la mascella superiore (Luo 2007 - 2001 - Wang et al 2001).
Quindi le funzioni in gioco sono tre, assai diverse una dall'altra: sostegno delle branchie; collegare la mascella alla scatola cranica; favorire la trasmissione del suono. Nel 2011 i paleontologi hanno trovato in Cina una forma di transizione, un mammifero vissuto 125 milioni di anni fa, che fotografa questo processo di riaggiustamento funzionale in atto. Secondo vari scienziati si sostiene che l'obiettivo della catena di ossicini, sia quello di ridurre l'effetto dei suoni a bassa frequenza, proprio attraverso la conduzione ossea.
I muscoli stapedio e tensorio del timpano supportano questa attenuazione, effettuando un effetto simile alla tensione - detensione della pelle di uno strumento a percussione.
Lo scopo è appunto quello di usare la muscolatura dell'orecchio medio per tendere il timpano e permettere così la ricezione di frequenze alte, trasmetterle all'orecchio

interno per poi essere elaborate.
Queste frequenze sono associate alla voce umana e ad altre vocalizzazioni dei mammiferi.
Il distacco delle ossa dell' orecchio medio dalla mandibola ha comportato due importantissime e distintive adattivitá evolutive:

1. L'osso della mascella non è più stato limitato dal cranio per espandersi e permettere e sostenere lo sviluppo corticale (Rowe 1996) e il ritmo di movimento in relazione alla Spiral Line rispetto alla Lateral Line(A.C.2019), linee che si sono passate il testimone nello sviluppo filogenetico da pesce-anfibio a mammifero terrestre. Il Movimento che ambedue le linee consentono e mostrano come retaggio filogenetico, lo possiamo individuare nel test di riferimento del Crawling in PMT© di BE-MOVE Academy.
2. L'orecchio medio ha così permesso di sentire i suoni ad alta frequenza anche quando l'ambiente è dominato da quelli a bassa frequenza.

Se la catena degli ossicini non si tendesse, i mammiferi superiori perderebbero questo vantaggio evolutivo e non sarebbe loro consentito spostarsi nell'ambiente con la "sicurezza" di percepire le frequenze adatte conseguente.
Solo i mammiferi superiori possiedono un diaframma toracico adattato per coordinare le vocalizzazioni con gli sforzi della respirazione.
Il diaframma toracico è regolato attraverso modalità di intervento del sistema nervoso autonomo e con la precisa sincronizzazione dei muscoli faringei e laringei, che plasmano le caratteristiche acustiche rendendo le espressioni facciali coerenti con lo stato d'animo a guida emotiva.
Queste azioni sono intimamente connesse all'organo che più di tutti è attore protagonista nel generare ritmi di Movimento, e demandarli al cervello: il cuore. Cuore e respiro.
Durante stadi difensivi, i muscoli dell'orecchio medio non si contraggono, perdendo il vantaggio funzionale su frequenze ambientali; mentre in altri momenti più "soft", a livello sociale, accade che viene aumentata la capacità funzionale dell 'orecchio e data la relazione con le vie corticobulbari, sincronizzata a stadi emotivi di rilassatezza.
Tutti questi "stadi" ambientali sono nettamente e precisamente riconducibili a stati emotivi della vita sociale odierna.
E sono misurabili.
In Academy abbiamo dati di ricerca inerenti la misurazione accurata di quanto esposto, e trovano collocazione nella parte rossa della piramide del Movimento dello Skillman.
La nostra mission è quella di portare questo knowledge ai nostri colleghi corsisti e soprattutto, una volta assimilato, dotarli di capacità di misura oggettiva, che consenta l'applicazione di metodologia specifica, su basi di psiconeurofisiologia ed evidenze scientifiche concrete e attuali.
PREGAIT© è l'innovativo corso di BE-MOVE Academy che mette in relazione operativa orecchio e piede, calcagno e vestibolo.
Lavorare con questi mezzi operativi fa la differenza in un mondo dove purtroppo, indi-

vidui che necessitano muoversi, sono ridotti ad essere considerati solo in base a quanti metri quadri occupano.
Qualità sopra la Quantità.
Il futuro è già qui.

Filogeneticamente si è sviluppato, come secondo step, il sistema definito «rettiliano» dell'avvicinamento/attacco o allontanamento/difesa. Denominato anche in maniera incompleta Flight or Fight. Le due F mancanti completano il sistema (Fright and F**k).
Il terzo ed ultimo step, quello più importante in relazione alla nostra esistenza è il vago ventrale, mielinizzato, che a sua volta è composto da due componenti, la sopradiaframmatica, quella deputata a cuore polmoni (oscillatore cardio polmonare) e quella somatomotoria, che regola i muscoli della faccia, il sorriso, il contatto oculare, la comunicazione, il controllo sociale.
Capire i funzionamenti del vago mielinizzato ci consente di integrare le teorie dello sviluppo del bambino, in quanto, proprio per il fatto che le vie cortico spinali sono immature e non consentono la gestualità del bimbo, lo stesso si affida ai muscoli facciali per comunicare le proprie emozioni e il relativo processo di attaccamento.
Pensate in natura quanti scontri sono evitati, quante ferite scansate, grazie al solo scoprire la dentatura di un lupo alpha nei confronti di un lupo del branco con intenti sovversivi. E quanto la comunicazione sociale faccia affidamento a questi collegamenti delle vie corticobulbari con i muscoli facciali: questi muscoli infatti consentono di rendere il viso espressivo, permettono di esprimere consenso o assenso con la testa, dare intonazione, distinguere la nostra voce nel mezzo della natura.
La comunicazione non verbale è prioritaria. Provate questo esperimento:
Asserite in una frase un qualcosa ad un vostro interlocutore, ma mentre lo fate girate la testa in senso di diniego, durante tutto il parlato. Poi chiedete se l'interlocutore crede a ciò che avete detto...
Filogeneticamente questo passaggio evolutivo ci ha consentito una immobilizzazione «senza paura», in grado di vocalizzare con inflessione e ritmo attraenti, mostrare espressioni facciali contingenti, modulare i muscoli dell'orecchio medio per poter distinguere la voce umana.

Il battito cardiaco decelera, il respiro diventa più lento e profondo, i movimenti del collo e della testa diventano, appunto, più morbidi e armonici.
La teoria polivagale lega l'evoluzione della regolazione neuronale del cuore all'esperienza affettiva, all'espressione emotiva, alla comunicazione vocale.
La teoria sostiene che il controllo neurale del cuore è connesso da un punto di vista neuroanatomico al controllo neurale dei muscoli del volto e della testa e dal punto di vista del movimento a quelle vertebre cervicali e craniali così diverse in forma e funzioni, ma così profondamente immerse nei ritmi di movimento.
Il cuore assume, già dalla sua «nascita» nell'embrione di 20 giorni, il ruolo di coordinatore e guida della crescita, attraverso le oscillazioni, le vibrazioni, il ritmo che per tutta la vita genererà.
La parola cuore ha una radice anglofona «hrd», da cui derivano appunto, rispettivamente la parola Heart e la parola Hertz.
Il cuore emette un campo magnetico che gestisce i sottocampi di sviluppo, in coerenza con l'entanglement di Erwin Rudolf Josef Alexander Schrödinger, premio Nobel per la fisica, austriaco.
Questi campi influiscono i generatori centrali di ritmo, nel cervello, al punto da essere considerato oggi il cuore, sede della mente; organo portatore dei nostri ricordi più profondi, ma anche più caratterizzanti il nostro carattere.
Sono molti gli aneddoti in tal senso, uno su tutti è quello di una donna trapiantata di cuore, donato da un giovane ragazzo. La stessa aveva acquisito i gusti del giovane, mangiava wurstel e beveva birra... gusti che non aveva mai avuto, o quello del signore trapiantato che di notte chiamava in sonno il nome della moglie del donatore, quando non ne conosceva naturalmente l'identità.
Il primo oscillatore è proprio il cuore, riconosciuto capace di settare le frequenze degli altri organi.
Mette a punto l'attività respiratoria dei polmoni: ecco l'importanza della valutazione dell'oscillatore cardio-polmonare con HRV e Capnografo del Synchro Lab.
L'ossitocina, responsabile dell'immobilizzazione senza paura, viene prodotta dal cuore. Questo muscolo velocizza la frequenza di ritmo durante l'inspirazione e la rallenta durante l'espirazione. Nel cuore, l'informazione dello stato di attivazione del sistema simpatico o parasimpatico, si desume

sempre e precisamente tramite la misurazione della hrv in raffronto alla capnografia.
Siamo in grado di desumere se lo stato di immobilizzazione sia con paura o senza paura e soprattutto da quanto tempo.
Il cuore adotta il modello di ritmo all'emozione vissuta e allo stato d'animo conseguente.
Come descriverò più avanti nel libro, questo tipo di valutazione esprime in numeri e onde di diagrammi la riconquista del corpo in una medicina della mente.
La terapia di cura e guarigione di un individuo, grazie anche alle moderne Neuroscienze di Damasio, Porges, Shon Carroll, Caruana, Rizzolatti, passa da un corpo che, attraverso il «sentire», pensa...
Come appena scritto e asserito da Porges nella sua teoria, il cuore, insieme all'apparato respiratorio forma l'oscillatore cardio-polmonare.
L'assunto che ha cambiato la mia visione e soprattutto ha migliorato la mia mission è che, anche il soma possiede degli oscillatori, biologici, innati, in sincronia con quelli centrali e sono misurabili.
Ma da cosa nasce la necessità di sincronizzarci internamente per poter essere in simbiosi con l'ambiente, per poterci sincronizzare e regolare anche con esso? Le molteplici regolazioni allostatiche ed omeostatiche che intervengono in ogni istante nel nostro corpo, come sono collegate con la flora e la fauna del Serengeti? Hanno forse regole e leggi biologiche in comune?
Mentre la nostra popolazione cresceva a 7 miliardi, gli effetti collaterali del nostro successo hanno generato notizie inquietanti.
Ad esempio, il numero di leoni nel mondo è precipitato da circa 450.000 a soli cinquant'anni fa a 30.000 oggi.
Il re degli animali che una volta vagava per tutta l'Africa e il subcontinente indiano è scomparso da ventisei paesi.
La Tanzania detiene ora il 40 percento di tutti i leoni africani, con una delle loro più grandi roccaforti rimaste nel Serengeti. Ci sono storie simili negli oceani. Gli squali hanno aggirato i mari per oltre 400 milioni di anni, ma negli ultimi cinquant'anni le popolazioni di molte specie in tutto il mondo sono precipitate del 90-99 percento. Ora, il 26 percento di tutti gli squali, compresi il grande squalo balena e lo squalo balena, è a rischio di estinzione.
Il Serengeti, tutto il parco, dalle piante agli insetti, dalle prede ai predatori,

sta soffrendo questa realtà.
Ma non è così che funziona la natura.
Proprio come la salute umana soffre, quando il livello di una componente critica è troppo basso o troppo alto, ora capiamo dalle Regole del Serengeti come e perché tutti gli ecosistemi possono ammalarsi quando le popolazioni di alcuni membri sono troppo basse o alte.
Vi sono prove crescenti che gli ecosistemi globali sono malati o almeno molto «debilitati».
Una misura che gli ecologi hanno sviluppato è l'impronta totale dell'attività umana derivante da colture per cibo e materiali, pascolo di animali, raccolta di legname, pesca, infrastrutture per abitazioni, energia e combustibili che bruciavano.
Queste figure possono quindi essere confrontate con la capacità di produzione totale del pianeta. Il risultato è uno dei grafici più semplici ma rivelatori che ho incontrato nella letteratura scientifica (vedi Figura 2). Cinquant'anni fa, quando la popolazione umana era di circa 3 miliardi di persone, stavamo usando circa il 70% della capacità annuale della Terra ogni anno, il che si è rotto al 100% entro il 1980 e si attesta a circa il 150% ora, il che significa che abbiamo bisogno di una e mezza Terra per rigenerare cosa usiamo in un anno. Ma abbiamo solo una terra disponibile...
Abbiamo preso il controllo del pianeta, ma non di noi stessi, siamo infatti l'animale più malato.
Il meccanismo è semplice: se interviene un qualcosa di esterno, non idoneo, non specie specifico, l'equilibrio così stabilmente instabile, si interrompe, si dis-regola.
Un pancreas produce più insulina perché è stato introdotto più zucchero. E questo accade a livello di regolazione omeostatica.
Ma a livello allostatico questo prevede una cascata di neurotrasmettitori e ormoni conseguenti, magari già preceduti da un setting emotivo alterato e dis-regolato. Trattasi di emozioni. Trattasi di stati d'animo. Trattasi di rimuginazione e ruminazione, in un cervello che pensa «tra sè».
Sarà mai possibile che l'atto finale di tutto un cammino adattativo-evolutivo dello skillman abbia portato a creare l'animale più cognitivamente evoluto del pianeta ma allo stesso tempo il più debole?
E come possiamo adesso riuscire a migliorare le condizioni dei nostri allie-

vi, che epigeneticamente saranno sempre più portatori di disfunzioni?
È nata la medicina epigenetica, funzionale, anche in Italia è rappresentata eccellentemente da figure che cercano di risolvere il problema non solo spegnendo il sintomo, bensì andando a cercare la causa del sintomo.
In rappresentanza dei Bodyworker del Movimento in Italia, posso assolutamente affermare che siamo la figura professionale che rappresenterà il ponte di unione tra le nuove figure mediche, rappresentate oggi da professionisti che approcciano il paziente globalmente, in un contesto mente-corpo completamente incarnato, «Embodied».
Con l'Academy di BE-MOVE, Behaviour & Movement, stiamo contribuendo a specializzare il professionista del Movimento in un ambito lavorativo contraddistinto da una rete di specialisti quali cardiologo, medico funzionale, pneumologo, pediatra, biologo nutrizionista, fisiatra, neurologo, diabetologo, endocrinologo, al servizio di un paziente con un nome ecognome, messo al centro del percorso di cura della salute.
Noi offriamo la «casa» dove fare Movimento individualizzato e personalizzato in base alla conoscenza approfondita degli stati emotivi e disfunzionali cinestetici dell'individuo, andando ad allinearci ed integrare con la misurazione degli oscillatori cinestetici e cardiopolmonari a ciò che è dis-regolato a livello biologico (S-Drive).
IL MECCANISMO
È giunto il momento di descrivere accuratamente di cosa si tratta la visione che un giorno mi ha folgorato.
Da tanti anni usavo l'HRV. Ho sempre saputo che non lo sfruttavo come avrei potuto, la verità è che non avevo mai cercato le frequenze, in un mondo di scansioni del tempo.
Tanti anni fa, circa 12, mi sono appassionato al concetto che il Sistema Nervoso Centrale gestisce ogni nostro Movimento,appreso in un corso d'oltreoceano, ma soprattutto costantemente ripetuto nelle lunghe chiaccherate con l'amica Valentina, nell'allora palestra Uisp di Scandicci.
Dopo vari anni, le Chain Start, strumento empirico di valutazione di competenza dei muscoli da parte del SNC, sviluppate grazie a Valentina del 2012, fino ai primi test FMS del 2013, creo il mio personale metodo di valutazione del Movimento.
Susseguono varie evoluzioni ed adattamenti, soprattutto dovuti alla co-

stante messa in atto di metodo e processo sui clienti dell'allora Moving Studio di Firenze.
Nel 2016 approdo ad una versione che fornisco, insieme ad un collega con cui formiamo una società di formazione, ad un mercato più ampio e nel frattempo inizio a cercare il modo di renderlo oggettivo, perché resta pur sempre un metodo operatore dipendente, nonostante le Chain Start contribuiscano a fare una sorta di contro test.
L'attività dello studio cresce, così come crescono i colleghi che collaborano sia dentro lo studio che al di fuori, con gli atleti.
Nonostante possa contare su un supporto collaborativo, assertivo e non costruttivo, nel far conoscere il metodo ai colleghi italiani, nell'allora società Life Changer, riesco a formare un comitato scientifico, con il mio staff fiorentino, Valentina e soprattutto il dr. Alessandro Severino, stimato collega specializzato in analisi posturale.
Da lì, osteggiandomi in tutti i modi possibili, (famoso in nostro dialogo dal Vomero alla stazione centrale in ufoso e caldo pomeriggio estivo in una macchina cabriolet con il tetto bloccato a causa mia...) Alessandro riveste il ruolo di avvocato del diavolo e smonta pezzo pezzo tutto il metodo che nel frattempo si era arricchito della metodologia di respirazione Buteyko.
Lo stesso Alessandro usava naturalmente il metodo nel suo centro, rinomato per la qualità e la cura nel servizio offerto, al Vomero di Napoli.
Ecco che nasce PMT, e PMT Skillman.
PMT Pattern Movement Test è la valutazione del Movimento più accurata e coerente alla fisica dei sistemi complessi che adesso sia disponibile. PMT Skill man è il protocollo operativo che integra tutti i passaggi operativi del cliente che proviene da dolore meccanico, risolto con il metodo BPT Biomechanic Pain Test.
Si chiamano Test, perché nel frattempo abbiamo avuto la splendida conoscenza di Emidio di Laura Frattura e del suo Staff di Motustech. In un pomeriggio a Firenze ci siamo «riconosciuti» ed è nato il progetto di fornire al test i sensori e gli elettromiografi di superficie per poterlo rendere una volta per tutte oggettivo.
Questo è quanto siamo in grado di compiere per poter misurare e migliorare il Movimento partendo dall'aspetto della conoscenza neurofisiologica-motoria del Sistema Nervoso Centrale.

Ma...
Ma, come illustra l'immagine seguente, manca una misurazione all'appello, e forse, anzi sicuramente, la più importante:
il sistema nervoso Periferico. È formato da due sistemi, l'autonomo, con le branche del simpatico e del parasimpatico, e il somatico.
Tutti e due sono generatori di ritmo, oscillazioni, frequenze: rendere queste onde energetiche sincronizzate è garanzia di salute globale.
Immagina di lanciare un sasso in uno stagno. Creerà delle onde. Se ne lanci un altro a poca distanza ne creerà altrettante.
Le oscillazioni dell'acqua seguiranno un percorso verso l'esterno, fino ad incontrarsi. Se saranno sovrapponibili noterete fluidità e continuità, ritmo. Altrimenti si infrangeranno l'una sull'altra.

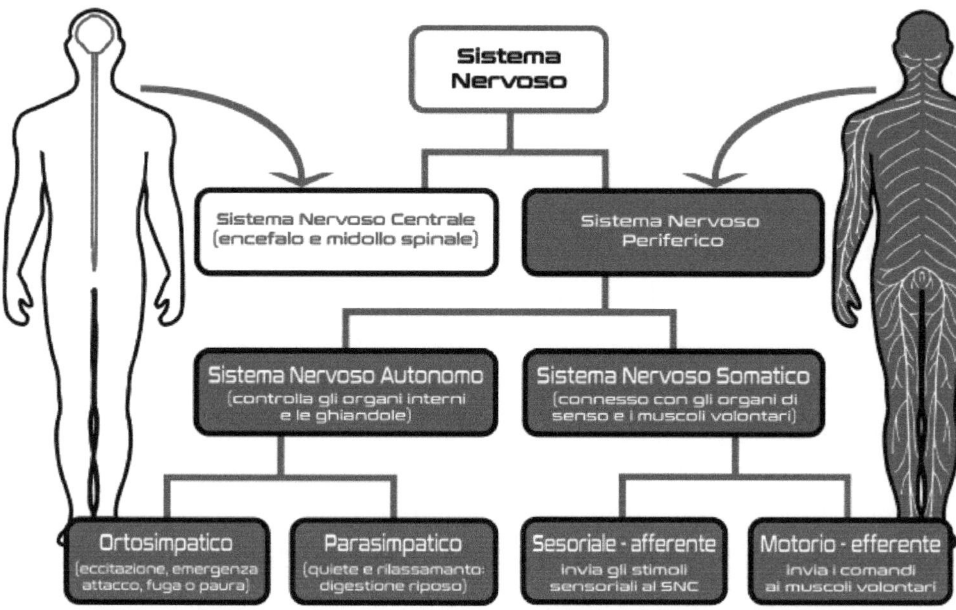

In Synchro Lab siamo capaci di misurare gli oscillatori cardio polmonari del sistema nervoso autonomo e quelli cinestetici, confrontandoli.
Abbiamo sviluppato un metodo che attraverso il movimento, la respirazione, il mental coach o la terapia breve dinamica, intervenga a favore e ripristino dei corretti ritmi.
Addentriamoci nel metodo, per farlo compiutamente, occorre porre focus sulla nostra asimmetria biologica, fisiologica, strutturale. proprio da qui comincia la nostra oscillazione cinestetica.

SynchroLab

Il nostro mondo è permeato da specialisti. Oggi più che mai, immaginando che sia possibile, non tanto allungare la vita, quanto migliorarne la qualità, diventa necessario ricordarsi, conoscere e applicare al nostro allievo interventi frutto di considerazioni e concetti globali.

Ci sono poche informazioni sul come la nostra occlusione dentale, la nostra percezione binoculare visiva, il tocco tattile dalle nostre dita, talloni e dita dei piedi, la nostra lingua, i nostri vestiboli nasali, ecc. influenzino la nostra lateralità durante il "camminare«.

Le nostre braccia e la loro oscillazione o mancanza, avranno anche un grande impatto sulla lateralizzazione della massa corporea quando si cammina.

Il nostro corpo o nucleo olivario inferiore è responsabile dell'attività oscillatoria e dell'attività legata alla frequenza fasica.

La nostra "morfogenesi asimmetrica sinistra-destra" ha un grande impatto sul perché siamo posizionati e modellati a sinistra più che a destra.

Il modo in cui il nostro fluido extra-embrionale fluiva tra 20 e 30 giorni dopo il concepimento ha impostato il flusso di liquido extracellulare dell'embrione in una direzione verso sinistra, mentre la nostra crescita si muoveva in una direzione di movimento verso destra.

Alcuni di questi non sono solo organogenesi, ma anche il modo in cui i nostri cervelli sono collegati come sapete ed emisferici.

Le nostre aree di Broca e Wernicke sono un esempio di questa specializzazione emisferica unilaterale.Quindi, in sostanza, non esiste una "bibliografia sugli oscillatori", poiché pochissimi prendono in considerazione il comportamento modellato in relazione all'asimmetria della funzione corticale e corporea.

Esiste invece presenza di un bio-minerale, la magnetite, che come scoperto da Kirschvink (Biophysics, Magnetite biomineralization in the human brain, 1992, Proc. Natl. Acad. Sci. USA), possiamo trovare nel cervello e nel sistema nervoso.

Chiaramente la magnetite esprime campi elettromagnetici, oscillatori.

Anche la fascia, essendo composta di Acqua, entra a far parte del processo oscillatorio cinestetico biologico.
L'acqua «in vivo» (non quella contenuta in un bicchiere) è strutturata in termini di coerenza, è strutturata in cluster in ordine e in linea con il campo bio elettromagnetico che oscilla in sincronia con i generatori di ritmo centrali e spinali.
Infatti, alla normale temperatura corporea, come ci spiega il prof Alessandro Gelli, l'acqua è nel dominio della Coerenza per il 40% della totale composizione corporea.
Secondo i concetti del prof Del Giudice, benchè l'acqua nella dinamica biologica non venga considerata perché non dà origine a reazioni chimiche, l'acqua produce un campo elettromagnetico importante, basilare, tanto da essere dal Professore indicato ad agire da catalizzatore, riunendone le cellule, di tutte le reazioni biochimiche che avvengono nel corpo.
L'acqua, oscillando tramite il Cluster, effettua un meccanismo selettivo di richiamo sulle molecole del corpo.
Come spesso accade, la referenza bibliografica la troviamo direttamente nella biologia.
In questo libro ci assumiamo la referenza di studio degli oscillatori cinestetici in relazione al Matrix strutturale.
Anni di studio e applicazione in clinica del Movimento hanno consolidato la conoscenza approfondita di una relazione diretta, biunivoca, inscindibile tra gli oscillatori cinestetici e quelli cardiopolmonari, espressione di un'oscillazione autonomica dipendente dall'ambiente, ma anche determinante della nostra «posizione nell'ambiente.Il SN Sistema Nervoso simula l'ambiente e lo fa attraverso le informazioni derivanti dai ritmi e dalle frequenze dei suoi oscillatori di riferimento: quello cardio polmonare e quello cinestetico.
Il risultato è che quando in sincronia, il nostro organismo risuona in piena salute ed efficiente nell'ambiente. Altrimenti si dis-regola e in qualche parte finisce in disfunzione.
Possiamo avere contezza delle disfunzioni biologiche, epigenetiche del nostro organismo, grazie all'analisi del capello, vera e propria antenna che ci rivela tutto del corpo. In tal senso avere a disposizione lo strumento S-drive, dispositivo dalla logica di funzionamento ineguagliabile, è fondamentale.

Il prossimo capitolo è direttamente estratto dal deposito di brevetto del Synchro Lab™.
Spiego compiutamente come sono arrivato a fissare concetti e clinica in una visione di un progetto che verrà messo a disposizione della futura salute delle persone.
Il tutto comincia dall'ormai conosciuto colloquio con il dr. Soresi e dalla lettura del libro di Porges inerente alla teoria Polivagale.
Nel mentre, grazie all'amico Alessandro Severino, approccio a concetti e testi sulla fisica quantistica e su consiglio di Valentina, leggo alcuni libri di Peat mentre seguo le lezioni di biofisica quantistica dell'immenso dr Spaggiari...

APPROFONDIMENTO NEUROFISIOLOGICO SU BASE FISICA DEI QUANTI A SUPPORTO SCIENTIFICO DEL METODO ADOTTATO

Il nostro corpo emette campi elettrici grazie al potenziale di azione di ogni singolo neurone, che emette energia grazie al cambiamento di carica tra l'interno e l'esterno della membrana cellulare.
Questo campo elettrico comporta l'attivazione di un coordinato campo magnetico.
Il campo magnetico può essere misurato in base alle frequenze di oscillazione che genera; si possono definire "ritmi" oscillatori.
Il nostro corpo possiede generatori centrali di ritmo dislocati centralmente, nel bulbo del SNC (medulla oblungata) e nel midollo spinale.
Un generatore centrale di ritmo presuppone l'esistenza di una rete neurale potenzialmente capace di autogenerare uno stimolo periodicopoichè dotato di capacità oscillatorie.
A livello encefalico sono almeno tre gli oscillatori:

1) Deambulazione
2) Respirazione
3) Masticazione

Dall'analisi dei dati sperimentali si può presupporre che i movimenti locomotori abbiano origine da un generatore centrale ritmico posto a livello mesencefalico (regione locomotoria mesencefalica), agente su altre strutture nucleari gerarchicamente dipendenti a livello spinale, dotato di un'attività di tipo oscillante necessaria per la produzione del movimento. Questo generatore risulta a sua volta controllato da una struttura di loco-

mozione sub-talamica capace di modularne le oscillazioni.
La regione locomotoria subtalamica riceve informazioni dal pallido e dalla corteccia premotoria ed è collegata in uscita con la regione locomotoria mesencefalica in termini facilitatori e con la substantia nigra in termini di tipo inibitorio.
Tale centro entrerebbe in azione all'inizio dell'atto locomotorio producendo l'inizio della deambulazione.
La regione locomotoria mesencefalica (GCR) include il nucleo cuneiforme, il locus coeruleus, la substantia nigra e i nuclei mediani del rate ed ha numerose vie efferenti: quella di maggiore importanza per la locomozione è rappresentata dal funicolo ventro- laterale (vie reticolo-spinali ventro-laterali, vie vestibolo-spinali laterali, vie ceruleo- spinali).
La maggior parte dei GCR prevede l'esistenza di centri intercollegati tra loro.
Nel GCR della locomozione vi sono centri capaci di generare la fase flessoria, ed altri che sono capaci d'indurre la fase estensoria del passo. I segnali ritmici in uscita non sembrano raggiungere direttamente i motoneuroni, ma, per produrre il passo, vengono probabilmente utilizzate stazioni d'integrazione.
pre-motoneuronali connesse sia con il GCR della deambulazione, sia con i sistemi encefalici preposti al controllo del movimento volontario, sia con gli archi riflessi plurimetamerici e monometamerici.
L'ingresso afferente è, in questo caso, necessario solo per selezionare i tempi e le caratteristiche dello schema locomotorio e per realizzare, in caso di variazioni delle forze agenti sul sistema recettivo, i necessari aggiustamenti al programma esecutivo ritmico ed autogenerato.
Il generatore centrale ritmico della locomozione è facilmente modificabile anche dai segnali provenienti dalle strutture corticali e striatali capaci di rendere più intenzionale lo schema del passo che generalmente è del tutto automatizzato.
I segnali afferenti provenienti dalla periferia anche se non sono necessari a generare la deambulazione svolgono compiti accessori, capaci di adattare il sistema locomotorio all'ambiente; questo compito è realizzato mediante:
- la facilitazione dei nuclei di locomozione (GCR) durante le diverse fasi del passo;
- la modificazione dell'eccitabilità e dei tempi d'eccitazione dei nuclei di

locomozione (GCR);
- il potenziamento dell'inibizione dei nuclei già inibiti nell'ambito dell'attivazione del sistema oscillante;
- la coordinazione fra nuclei motori funzionalmente accoppiati;
- la modulazione dei sistemi riflessi a seconda della fase del passo;
- la realizzazione dei compensi adattivi all'ambiente mediante lo sfruttamento di archi riflessi spinali e sopraspinali (vedi influenza dei nuclei vestibolari);
- l'invio d'informazioni ai centri corticali preposti all'elaborazione dello stimolo estero-propriocettivo.

Durante la deambulazione si osserva una marcata attività metabolica anche a livello cerebellare ed è evidente un incremento della frequenza di scarica a livello delle vie spino-cerebellari dorsali e ventrali e spino-reticolo-cerebellari.

Una numerosa quantità di informazioni ascendenti vengono inviate alle strutture encefaliche specie attraverso le vie spino-cerebellari dorsalie ventrali.

In particolare le vie spino-cerebellari dorsali sarebbero capaci di inviare informazioni sull'attività dei muscoli, mentre il tratto spinoO- cerebellare ventrale sarebbe nella condizione di trasmettere delle informazioni sulla attività del generatore del programma di locomozione.

Uno dei compiti del cervelletto nel controllo della deambulazione è quello di regolare la fase del passo e di modulare la coordinazione tra gli arti.

Anche i nuclei della base ed in particolare il corpo striato, intervengono nel controllo locomotorio, il nucleo pallido ventrale interviene nei movimenti di ricerca collegati alla memoria e alle situazioni emozionali, mentre le fibre provenienti dal nucleo caudato, qualora stimolato dalla corteccia prefrontale, attivano comportamenti locomotori orientali verso elementi motivanti.

Non ancora del tutto definito è il ruolo della corteccia cerebrale nel controllo del passo; la corteccia frontale anteriore sembra svolgere tuttavia un ruolo di tipo inibitorio rispetto alla deambulazione, mentre le cellule piramidali dell'area 4 sembrano controllare la durata del ciclo locomotorio riducendo i tempi d'appoggio unipodalico.

I neuroni che danno origine alla via cortico-rubro-spinale, alle vie corti-

co-reticolo- spinali e vestibolo-spinali, sono comunque ritmicamente eccitati durante le diverse fasi della locomozione così come risultano particolarmente attivi i neuroni noradrenergici del locus coeruleus.
Il GCR locomotorio, oltre ad attivare gli alfa motoneuroni connessi con lo schema del passo, attiva contemporaneamente i motoneuroni gamma a questi relativi e gli interneuroni responsabili dell'inibizione reciproca e ricorrente.
La deambulazione si esprime quindi mediante una coattivazione del sistema alfa/gamma così da lasciare costantemente i fusi in uno stato di recettività.
La coattivazione del sistema alfa/gamma è presente anche in altre attività motorie ritmiche come il masticare ed il respirare.
In condizioni di coattivazione alfa/gamma il mantenimento della tensione del fuso consente al sistema nervoso di essere recettivo rispetto alle variazioni di tensione e di stiramento dei muscoli per tutta la fase del ciclo del passo, così da mantenere intatto il flusso di informazioni propriocettive afferenti.
In particolare le afferenze periferiche propriocettive non sono necessarie per la locomozione con moto rettilineo nel terreno piano, e acquistano significatività nei processi d'inversione direzionale della marcia, nella variazione della velocità e nei processi di adattamento al terreno.
La presenza di attività afferente, capace d'influenzare il GCR locomotorio, in una certa fase del ciclo del passo non significa tuttavia che questa debba o possa produrre analoghe risposte in altre e diverse fasi del ciclo del passo.
Particolarmente evidente è questo fenomeno nel caso degli stimoli nocicettivi, poiché uno stimolo nocicettivo applicato alla pianta del piede in fase d'appoggio monopodalico, non produce la risposta in triplice flessione, al fine di evitare la successiva caduta, mentre uno stesso stimolo applicato sul piede oscillante produce un immediato potenziamento dell'atteggiamento flessorio.
Un'identica scarica afferente può essere quindi incanalata in differenti circuiti riflessi a seconda della fase in cui questa giunge al midollo spinale.
L'esistenza di un "programma centrale" che regola l'azione ritmica della deambulazione senza la necessità di un feed-back afferente per il suo determinismo è stata confermata dalle successive sperimentazioni.
Nell'animale spinale a cui veniva interrotta la via afferente (es.: taglio delle

radici dorsali deputate alla innervazione degli arti), era stata osservata una uscita motoria normale a livello dei motoneuroni. La registrazione dell'attività bioelettrica dei muscoli, dimostrò che oltre alla attivazione alternata flesso-estensoria, si concretizzava anche l'appropriatezza temporale dell'attività muscolare. In animali in cui il solo midollo spinale era connesso agli arti, era stato possibile fari camminare su una piattaforma mobile con una velocità dipendente esclusivamente dal movimento della piattaforma stessa: il programma centrale era localizzato nel midollo spinale.

Anche se possiede caratteristiche che consentono la generazione di schemi motori, la locomozione, per il suo normale svolgimento, necessita di un continuo feed-back afferente.

Le afferenze risultano essenziali nel programma globale della locomozione, una loro anomalia conduce alle seguenti disfunzioni: alterazione del ritmo deambulatorio che risulterebbe molto più lento; modifiche dell'andamento temporale e dei dettagli degli schemi motori.

Nel ciclo del passo possiamo distinguere due fasi:

1. fase di oscillazione, rappresenta l'inizio del passo ed è mediata dai flessori, il piede viene sollevato da terra portandosi in avanti;
2. fase di appoggio, mediata dagli estensori, il piede si fissa a terra e la gamba si porta indietro permettendo la progressione in avanti del corpo.

In condizioni di anomalie delle afferenze podaliche, questa successione motoria spinale, risulterebbe alterata, possibile inversione dei riflessi plurimetamerici.

OPERATIVITÀ DEL SYNCHRO LAB

Tutto l'impianto operativo del Synchro Lab deve essere anticipato dal concept che fa riferimento allo SKILLMAN (PMT - BPT - JRP) e alle LIFE & EARTH Fascial Lines.

In coerenza con le nuove scoperte delle neuroscienze, il nostro è un cervello che si aziona, non un cervello che pensa.

Lo sviluppo continuo, la neuroplasticità, le nuove connessioni neuronali, la conoscenza, il cognitivo, sono il risultato di un azionamento continuo nell'ambiente.

L'innata capacità di risoluzione problemi è adottata solo al momento in cui lo Skillman è capace di muoversi nell'ambiente, mantenere il cervello rifornito di energia (circa il 25% del consumo calorico totale del corpo) e di adat-

tarsi, quindi, agli stimoli e alle sfide che l'ambiente pone continuamente.
Questa capacità di adattamento dello Skillman, relativo anche ai mammiferi superiori, determina lo stile di vita.
Per esempio, come Porges illustra, differentemente da noi, i rettili adottano una strategia "siedi ed aspetta". Il loro sistema nervoso autonomo blocca quasi totalmente la fornitura di energia, il metabolismo si abbassa, il serpente attende la vittima.
Al contrario, lo Skillman, avendo un potente cuore diviso in 4 camere, può tranquillamente adattarsi all'ambiente, sicuro di avere un rifornimento costante di energia al cervello che può continuare nella sua attività cognitiva, di conoscenza.
Ecco lo sviluppo filogenetico che ci differenzia dai rettili, dei quali portiamo comunque dentro alcuni tratti distintivi (cervello rettile, movimento latero laterale).
I rettili, non avendo molto potere energetico, non mettono un freno vagale al cuore. Anzi, il vago dorsale DMNX subentra prepotentemente rallentando i ritmi vitali, bloccando il movimento, inibendo e rallentando al minimo la respirazione.
Al contrario lo Skillman usa l'efferenza vagale - vago mielinizzato NA - come un freno, per inibire, gestire, controllare il potenziale metabolico di questo sistema ad alto consumo di energia.
Il tono vagale elevato (HF) consente ai mammiferi di rimanere calmi nell'ambiente, non iperventilare, non abbassare troppo i livelli di CO_2, mantenere irrorato di ossigeno il cervello.
Il tono vagale dello Skillman (HF) funziona bene, al massimo, mentre l'individuo è in situazioni di tranquillità, in compagnia dei simili e dei familiari, mentre dorme; mentre è ridotto al momento in cui lo Skillman debba affrontare stimoli ambientali di livello elevato, legati alla sopravvivenza, tipo affrontare un predatore, oltrepassare un fiume in piena, scappare da un pericolo.
Questo si rileva con l'HRV e più la rate variability è ampia nei valori di oscillazione, più è positiva e indice di salute.
La risposta agli stimoli ambientali si chiama emozione.
L'emozione genera un'immediata reazione di movimento, di reazione riflessa, di azione nell'ambiente.
"Ti azioni per come ti emozioni" è la mia citazione che riassume il tutto.

Andiamo a collegare questo bio circuito così evoluto agli stimoli ambientali moderni.
Le emozioni base che possiamo provare sono state descritte, da Ekman, in 6. Quattro negative e due positive. Come mai 4 negative? Perché legate alla sopravvivenza: paura, rabbia, disgusto, tristezza, gioia, sorpresa.
Immagina di mettere una pianta velenosa in bocca perché affamato, senza l'emozione del disgusto e l'azione immediata di rigetto della contrazione faringea, moriresti avvelenato.
Questo complesso biosistema di feedback è ancora settato su ciò che io chiamo i pericoli veri, reali, le cosiddette "tigri vere" .
«TI AZIONI PER COME TI EMOZIONI»
L'81,8% della massa possiede il 19% dei neuroni, mentre il 10,3 di massa cerebrale appartenente al cervelletto possiede, da solo, l'80,2% dei neuroni presenti.
Il cervello ha un collegamento diretto con il cuore, dal quale riceve impulsi, essendo presenti circa quarantamila neuroni, denominati neuriti, che assumono ruoli di influenza sul cervello e sulla regolazione di ormoni, frequenza cardiaca e pressione.
Cervello e cuore parlano attraverso impulsi nervosi, biochimici, ormoni, neurotrasmettitori, onde elettriche e campi elettromagnetici.
Il campo toroidale elettromagnetico del cuore risulta essere grande 60 volte di più della capacità di emissione di attività elettrica emessa dal cervello. Pensa che il "CEM" - campo elettromagnetico - del cuore può essere percepito ad un metro e mezzo di distanza.
Cervello e cuore risuonano insieme in una generazione e gestione di energie che vengono ricevute, elaborate e poi veicolate a terra attraverso il Movimento nell'ambiente in un cervello che si aziona e non che pensa, come le neuroscienze odierne hanno iniziato a diffondere quale paradigma nell'affrontare e conoscere le fonti dell' imbalancing di un sistema oggi considerato "EMBODIED", incarnato, mente e corpo quali unica cosa.
Famoso lo studio dove venivano misurati i campi magnetici delle coppie di fidanzati che, quando si tenevano per mano, i due campi elettromagnetici si sommavano l'uno sull'altro, al momento in cui lasciavano le mani...le onde elettromagnetiche si annullavano.
Esperimento risultato efficace anche con gli animali domestici.

Eppure, il 19% dei neuroni che compongono la neocorteccia sono responsabili di attività cognitive volte a "gestire" le energie, ovvero i pensieri che scaturiscono a seguito degli stimoli ambientali: le emozioni.
Attività di rimuginazione, ruminazione, pensare tra sè, meccanismi di difesa, che in automatico, quei pochi neuroni, attivano al fine di salvaguardare e dare prioritá alle attività esistenti del cervello, in ambito di sopravvivenza.
Questa attività funzionale, in un mondo ancestrale, dove la rapidità della decisione fa la differenza tra vivere o morire, ai tempi odierni, risulta determinante.
Oggi viviamo in un periodo storico dove gli stimoli esterni, ambientali, le emozioni, sono più presenti in numero, Si susseguono alternandosi tra pericoli veri e, come uso dire nel corso di formazione "BBM" Buteyko breathing method, la famose "tigri di carta."
La nostra generazione, figlia del "contatto sempre disponibile" sta creando le basi per le nuove patologie su base psicofisiologica e motoria del futuro.
E lo sta facendo su tutti, general population e atleti.
Le molteplici paure si trasformano in disturbi di ansia (non è lo scopo dell'articolo approfondire tematiche su base di psicopatologia, ma farne diretto cenno, "spendibile" su piano lavorativo del Bodyworker del Movimento «Embodied Cognition»).
A seguito di ansia continuativa, cronica ne consegue un'attivazione volta a proteggere la mente e si determina in una attivazione neuroendocrina sull'asse ipotalamo ipofisi surrene HPA.
Vi è una secrezione di catecolamine e di glicocorticoidi.
Interessante conoscere che le catecolamine mediano la risposta ad uno stressor in corso, mentre i glicocorticoidi mediano la risposta di uno stressor successivo. Con le catecolamine reagisci allo stress, con i glicocorticoidi rinunci allo stress.
In un esperimento dei topi, che non amano la luce abbagliante, erano messi ai lati di una gabbia buia e se volevano mangiare dovevano per forza recarsi al centro della stessa, zona illuminata da una forte luce.
Il topo inizialmente inizia a tentare di raggiungere il cibo - ansia, catecolamine - poi, quando i tentativi si protraggono a lungo rinuncia - depressione, glicocorticoidi -
(Frankenhaeuse "The sympathetic adrenal and pitituary adrenal respinse

to challenge, in Dembromski Basilea Karger 1983).
Questa condizione cronica, perpetuata, ciclica e omnipresente ai nostri tempi fin nei bambini piccoli - bimbi di 3 anni con patologie del disturbo dell'attenzione (ansia e dieta i trigger epigenetici) - è influenzante naturalmente nei rami del Sistema Nervoso Centrale e Periferico.
In particolare nella struttura dell'amigdala, centro cerebrale delle emozioni legato a doppio filo con l'ippocampo e l'insula, sede di mappatura dello stato viscerale.
Sommariamente l'amigdala, sensibile agli stimoli ambientali in via diretta con l'ipotalamo e l'insula, invia output usando il CRH come trasmettitore, al fine di attivare il sistema nervoso simpatico.
L'amigdala si attiva in 12 millisecondi in risposta ad un pericolo secondo le "vie basse", senza coinvolgere la corteccia, appartenente alle "vie alte" (cfr J Le Doux), che si attiva in 25 millisecondi, più del doppio del tempo.
Gi stressor importanti e i glicocorticoidi conseguenti ostacolano la funzione ippocampale, le sinapsi non sono in grado di compiere il lavoro a lungo termine, che consta di memoria dichiarativa (episodica e semantica) e dell'importante lavoro cone sede di memoria di lavoro sinergico con la corteccia (cortex replay cfr PMT©) nei movimenti di base e nell'integrazione con gli engrammi/habits/performance skill in acquisizione.
Lo stress cronico diminuisce le dimensioni e i dendriti dell'ippocampo, aumenta le dimensioni e le sinapsi dell'amigdala.
Joseph le Doux della New York University ha reso famoso un modello esplicativo di come lo stress (l'infiammazione cronica e la soppressione immunitaria conseguente) da base di disturbo dell'ansia, funzioni nell'individuo: immaginate che uno stress importante ostacoli la funzione ippocampale e potenzi quella dell'amigdala.
In un momento successivo, con un contesto simile, avrete uno stato del sistema nervoso autonomo ansioso, agitato, senza sapere il perché.
Questo accade perché non avete mai consolidato i ricordi dell'evento tramite l'ippocampo, mentre i vostri percorsi autonomi, basati sull'emozione e mediati dall'amigdala sicuramente ricordano.
E il movimento di cui l'ippocampo è un nodo cerebrale importante nel net cervelletto corteccia? Sarà di qualitá e la Performance che lo stesso Movimento deficitario dovrà sostenere e permettere come sarà?

Sicuramente sarà erogata, ma a quale prezzo?
Ritornando qualche riga sopra, oggi, in studio BE-MOVE siamo in grado di MISURARE presumibilmente e in corso di studio e sperimentazione, l'attivazione PNEI, andando ad individuare temporalmente, grazie ad oltre 8 mesi e ben 40 allievi in rilevazione dati settimanali, la secrezione di glicocorticoidi e catecolamine, in un contesto di rilevazione del sistema nervoso autonomo.
Il tutto è reso possibile dalla ulteriore attività di rilevazione di clienti e atleti professionisti PRE e POST allenamento.
Sulla base di una misurazione clinica, adeguiamo la programmazione sia di Movimento che di Strength & Conditioning e ne rendiamo consapevole immediatamente l'allievo.
"Le emozioni segnano il corso dell'azione come il marinaio aggiusta le vele per tenere la rotta" Joseph Le Doux.
CURIOSITÀ
Il sistema limbico, il suo sviluppo evolutivo, ha creato un meccanismo che converte in sensazione i segnali della comunicazione, sia parlata che ambientale e le emozioni correlate.
Questo permette la generazione di segnali che possono essere comunicati e percepiti da ogni parte che assolve compiti regolatori del corpo.
Mente corpo in un corpo che pensa e una mente che sente, generando emozioni che si manifestano attraverso la produzione controllata dei segnali di regolazione del sistema nervoso.
Candace Pert nel suo libro «Molecules of emotion descrive, affascinando, come la mente non sia localizzata nel cervello, ma distribuita in tutto il corpo attraverso «molecole-segnale».
I suoi studi dimostrano anche come sia possibile bypassare il sistema, attraverso l'autocoscienza, il sè, la mente può usare il cervello per «generare molecole di emozione».
Importante e curioso, seguendo principi di biofisica ed energia quantica, definire che la mente subconscia, che si attiva in una reazione stimolo/risposta, lavora soltanto nel presente, mentre la proiezione del passato e del futuro sono a carico della corteccia prefrontale.
Il nostro cervello è composto da un sistema nervoso molto complesso, composto da strati, ognuno frutto di anni di sviluppo evolutivo.

Questi cervelli consentono di acquisire modelli comportamentali complessi attraverso l'apprendimento, che soprattutto nell'uomo è così marcato; ricordiamoci dei 9 mesi per poter andare in piedi e ulteriori 2 per poter camminare.
Per la nostra sopravvivenza dipendiamo dall'apprendimento più di ogni altra specie (Shultz, Lavenda, 1987 antropologi).
Per apprendere dobbiamo spostarci nell'ambiente come il processo dello Skillman ci insegna.
Per spostarci dobbiamo muoverci e paralllelamente accomodare ciò che assimiliamo in un costrutto cognitivo frutto di un circuito virtuoso composto da percezione azione cognizione. Fascia, diaframma, sistema nervoso.
E quello che decide in anticipo e che è programmato in priorità sugli altri, è il cervello limbico.
I nostri genitori programmano, già dalla gestazione, il nostro futuro, sia il comportamento che la salute e le difese immunitarie verso un ambiente ahimè sempre più «tossico».
Come cita Lipton «l'uomo dietro le quinte» è quella parte di noi che prende il sopravvento nelle decisioni, dislocato nel cervello limbico, sempre a supporto del cervello rettile con le sue «spinte» a meta indeterminata, tradotto: gli istinti, che noi razza uomo non possediamo.
La nostra mente, in una visione di sistemi complessi, funziona e può essere compresa in un più ampio concetto di superconscio energetico.
Per approfondire il concetto di programmazione del nostro cervello «quantico» durante la gestazione, risulta di significativa evidenza e importanza portare all'attenzione del lettore cosa sto notando in questo periodo di rilevazioni cliniche del sistema nervoso autonomo, delle emozioni, dello stato dell' «uomo dietro le quinte» in relazione all'evento di nascita.
In JRP© identifico in **occhio dx e occhio sx due diversi** matrix di nascita.
Senza scendere nei particolari tecnici, l'occhio destro può essere matrix definito o addirittura occhio dx su sinistro e il tutto dipende da:
Parto cesareo
Parto con cordone intorno al collo
Parto con pressione sulla pancia della madre
Parto con ventosa
Parto con forcipe

Addiritttura vi sono casi in cui si risale a particolari condizioni emotive sofferte dalla madre durante la gestazione, tipo forti stress, ansie, fine del rapporto con il coniuge, problemi metabolici o immunitari.
Tutto ciò porta via energia al figlio in grembo, che assumendo posizioni di tensione e difesa, le mostrerà nel soma una volta nato e rimmarranno impresse.
Quello che insegno ai miei preziosi collaboratori è allargare il concetto di «movimento disregolato» a Mente disregolata.
Quello che vedo infatti, proprio in queste fasi finali di scrittura del libro è che individui con occhio dx e matrix invertito, sono spesso coloro che soffrono di «sbilanciamenti» psico emotivi.
Cogliendo a mani basse da Lipton e dal suo libro «Labiologia delle credenze» Macro edizioni Scienza e Conoscenza, sottolineo il concetto che siamo energia, energia in diretto contatto con l'ambiente.
Ogni proteina funzionale del nostro corpo viene attivata e ci consente qualsiasi attività interna solo grazie ad un complementare segnale esterno dell'ambiente, con il quale risuoniamo continuamente.
Cambiare troppo l'ambiente farà cambiare noi stessi: questa è epigenetica e questo è il risultato delle moderne patologie cronico degenerative. Ci stiamo lentamente ammalando mentre impoveriamo la terra che ci ospita.
La nostra identità non ce la «diamo noi», non decidiamo chi siamo; sono gli altri, le persone con cui ci relazioniamo, il posto dove viviamo, che ci rendono quello che siamo.
In un parallelismo di antenne e recettori, non è l'antenna a fare la trasmissione della TV, ma è il segnale che riceve e le conseguente trasduzione a consentirlo... Il programma lo attiva l'ambiente.
Il nostro «Sè» non esiste all'interno della cellula, proviene dall'esterno.
Oggi siamo permeati di stimoli ambientali molteplici, che generano attivazioni emotive e stati d'animo conseguenti, che ci azionano o ci immobilizzano. Tristezza, ansia, pre-occupazione, tutte reazioni a stimoli del moderno vivere che causano comunque in noi attivazioni continue del freno del vago NA, che deve gestire l'energia e mantenerci calmi nell'ambiente.
Queste continue "tigri di carta" fanno sì di generare gli odierni problemi, traumi, freezing dello Skillman moderno.
In un individuo sano, giovane, il vago NA è reattivo, veloce ad attivarsi e

deattivarsi. Quando riconosce lo stimolo pericoloso, “giusto”, libera il simpatico, leva il freno, dà e concede massima potenza.
La reattività e il veloce flush out del sistema simpatico, a pericolo finito, fa sì che il vago NA ricominci subito la sua attività di “freno” , di gestore dell'enorme potenziale che il nostro sistema metabolico garantisce.
Il “MA” è che questo flush out oggi non avviene, non così rapidamente ed efficacemente.
Le tigri di carta sono costanti: il problema al lavoro, magari è persino un lavoro che non ci siamo scelti, l'ansia per una scadenza, la tristezza per un evento accaduto verso il quale abbiamo dei rimpianti, un ottundimento generale dato dal riposare male la notte (l'ambiente intorno a noi costruito non aiuta, campi elettromagnetici, WI-FI, cibo scadente, interferenti endocrini).
Il vago NA lavora intensamente, frena, immobilizza parzialmente e a momenti pressochè continui, incamera l'energia sia limbica (luogo delle emozioni) sia di movimento; lo definisco un Light Freezing. Si valuta compiutamente con il Synchro Lab, attraverso gli oscillatori cardiopolmonari e cinestetici.
Le espressioni facciali sono piatte e mono tono.
È una condizione che se portata a lungo avanti creerà ancora più problemi, sia a livello di una mente che pensa che di un corpo che sente. Può comparire il dolore “ragionato”, tentativo corticale di gestire le emozioni.
Questo dolore ragionato può sommarsi al dolore meccanico e implementarlo. Come uso dire sempre in caso di rimuginio, il “cervello può far male?”. Chiaramente no, ecco che in coerenza dell'embodied theory, il corpo diviene sentinella di energia mentale immobilizzata e accresciuta e il cervello può far fluire tale energia in un nocicettore già “acceso” per motivi biomeccanici, di movimento.
“Urla la vittima e non il carnefice” ci ha insegnato Diane Lee, ebbene potremmo aggiungere che il carnefice ha più padri, uno biomeccanico e uno neurofisiologico, “mentale”.
Può uscire il dolore cronico, quello meccanico, stante la leggera condizione di immobilizzazione e situazione di perdita di contatto dall'ambiente e di movimento non pulito, disfunzionale.
La fibromialgia sarà mai uno dei tentativi ultimi del corpo di dirci che non possiamo muoverci? Uno dei tentativi per dissociarci dall'ambiente? Una sommatoria ultima di dolori cronici?

APPROFONDIMENTO

Il metodo del Synchro lab, appartenente al deposito di invenzione per brevetto industriale prevede la prescrizione del movimento a risoluzione delle reazioni «istintive» avvenute al trauma post stimolo/emozione (energia).
In una attuale visione di metodo dove il BOTTOM UP riacquisisce valore nel processo di cura della salute delle persone in ottica corpo-mente, embodied cognition, risulta interessante approfondire come e in che modo il nostro corpo senta il terreno.
Ciò avviene in prima battuta attraverso la presa di consapevolezza del proprio corpo sia in chiave Egocentrica (relazione tra le articolazioni), sia Geocentrica (rapporto con la gravità), la «messa a terra del corpo» (cit A.C. 2020), la Life Line, la Deep Front Line di Tom Myers.
Il metodo, facendo «spoilering» applica il processo di JRP unito a PMT Skillman© Connection level 1 , fase di Protect & Grounding, per poi prevedere un full immersion funzionale nel pieno utilizzo del metodo JRP a seconda del «trauma», che come definisce Peter Levine «non risiede nell'evento esterno che induce dolore fisico od emotivo e neppure nel dolore stesso, besì nel fatto di bloccarsi nelle proprie risposte primitive agli eventi dolorosi. Il trauma si produce allorchè non siamo in grado di liberare le energie bloccate, di attraversare una dopo l'altra, tutte le reazioni fisico-emotive all'esperienza che ci ha ferito.
Il trauma non è ciò che ci accade, ma quello che tratteniamo dentro in assenza di un testimone empatico.
Noi Bodyworker del Movimento ambiamo a poter guadagnarci le caratteristiche e le abilità professionali necessarie come base per poter divenire quei testimoni empatici e poter portare beneficio e benessere attraverso il movimento e la sincronizzazione con il Sistema nervoso autonomo.

Ecco che il metodo prevede:

- respirazione specifica per disattivare le HF del vago NA ipertonico
- nessun lavoro di "sfida" fino a che non si abbassano le HF e non si rialzano le Rmssd. Metodo Bottom up 1 del principio della "simulazione dello stimolo ambientale".
- lavoro di Connection 1 di PMT© Skillman - JRP© finalizzato a ripristinare il contatto con l'ambiente, il "bottom up". In questa fase i livelli di entropia sono molto bassi. Metodo Bottom up 2 secondo "il principio di interferenza".
- un moderato lavoro di PMT© Pattern Movement Test di BE-MOVE Academy, in quanto non è del tutto efficace la fissazione in cronico di pattern di movimento del SNC su SNP "sbilanciato".
- «Felt Sense» coaching o psicoterapia breve (a carico di professionista di

Team), impostata sull'ingenerare stato produttivo emotivo, facendo fluire in maniera positiva le energie "intrappolate" dallo stato di light Freezing.
Sostanzialmente il processo ha questa finalità: con delicatezza nei movimenti individualizzati e ben finalizzati al bottom up e con la sensibilità professionale adeguata, tramite la comunicazione e la terapia/coaching, stare al fianco del soggetto per permettergli di far defluire le energie traumatizzanti immobilizzanti.
Se le tigri di carta aumentano, causa il mancato azzeramento attraverso movimento e coaching di alcune di esse (e sommatoria di tigri vere), ecco che il freno si sfinisce e finisce.
Il vago NA perde la capacità di gestione; mi piace immaginare un freno che si consuma, come nelle macchine sportive diventa rosso incandescente dall'attrito che ha con l'enorme potenza del motore...e infatti ad un tratto tutto viene rilasciato.

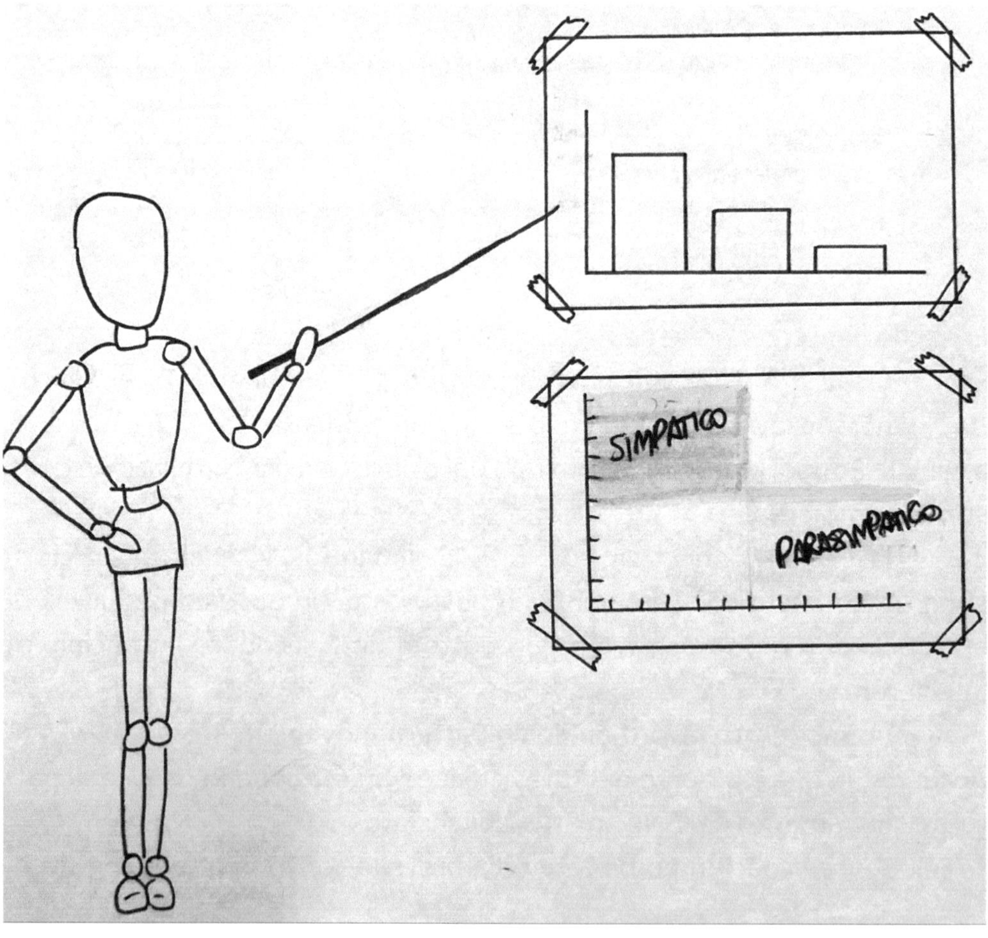

Il sistema autonomico va in tilt. In riferimento neurofisiologico, il Vago NA, abdica alle sue funzioni evolute, prese in prestito (sono occorsi ben 80 milioni di anni) alla parte non mielinizzata del Vago dorsale. Divenuta meno la capacità di frenare, viene attivato il vago dorsale, il freezing, l'immobilizzazione diventa più importante, andiamo in una condizione di Over Freezing. Sono evidenti invece secrezioni di ormoni quali ossitocina, serotonina, oppioidi. La DMN default mode network filtra completamente il bottom up, togliendoci dall'ambiente, risulta difficile rispondere anche a stimoli elevati: la dissociazione mente corpo è praticamente totale.
A livello di Glicocorticoidi/PNEI, il sistema appare spesso "sano", fisiologico, se il FREEZING è passeggero nel tempo, se non dura più di 2/3 giorni. Saremo in presenza di «Temporary Over Freezing».
Solo la CO2 resta bassa come valori, sotto i valori di mercurio mm/Hg di riferimento, mentre il sistema ormonale esegue un rapido flush out, esteticamente caratterizzato solamente da un accumulo di liquidi extracellulari e dalla mancanza usuale di minzione la mattina presto.
Se l'Over Freezing perdura nei giorni, evidenziato dai dati:
A livello di PNEI vengono disattivate le fibre veloci totalmente, questo fa sì che venga meno la possibilità offerta dalla inibizione (teoria del cancello di Wall-Melzack) di inibire il dolore cronico, che infatti si acutizza e sistematicizza. Il vago NA, sfinito, perde la capacità antinfiammatoria, caratteristica unica posseduta, in quanto capace di avere afferenze sullo stato infiammatorio periferico e produrre Acetilcolina.
La capacità di essere nell'ambiente viene persa. Il sistema nervoso centrale interviene con cascate neuroendocrine di neurotrasmettitori e ormoni, volti a riportare la condizione del sistema periferico alla risoluzione, oltre che ormoni antinfiammatori, condizione dovuta allo stress e al vago NA sfinito.
I circuiti di inibizione del dolore cronico vengono disattivati, nel mentre comunque il dolore meccanico è continuo.
La strada verso la moderna e una volta sconosciuta fibromialgia è aperta, il tessuto fasciale, attivato dalle condizioni di PH nei miofibroblasti, comincia a generare collagene e a fissare le posizioni di freezing, immobilizzazione del movimento, in una ricerca ancestrale del risparmio di energia.
Lo sfinimento del vago NA , Over Freezing o "shut down" è una somma di

emozioni e stati - gestiti inizialmente alla meglio - di freezing con paura e senza paura.
Questo è un passaggio importante: nonostante siamo permeati da tigri di carta continue e giornaliere, è possibile avere anche degli stati emotivi di paura da tigre vera. Immaginate un evento banale ma pericoloso: un'automobilista non vi lascia passare sulle strisce e a momenti vi investe.
In quei casi si attiva il freezing da paura, il vago NA si annulla, rilascia autonomamente il freno per dare il via alla massima potenza metabolica: scappa o fuggi del simpatico. Ma... purtroppo, l'attivazione fisica conseguente non accade.
Appena passato il pericolo riprendiamo la nostra attività di vita, iperventilando per alcuni minuti, ore; nel mentre svolgiamo le mansioni previste, continuando in alcuni casi ad avere spot di pensiero di rimugino e ruminazione sull'accaduto.
Il corpo ha messo in atto una serie di sistemi a cascata per garantire l'energia necessaria ai prossimi 2-3' di combattimento o fuga (massima potenza aerobica, data dai fosfati).
Iperventilazione, noradrenalina, CRH...Nei minuti successivi rilascia ormoni dalla corticale del surrene (cortisolo), per garantire energia, vasopressina e aldosterone elevati per contenere liquidi sia a livello del rene che sistemico; coagulazione del sangue per evitare perdite, blocco della digestione, posizionamento diaframma verso l'alto per disattivare vago NA e avere meno pressione sulla pompa del cuore, affinamento dei telerocettori, udito settato su frequenze più recettive.
Insomma, attivazione che non verrà mai "sfogata", che verrà immagazzinata nel corpo, si attaccherà a muscoli, ossa, fascia... e andrà a sommarsi agli esiti degli altri freezing.
Nota bene, in questi adattamenti appena scritti risiedono tante patologie cronico degenerative dell Skillman moderno, ipertensione arteriosa, ipercolesterolemia, sidromi da colon irritabile, fino a sfociare nelle ormai consuete e sempre più presenti patologie autoimmuni.
Infatti questa condizione di Freezing, con passaggi più o meno ripetuti o permanenti, portano nel tempo a impoverire e rendere inefficace il sistema immunitario, sopprimendolo.
In questo frangente si intuisce, deduce e misura un'eventuale presenza di

iperattivazione pituitaria nell'emissione di neurotrasmettitori ed ormoni finalizzata a riportare in omeostasi settoriale ed allostasi sistemica il corpo, tradotto: se la persona ha ipersecrezione di glucocorticoidi.
Questo dato rilevato da HRV e Capnografia, viene confrontato direttamente con ADIPOMETRO Hosand, che rileva precisamente il livello di adipe ormonale.
Cioè se ho uno stato alterato di adipe SAT superficial adipose tissue, ho direttamente la conferma di iperattivazione cortisolemica cronica da surrenali ACTH, con perdita di minzione mattutina, disturbi nella defecazione (feci con acqua, che non viene riassorbita nel colon dato lo stress e lo stato infiammatorio).
La C02 appare normale, anzi, spesso si rialza nei valori, intorno ai sufficienti 36 mm/hg. Questo accade perché il sopravvento del vago dorsale DMNX fa sì che si creino le condizioni di un completo dissociamento dall'ambiente e di un progressivo livellamento verso il basso dei livelli vitali. Apripista in questa condizione fisiologica sono le apnee notturne.
In OVER FREEZING non posso compiere attività riferibili al SNC, PMT©, bensì devo attivare fin da subito la parte più consolidata del metodo e dei protocolli di riposizionamento neurofisiologico di articolazione per articolazione JRP©.
Nessun tipo di sfida deve poter essere messo in atto, anzi, l'aumento di entropia e di bottom up deve essere eseguito step by step in una progressione di riposizionamento verticale in parallelo alla regolazione neurologica di ogni articolazione.
La respirazione biomeccanica sarà caratterizzata da un posizionamento strategico del diaframma nel torace in modo da promuovere la riattivazione del cuore: questo stratagemma non solo attiverà il vago NA inibendo il simpatico, ma sarà positivo nell'ottica di riallineamento vettoriale di forze di spinta del diaframma toracico con quello pelvico (Test Buteyko Breathing).
Le rilevazioni del Lab (2020 Andrea Chellini , tutti i diritti riservati) consistono in:

1. Rilevare le frequenze oscillatorie dei ritmi di deambulazione dinamica definita "Forward Locomotor Movement" attraverso:
   sensore isoinerziale (Motustech by Sensor Medica).

2. Rilevare gli oscillatori di ritmo statici quali collo e anca. In questo caso poniamo sotto focus le proprietà oscillatorie dei distretti artromuscolari citati: il collo per le sue caratteristiche anatomo funzionali - da me chiamato "oscillatore cinestetico rachideo", è un ottimo rivelatore di incapacità e disfunzione osteoarticolare nell'oscillazione durante il movimento. Vengono misurati i gradi di rotazione sinistra e destra di C2 con vertebre da C3 a C7 bloccate,tramite flessione del cranio anteriore eseguita dal professionista.

Il collo (vertebre da C1 a C7) collega le due "vertebre craniali" occipite sfenoide, alla colonna vertebrale, che a partire da T1 assume le classiche scoliosi, che sono funzionali a far passare linee di forza oscillatorie della deambulazione. Qualora la deambulazione sia alterata centralmente dal SN per vari motivi, emotivi, ovvero ansia, paura rabbia ecc (ricondotto alle emozioni base e agli stati di animo correlati), l'output di potenza sull'anca sarà deficitario.

In questo caso, per vedere se vi è tale problema, si esegue sempre l'esercizio test di Leg Raise, che rileva gradi e Smoothness tramite sensore isoinerziale. Di entrambe i test viene registrato il R.O.M. range of motion attraverso l'utilizzo dei sensori isoinerziali.

Nel caso del Leg Raise i suddetti sensori calcoleranno anche lo Smoothness (proprietà intellettuale di ing Marco Donati), per meglio estrarre il deficit, in quanto correlato direttamente con il test di Movimento PMT Pattern Movement Test .

Con questi test, che riassumo essere 3 (oscillatori statici di cervicali, anca e oscillatori dinamici della camminata, attraverso, appunto, le oscillazioni del Centro di Massa in L3), assumiamo la qualità degli OSCILLATORI CINESTETICI, facenti parte del sistema nervoso periferico, parte " SOMATICO".

APPROFONDIMENTO

CONCEPT LIFE & EARTH Fascial Lines

Questo approfondimento diviene opportuno perché identifica una innovative e coerente ed eterogenea modalità di valutazione dell'allievo in ottica di OSCILLATORI CINESTETICI e CARDIOPOLMONARI.

La LIFE Line rappresenta la DFL Deep Front Line di Tom Myers, ed è associata all'oscillatore cardio polmonare. È una linea di vita e movimento relativo alla generazione di energia (cuore, polmoni, pavimento pelvico escretorio, diaframma organi viscerali e cuore, deglutizione e linguaggio) che è situata sulla linea di tensegrità e stabilità più

importante del corpo umano, partendo dalle ossa temporali e relativi muscoli fino ad arrivare al piede (calcagno, naviclare e muscoli flessori lubghi delle dita) passando per il bacino, lo psoas, gli adduttori.
Questa doppia funzione di movimento/energia e stabilità, "messa a terra" del corpo umano, attivazione del bottom up, è resa possibile dall'artifizio biomeccanico della muscolatura digastrica del pavimento pelvico, del diaframma toracico, del digastrico del collo.
Nella parte del piede riconosciamo a seguito di valutazione in carico e scarico del soggetto, come interviene la DFL e deduciamo una possibile alterazione, in una visione corpo mente, dello stato emotivo del soggetto (stimolo esterno).
Se il calcagno non è controllato, se l'astragalo non è mantenuto in sede e controllato dal navicolare, si può dedurre una attivazione disfunzionale del diaframma toracico, correlata a stato emotivo alterato; oltrechè una disfunzionale attivazione del pavimento perlvico, anch'essa correlata a stato emotivo presumibilmente alterato, come evidenziato alcuni passaggi sopra.
La EARTH Line è rappresentata dalla SPL Spiral Line, linea di assoluto movimento cinestetico, linea spirale appunto, che al suo interno contiene due movimenti elicoidali, il piede e il torace con le gambe tramite il bacino.
Questa linea è posta su di una solida stabilità: il rachide. Infatti la SPL, partendo dal piede, nella sua fenomenale funzione di "Staffa" creata da tibiale anteriore e peroniero lungo, inserisce sulle anche, muovendole, inserisce sul processo mastoideo dell'osso temporale del cranio, muovendolo.
Questi 3 movimenti così distanti tra loro e in alternanza destra sinistra, in quanto le SPL sono due e completamente simmetriche, comprimendo e tirando, ruotando e controruotando, fanno assumere al rachide, la stabilità, le funzionali scoliosi di movimento, caratteristica di funzione derivante da una forma altamente specializzata a livello biomeccanico: le vertebre si inclinano e ruotano nell direzione opposta.
Nella valutazione del Bodyworker che intenderà lavorare nel Synchro Lab, ottenere competenza nel concept di LIFE & EARTH Fascial Lines, sarà di garantita efficacia nel processo di valutazione degli OSCILLATORI CINESTETICI, e già in correlazione deduttiva con gli OSCILLATORI CARDIOPOLMONARI.

Per misurare la parte del Sistema Nervoso Periferico autonomica, andiamo ad usare:
rilevatore HRV heart rate variability : con questa rilevazione, tramite l'algoritmo che verrà creato a raffronto dei dati acquisiti dai domini del tempo di Rmssd e della frequenza VLF - HF - LF, in ordine very low frequency, high frequency e low frequency, sono in grado di leggere (anche senza algoritmo), lo stato emotivo e di attivazione nervosa autonomica del soggetto, cioè come è posto nell'ambiente.

Posso individuare con assoluta certezza se il soggetto è in stato di iperattivazione simpatica, se in dissociazione corpo mente dall'ambiente, se in stato di "freezing", sia momentaneo che ricorrente, sia Light che Over.
Questo è possibile grazie al confronto con i dati rilevati dal capnografo, che fornisce dati di pressione di CO_2 endogena e di atti respiratori al minuto.
Le HRV mi danno uno storico del soggetto, la capnografia un immediato stato emotivo. Dati che servono per dedurre se l'Over Freezing sia temporaneo e con possibilità di "uscita" veloci (importantissimo lo storico delle Rmssd) o duraturo e quindi degno di più attenzione.
Questi vengono denominati OSCILLATORI CARDIO POLMONARI e sono relativi alla teoria polivagale di Porges, da me adattata e implementata da concetti di scambio biochimico ossigeno - anidride carbonica.
Questi due oscillatori sono messi a confronto e fatti oggetto diretto di ottimizzazione attraverso le metodiche sopra illustrate (le metodiche di PMT©, Buteyko Breathing Test©, FST© Fascial Science Training e PGT© Pregait, sono di mia proprietà individuale e registrate SIAE sotto la dicitura Movement Specialist Process & Method, 2020 Andrea Chellini tutti i diritti riservati e inserite nel brevetto di PMT 2020 quale metodologia operativa).

***

PER RIFLETTERE

Credenze e convinzioni limitanti

Scelta, decisione, azione.

A quale di queste tre parole sei fermo?

“Quando ero piccolo andavo al circo soprattutto perché mi piacevano gli animali.

Ad attirarmi era in particolar modo l’elefante, perché durante lo spettacolo quel bestione faceva sfoggio di un peso, di una dimensione e di una forza davvero fuori dal comune.

A colpirmi tuttavia era anche il fatto che dopo il suo numero, e fino a un momento prima di entrare in scena, l’elefante era sempre legato a un paletto conficcato nel suolo, con una catena che gli imprigionava una delle zampe.

Eppure il paletto era un minuscolo pezzo di legno piantato nel terreno per pochi centimetri.

E anche se la catena era grossa e forte, mi pareva ovvio che un animale in grado di sradicare un albero potesse liberarsi facilmente di quel paletto e fuggire.

Era davvero un bel mistero...

Che cosa lo teneva legato allora?

Perché non scappava?

Fu solo quando crebbi ed ebbi la fortuna di imbattermi in chi riuscì finalmente a dare una risposta a queste mie domande, che scoprii questo: l’elefante del circo, nonostante la sua forza e le sue monumentali dimensioni, non scappa perché è stato legato a un paletto simile quando era molto molto piccolo...

Chiusi gli occhi e immaginai l’elefantino indifeso appena nato, legato al paletto. Immaginavo che in quel momento l’elefantino provasse con tutte le sue poche forze a spingere, a tirare, nel tentativo di liberarsi, ma che nonostante gli sforzi non ci riuscisse perché quel paletto era troppo saldo per lui.

Lo vedevo addormentarsi sfinito e il giorno dopo provarci di nuovo, e così il giorno dopo e quello dopo ancora...

Finchè un giorno, un giorno terribile per la sua storia, l’animale accettò

l'impotenza rassegnandosi al proprio destino...
È dunque questa la conclusione di questa triste storia: l'elefante enorme e possente che vediamo al circo non scappa perché, poveretto, crede di non poterlo fare. Reca impresso il ricordo dell'impotenza sperimentata subito dopo la nascita.
E il brutto è che non è mai più ritornato seriamente su quel ricordo. E non ha mai più messo alla prova la sua forza, mai più...
Anche noi esseri umani abbiamo i nostri paletti che ci tengono imprigionati...
Anche noi siamo un po' tutti come l'elefante del circo: andiamo in giro inconsapevoli, incatenati a centinaia di paletti che ci tolgono la libertà.
Viviamo pensando che "non possiamo" fare una serie di cose semplicemente perché una volta, quando eravamo piccoli o nelle nostre esperienze passate di adulti, ci abbiamo provato e abbiamo fallito, oppure perché, qualcuno ci ha detto e ripetuto che non saremmo stati in grado di farlo.
Allora abbiamo fatto come l'elefante, abbiamo inciso nella memoria questo messaggio: non posso, non posso e non potrò mai!
Siamo cresciuti portandoci dietro questo messaggio che ci siamo trasmessi da soli, perciò non proviamo più a liberarci del paletto.
Quando a volte sentiamo la stretta dei ceppi e facciamo cigolare le catene, guardiamo con la coda dell'occhio il paletto e pensiamo: "non posso e non potrò mai..."
Viviamo condizionati dal ricordo di qualcosa accaduta durante la nostra infanzia o nel nostro passato, nonostante oggi non esista più...
Cosa sono dunque questi paletti che ci tolgono la libertà?
Questi paletti sono le nostre credenze o convinzioni limitanti che non ci permettono di accedere alle nostre risorse interiori imprigionandoci in limiti che noi stessi abbiamo creato."
Liberamente tratta dal web.

***

Siamo quasi giunti alla meta del libro, accompagnarti in questa immersione - mente corpo - in ciò che significa per me questa professione non ha eguali.
Tutto ciò che hai letto, sottolineato, riletto e studiato, ritrovato come accenno in pagine già lette, tutti gli argomenti trattati, sono come il nostro

tessuto connettivo, la nostra fascia: la matrice extracellulare mette in comunicazione ogni singola cellula del nostro corpo e così è in questo libro. Non ho messo l'indice volutamente, perché non ha senso. Non ha senso categorizzare, indicizzare, sistematizzare questo viaggio che ha la presunzione di lasciarti sì allibito ma soprattutto incuriosito, voglioso di leggere gli innumerevoli riferimenti bibliografici, leggere i libri citati, entrare nella testa e nei pensieri degli autori.

Ciò che mi muove è proprio il duplice sentimento, che si alterna, tra frustrazione e curiosità, che mi spinge, ci spinge a farci domande, domande intelligenti, dense di significati, per avere risposte coerenti, di livello superiore.

«Fatti non foste a viver come bruti ma per seguire virtute e canoscenza»
(vv 112-120, Canto XXVI, Divina Commedia Dante Alighieri)

E partendo da questa indimenticabile frase del Sommo Poeta fiorentino, prendo le mosse per anticipare quello che si sta realizzando come personale sogno e visione.

Dare riconoscenza e visibilità alla figura del Bodyworker Embodied Cognition, Coach del Movimento della respirazione Buteyko e del «Felt Sense». Questo attore nel mondo della cura della salute è necessario e quanto mai oggi vitale. Il Bodyworker è colui che accompagna e sostiene l'individuo nella ricerca del miglioramento della propria qualità di vita, giornaliera.

Oggi, grazie all'impegno profuso con questo libro, con la formazione incessante attraverso l'Academy di BE-MOVE, unica realtà in Italia che forma Bodyworker «Embodied Cognition e grazie all'impegno costante di tanti colleghi che diffondono la cultura e la passione del nostro lavoro, sparsi per tutta l'Italia, da Udine a Palermo, passando per Pescara, stiamo riuscendo a ricavarci il ruolo che ci appartiene, in continuità con i medici funzionali illuminati, impattano positivamente ogni giorno, la vita delle persone

Chi è il Bodyworker?

BODYWORKER è una figura professionale che si riferisce a coloro che si occupano di:

In alternative medicine, bodywork is any therapeutic or personal development technique that involves working with the human body in a form involving manipulative therapy, breath work, or energy medicine. Bodywork techniques also aim to assess or improve posture, promote awareness of the "bodymind connection" rather than the "mind-body connection", or to

manipulate the electromagnetic field alleged to surround the human body and affect health.
Fonte Wikipedia
Nella medicina alternativa, il bodyworker è una tecnica di sviluppo terapeutico o personale che prevede di lavorare con il corpo umano in una forma che coinvolge terapia manipolativa, respirazione o medicina energetica. Le tecniche di bodywork mirano anche a valutare o migliorare la postura, promuovere la consapevolezza della "connessione mente-corpo" piuttosto che la "connessione mente-corpo" o manipolare il campo elettromagnetico che si presume circonda il corpo umano e influisce sulla salute.
Sostanzialmente Wikipedia identifica più figure professionali contenute in questa parola, che al momento non appare registrata nè afferibile ad una qualifica professionale distinta, almeno in Europa - Italia.
Nella definizione sono comprese le competenze direttamente insegnate dalla nostra Accademia ed esperite nella pratica giornaliera con il cliente - allievo.
Chi è il Bodyworker?
Noi lavoriamo sul movimento, ovvero sulla capacità base, comune ad ogni essere umano di spostarsi nell'ambiente. Questa attività, innata, ma conquistata in milioni di anni di sviluppo filogenetico e riappropriata da ogni nuovo nato in 11 mesi di sviluppo ontogenico, è quella che tutti dovrebbero compiere senza particolari impegni energetic,i in quanto tutta la nostra struttura si è diversificata in molteplici funzioni specializzate che, azionate secondo ritmi generati dal cervello e dai neuroni spinali, consentono un movimento efficiente e a basso consumo. Questi ritmi di movimento sono influenzati e a loro volta creati dagli stati emotivi dell'individuo, dalle emozioni preponderanti del momento.
Questa è prevenzione. Non è lavoro sanitario terapeutico, post trauma o dolore.
Questa attività previene la malattia; e non è codificata nè dall'OMS nè a livello nazionale. Perché non ve ne è l'interesse, infatti ad oggi, il professionista delle Scienze Motorie riceve un indottrinamento medico, basato sulla malattia e sul farmaco.
Altre definizioni degne di attenzione.
"Nella casa in cui abito ho una porta che da un su ripostiglio dove tengo

tutti gli strumenti per rendere migliore la vita in casa. C'è la classica cassetta degli attrezzi con cacciavite, pinze e martello, chiodi, colla poi c'è l'aspirapolvere, lampadine nuove (per nuove idee!) e tante altre cose per tenere la casa sempre in vita. Purtroppo da qualche giorno la porta per accedere a questo ripostiglio fa fatica ad aprirsi, qualche problema nella cerniere o qualche ostacolo che non vedo non mi permette di aprire la porta con facilità.

Ogni volta che voglio accedere agli strumenti del mio ripostiglio faccio fatica ad aprire quella porta. Alle volte è così frustrante che quando arrivo all'aspirapolvere ho già perso la voglia di pulire!!

Chi è il Bodyworker?

Mentre mettevo a posto la porta ho capito qual'è il mio lavoro: aiuto le porte ad aprirsi, per accedere agli strumenti (o risorse) che tutti abbiamo nel nostro "ripostiglio".

Quindi il bodywork è una tecnica di sviluppo personale, che aprendo porte qui e li migliora la postura e incrementa la consapevolezza corporea, quindi la quantità e la qualità del benessere percepito

C'è da aggiungere che non tutti gli approcci di bodywork che puoi trovare sul mercato hanno questa caratteristica. Perché?

Perché gli approcci più famosi sono stati divisi in pezzettini, quindi ora puoi trovare un bodyworker che usa una tecnica per migliorare la postura e lavora principalmente sulle vertebre, un'altro bodyworker usa un massaggio più superficiale per aiutarti nel rilassamento, mentre un altro ancora usa le mani per convogliare o ripristinare l'energia in alcune parti del corpo.

Altri si sono orientati al respiro come il breathwork, oppure alle vibrazioni con strumenti particolari come le campane di cristallo.

Quindi che tu faccia reiki, massaggio olistico, osteopatia, breathwork, o altra tecnica di lavoro sul corpo tu sei un bodyworker.

Importantissimo il riferimento all'approccio integrato della psicologia.

Corpo e mente non sono più separati dal tempo in cui il neurofisiologo Damasio contestò nel suo libro "l'errore di Cartesio" tutta la dottrina dogmatica sulla divisione, appunto, tra mente e corpo e la rispettiva nascita della medicina della mente, psicoterapia e del corpo, medicina allopatica evidence based.

Chi scrive sta conseguendo la laurea in psicologia proprio per aprire un

nuovo percorso di approccio al cliente, visto come un portatore di "emozioni incarnate" - Embodied Cognition" (Lakoff).
Come arriviamo a conoscere questo?
Partendo dalla scoperta dell'organo per eccellenza, il tessuto connettivo, la fascia:
Tra il 1930 e il 1940, due donne, la tedesca Elisabeth Dicke ed l'americana Ida Rolf, in tempi diversi e in luoghi diversi, ma quasi per lo stesso motivo iniziarono a studiare e manipolare manualmente la fascia connettivale. Ida Rolf voleva salvaguardare la salute della sua famiglia (polmonite), e Elisabeth Dicke era rimasta inferma per problemi di circolazione alla gamba destra.
quegli anni non esistevano ancora i computer o i cellulari, tra le due donne non accadde mai nessuna comunicazione o scambio epistolare. In effetti andarono in direzioni diverse, ciò nonostante permisero la nascita del lavoro sulla fascia.
Da quei "primi passi" ad oggi sono stati effettuati molti studi sulla fascia connettivale e sono emersi tanti metodi di lavoro sul corpo. In sintesi gli studi sulla fascia connettivale chiariscono (ma non esauriscono) le modalità con cui il corpo e la mente creano una connessione con l'ambiente e l'Io. La qualità di questa connessione è direttamente proporzionale alla quantità di ben-essere che proviamo vivendo.
In altre parole se la fascia connettivale rimane "contratta" non permette il libero fluire del movimento e ostacolerà la comunicazione tra le singoli parti ed il Tutto.
Quella parte di fascia "contratta" viene compensata dal corpo attraverso una postura specifica o segnali meno evidenti come il colore della pelle (troppo chiara o troppo scura) o il calore di una zona specifica (troppo fredda, troppo calda) oppure con un eloquio troppo veloce o un assenza di respirazione diaframmatica, o peggio ancora il malfunzionamento di organi interni.
I modi per compensare sono tanti e ci raccontano la capacità creativa e funzionale del corpo umano.
Il corpo può comunicare l'esistenza di uno o più "ostacoli" attraverso un disagio fisico o psicologico, perché conosce soprattutto quel linguaggio, quello del corpo.

Proprio per questo un bodyworker prima di iniziare una sessione, mentre accoglie il cliente, già sta osservando la postura, ascoltando il ritmo della voce, la parole che utilizza per raccontare il suo benessere o il suo malessere. È necessario sviluppare una sensibilità "al Tutto", per questo motivo soprattutto il bodyworker necessita di un network corpo-mente pulito e libero da "ostacoli".
William SALT Gastroenterology
These practitioners are usually very knowledgeable about how your physical body holds stress at a cellular level. They can help you release body tension of which you may be unaware. Remember that your physical body holds emotions even when your conscious mind does not experience them as feelings. Bodyworkers can help you to find the places in your body that may be "holding" your pain and inhibiting your progress.
Questi professionisti di solito sono molto ben informati su come il tuo corpo fisico regge lo stress a livello cellulare. Possono aiutarti a liberare la tensione corporea di cui potresti non essere consapevole. Ricorda che il tuo corpo fisico trattiene le emozioni anche quando la tua mente cosciente non le vive come sentimenti.
I Bodyworker possono aiutarti a trovare i luoghi nel tuo corpo che potrebbero "trattenere" il dolore e inibire i tuoi progressi
La dr Poli (psichiatra e psicoterapeuta molto famosa e autrice di svariati libri) ne parla in questo modo nel suo libro "le emozioni che curano".
Il dr Enzo Soresi, medico pneumologo emerito, autore di svariati libri - ne sono autore di un capitolo nell'ultimo: «come ringiovanire invecchiando» dell'ultimo, mi ha definito così: **Bodyworker**, specializzato nel movimento neurologico e nella rilevazione psicofisiologica.

RINGRAZIAMENTI

Prima di descrivere le due emozioni base che mi contraddistinguono come individuo, con molteplici «declinazioni» che solo chi vive con me conosce molto bene, e che hanno caratterizzato la motivazione alla scrittura di questo libro, dico un grazie generico e generalizzato a tutte le persone, inteso nell'etimologia della parola etrusca «Phersu» «maschera» dell'attore, che mi hanno accompagnato in questi 48 anni di vita.

Ogni persona che incontri e che condivide parti del percorso della propria vita con te è un dono.

Purtroppo spesso, a molti di noi, rimane in memoria solo come ci hanno fatto sentire. Ho imparato, lavorando a fondo sui sentimenti che tutte le emozioni scaturivano in me, che ogni persona che ho conosciuto e con cui ho scambiato qualcosa, mi ha offerto un'opportunità di crescita e sviluppo personale. A tutti voi Neil, Rossella, Giulia, Giovanni, Veronica, Danilo, Lorenzo, Alessandro, Davide: grazie, grazie di avermi accompagnato e insegnato qualcosa di vostro, dall'apertura di Moving, mio secondo tempo di vita.

Un sentito e profondo ringraziamento a chi ha condiviso con me il percorso di Life Changer. Ho imparato molto da tutti voi...capisco che era il meglio che potevate dare in quel momento del vostro viaggio, che, per scelta non mia, si è interrotto, ma così è. E la verità non si confuta, si accetta o si fugge. Sto continuando a fare il mio lavoro al meglio, non è cambiato nulla, in fondo. Ognuno porta con sè, dovunque vada, quello che è, e che è sempre stato...

Un ringraziamento dovuto a tutti i clienti, gli atleti e le persone che per qualsiasi necessità od occasione abbia avuto l'onore di poter seguire. Tutto ciò che tolgo alla mia vita e ai miei affetti è in visione di un bene superiore, che si incarna in ognuno di voi.

Leonardo Mannelli: grazie al consulente, grazie all'atleta e forse in un futuro che è già prossimo, grazie all'amico.

Mustapha, un atleta professionista, un uomo con il quale ho un'intesa profonda, personale, fatta di musiche condivise e suoni percepiti in condivisione d'animo. Grazie per la tua fiducia e per la tua amicizia.

Emidio, un uomo di altri tempi, stretta di mano e frasi fuori dai denti senza pietà. E ho detto tutto!

Andrea Olivi, un imprenditore moderno, umile, di cuore, schietto e di parola: grazie.

Riconoscenza al mio mentore personale, solo grazie alla sua pacata e precisa presenza, ho potuto crescere così tanto in questi ultimi 2 anni: dr. Enzo Soresi, grazie di cuore, un vero gigante.
Mentre sto scrivendo ho appena sentito Ivan Martani. Non ho pagine a sufficienza per descrivere che razza di sapiens lui sia...immensamente capace e competente, oltre che portatore di conoscenza ed empatia infinita.
Un vigoroso e sentito abbraccio a Valentina e Alessandro, due anime buone, due amici, due persone delle quali mi onoro di poter condividere un sentimento profondo. Vi devo molto.
Un rispettoso grazie allo Staff tecnico di BE-MOVE che mi accompagna, sopporta e supporta: Adriana e Giuliano.
Ai miei genitori, persone uniche, che hanno sempre creduto in me, senza dirmelo mai, ma mi hanno fattivamente supportato in tutta la mia vita sregolata, sempre presenti.
Mio fratello Luca: chi lo conosce sa che lui è «il normale» , mi ha fatto «impegnare» nel passato, ma lo ringrazio per esistere. Il futuro sarà un bel divertimento insieme!
Andrea Pacini. Non perderò mai l'occasione silenziosa di dire grazie al mio gigante. E lui solo sa...
Questa è l'occasione che ho per poter fare ammenda e offrire il mio amore incondizionato e ormai maturato a colei che ha permesso tutto questo: mia moglie Katia, **il mio equilibrio sopra la Follia**, sulla quale si è affacciata e non ne è stata rapita.
Sempre, comunque, ovunque...grazie amore mio.
Il libro è dedicato alle mie due figlie Giada e Ginevra, che possa essere loro d'esempio e guida.
«Sveglia il gigante che c'è in te. Nel profondo dell'uomo albergano sopiti poteri, poteri che lo stupirebbero e che egli non ha mai sognato di possedere; forze che rivoluzionerebbero la sua vita, se destate e messe in azione».
Orison Sweet Marden.

BIBLIOGRAFIA

Oltre a tutti i riferimenti riportati lungo i vari passagi del libro, ho preso ispirazione e guida da libri che non possono mancare nel percorso formativo del Bodyworker e che riporto fedelmente:

- «Il cervello anarchico» Enzo Soresi, UTET editore
- «Mitocondrio mon amour» Enzo Soresi UTET editore

- «Come ringiovanire invecchiando» Enzo Soresi UTET editore
- «Perché alle zebre non viene l'ulcera» Robert M. Sapolsky, Castelvecchi editore
- «Umani» Adam Rutheford, Bollati Boringhieri editore
- «Imperfezione una storia naturale» Telmo Pievani, Raffaello Cortina editore
- «The organization of action» C.R Gallistel
- «LSD il mio bambino difficile» Albert Hoffamnn, Economica universale Feltrinelli
- «Non pensare all'elefante» George Lakoff, Chiarelettere editore
- «LSD» Agnese Codignola, UTET editore
- «In te mi specchio», Giacomo Rizzolatti, Rizzoli editore
- «L'errore di Cartesio» Antonio R. Damasio, Adelphi editore
- «Anatomia funzionale» A.I. Kapandji, Monduzzi Editoriale
- «La teoria Polivagale» Stephen W. Porges, Giovanni Fioriti Editore
- «La storia del corpo umano, evoluzione, salute e malattia» Daniel E. Lieberman, CodiceEdizioni
- «Muscle Slings in Sport» Kurt Tittel, Kiener editore
- «Atlas of Human Fascial Topography» Hanno Steinke, Leipziger Universitatsverlag
- «Le fasce» Serge Paoletti, E.S.O.M.M.
- «Meridiani miofasciali» Thomas Myers, Tecniche Nuove Editore
- «Trattato di biomeccanica podalica» P. Ronconi e S. Ronconi, Timeo Editore
- «Valutazione funzionale e Trattamento delle Sindromi da Disfunzione del Movimento» Shirley Sahrmann, UTET Editore
- «Formicai, imperi e cervelli» Alberto Gandolfi, Bollati Boringhieri editori
- «Sincronicità» David Peat, Edizioni Magi
- «I sentieri del caso» David Peat, Di Renzo Editori
- «La biologia delle Credenze» Bruce H. Lipton, Macro editori
- «Il cervello in azione» Fausto Caruana AnnaBorghi, Il Mulino UPM editore
- «The serengeti rules» Sean B. Carrol, Princeton ed.
- «Insonnia» Angelo Rossiello, Etabeta editore
- «Rhythm of the Brain» Gyorgy Buzsaki, Oxford editore

- «Come cambiare la tua mente» Michael Pollan, Adelphi
- «Specchi nel cervello» Giacomo Rizzolatti Corrado Sinigaglia, Raffaello Cortina Editore
- «So quel che fai» Giacomo Rizzolatti Corrado Sinigaglia, Rafaello Cortina Editore
- «Somatic experiencing», Peter A. Levine, Astrolabio editore
- «Traumi e choc emotivi» Peter A. Levine, Macro editore
- «Le emozioni che curano» , Erica Francesca Poli, Mondadori editore

Tutti i disegni e la copertina sono di mia figlia Giada, che li ha ideati e creati su mia indicazione in un pomeriggio.
Grazie Giada!

Andrea Chellini
andreachellini@be-move.it